Schulordnung für die Mittelschulen in Bayern Mittelschulordnung (MSO)

mit Gesetz über das
Erziehungs- und Unterrichtswesen
BayEUG

und der Bayerischen Schulordnung
(BaySchO)

4. Auflage, 2016

VERLAG J. MAISS · MÜNCHEN

Diese Ausgabe enthält:

1. Bayerisches Gesetz über das Erziehungs- und Unterrichtswesen (BayEUG) vollständiger Text
2. Schulordnung für schulartübergreifende Regelungen in Bayern (Bayerische Schulordnung – BaySchO)
3. Schulordnung für die Mittelschulen in Bayern (MSO) vollständiger Text mit allen Anlagen
4. ein ausführliches Stichwortverzeichnis, das dem Benutzer die Vorschriften schnell erschließt und hilft, sich rasch zurechtzufinden

Bestimmungen des BayEUG, die im Jahr 2016 neu gefasst wurden, sind mit einem senkrechten Balken am Rand gekennzeichnet.
Die BaySchO ist ab Schuljahr 2016/2017 gültig. Die MSO (Schulordnung für Mittelschulen) wurde dadurch verschlankt und mit neuer §§-Folge versehen. Inhaltliche Änderungen sind ebenfalls am Rand gekennzeichnet.

Verlag J. Maiß GmbH, Herrnstr. 26 · 80539 München
Postanschrift: Postfach 26 01 52 · 80058 München
Telefon (0 89) 24 20 97-0 · Fax (0 89) 24 20 97 44
E-mail: info@maiss.de · Internet: www.maiss.de

ISBN 978-3-95672-025-3

Verlagsnummer 6562

Inhaltsübersicht

Bayerisches Gesetz über das Erziehungs- und Unterrichtswesen (BayEUG)

Neufassung vom 31. Mai 2000 (GVBl S. 414), geändert durch Gesetz vom 24. Dezember 2001 (GVBl S. 1004), vom 8. Februar 2002 (GVBl S. 32), vom 25. Juli 2002 (GVBl S. 326), vom 24. Dezember 2002 (GVBl S. 962, 967), vom 24. März 2003 (GVBl S. 262), vom 26. Juli 2004 (GVBl S. 282), vom 23. November 2004 (GVBl S. 443), vom 8. März 2005 (GVBl S. 71), vom 26. Juli 2005 (GVBl S. 264), vom 26. Juli 2005 (GVBl S. 272), vom 26. Juli 2006 (GVBl S. 390), vom 26. Juli 2006 (GVBl S. 397), vom 24. Juli 2007 (GVBl S. 533), vom 20. Dezember 2007 (GVBl S. 919), vom 6. Mai 2008 (GVBl S. 158), vom 22. Juli 2008 (GVBl S. 467), vom 20. Mai 2010 (GVBl S. 230), vom 23. Juli 2010 (GVBl S. 334), vom 20. Juli 2011 (GVBl S. 313), vom 8. Dezember 2011 (GVBl S. 623), vom 20. Dezember 2011 (GVBl S. 689), vom 9. Juli 2012 (GVBl S. 344), vom 24. Juli 2013 (GVBl S. 465), vom 23. Mai 2014 (GVBl S. 186), durch VO vom 22. Juli 2014 (GVBl S. 286), durch Gesetz vom 12. Mai 2015 (GVBl S. 82), vom 23. Juni 2015 (GVBl S. 183), vom 22. Dezember 2015 (GVBl S. 458) und vom 23. Juni 2016 (GVBl S. 102)

BayRS 2230-1-1-K

INHALTSÜBERSICHT

Erster Teil
Grundlagen

Art. 1
Bildungs- und Erziehungsauftrag

(1) [1]Die Schulen haben den in der Verfassung verankerten Bildungs- und Erziehungsauftrag zu verwirklichen. [2]Sie sollen Wissen und Können vermitteln sowie Geist und Körper, Herz und Charakter bilden. [3]Oberste Bildungsziele sind Ehrfurcht vor Gott, Achtung vor religiöser Überzeugung, vor der Würde des Menschen und vor der Gleichberechtigung von Männern und Frauen, Selbstbeherrschung, Verantwortungsgefühl und Verantwortungsfreudigkeit, Hilfsbereitschaft, Aufgeschlossenheit für alles Wahre, Gute und Schöne und Verantwortungsbewusstsein für Natur und Umwelt. [4]Die Schülerinnen und Schüler sind im Geist der Demokratie, in der Liebe zur bayerischen Heimat und zum deutschen Volk und im Sinn der Völkerversöhnung zu erziehen.

(2) Bei der Erfüllung ihres Auftrags haben die Schulen das verfassungsmäßige Recht der Eltern auf Erziehung ihrer Kinder zu achten.

Art. 2
Aufgaben der Schulen

(1) Die Schulen haben insbesondere die Aufgabe,
Kenntnisse und Fertigkeiten zu vermitteln und Fähigkeiten zu entwickeln,
zu selbstständigem Urteil und eigenverantwortlichem Handeln zu befähigen,
zu verantwortlichem Gebrauch der Freiheit, zu Toleranz, friedlicher Gesinnung und Achtung vor anderen Menschen zu erziehen, zur Anerkennung kultureller und religiöser Werte zu erziehen,
Kenntnisse von Geschichte, Kultur, Tradition und Brauchtum unter besonderer Berücksichtigung Bayerns zu vermitteln und die Liebe zur Heimat zu wecken,
zur Förderung des europäischen Bewusstseins beizutragen,
im Geist der Völkerverständigung zu erziehen ,
die Bereitschaft zum Einsatz für den freiheitlich-demokratischen und sozialen Rechtsstaat und zu seiner Verteidigung nach innen und außen zu fördern,
die Durchsetzung der Gleichberechtigung von Frauen und Männern zu fördern und auf die Beseitigung bestehender Nachteile hinzuwirken,
die Schülerinnen und Schüler zur gleichberechtigten Wahrnehmung ihrer Rechte und Pflichten in Familie, Staat und Gesellschaft zu befähigen, insbesondere Buben und junge Männer zu ermutigen, ihre künftige Vaterrolle verantwortlich anzunehmen sowie Familien- und Hausarbeit partnerschaftlich zu teilen,
auf Arbeitswelt und Beruf vorzubereiten, in der Berufswahl zu unterstützen und dabei insbesondere Mädchen und Frauen zu ermutigen, ihr Berufsspektrum zu erweitern,
Verantwortungsbewusstsein für die Umwelt zu wecken.

(2) Inklusiver Unterricht ist Aufgabe aller Schulen.

(3) Die Schulen erschließen den Schülerinnen und Schülern das überlieferte und bewährte Bildungsgut und machen sie mit Neuem vertraut.

(4) [1]Die Schulleiterin oder der Schulleiter, die Lehrkräfte, die Schülerinnen und Schüler und ihre Erziehungsberechtigten (Schulgemeinschaft) arbeiten vertrauensvoll zusammen. [2]Mit dem Ziel der Qualitätssicherung und -entwicklung gestaltet die Schule den Unter-

richt, die Erziehung und das Schulleben sowie die Leitung, Organisation und Verwaltung im Rahmen des verfassungsrechtlichen Bildungsauftrags und der Rechts- und Verwaltungsvorschriften in eigener Verantwortung (eigenverantwortliche Schule). [3]Dabei ist die Schulgemeinschaft bestrebt, das Lernklima und das Schulleben positiv und transparent zu gestalten und Meinungsverschiedenheiten in der Zuständigkeit der in der Schulgemeinschaft Verantwortlichen zu lösen. [4]In einem Schulentwicklungsprogramm bündelt die Schule die kurz- und mittelfristigen Entwicklungsziele und Maßnahmen der Schulgemeinschaft unter Berücksichtigung der Zielvereinbarungen gemäß Art. 111 Abs. 1 Satz 1 Nr. 2 und Art. 113c Abs. 4; dieses überprüft sie regelmäßig und aktualisiert es, soweit erforderlich.

(5) [1]Die Öffnung der Schule gegenüber ihrem Umfeld ist zu fördern. [2]Die Öffnung erfolgt durch die Zusammenarbeit der Schulen mit außerschulischen Einrichtungen, insbesondere mit Betrieben, Sport- und anderen Vereinen, Kunst- und Musikschulen, freien Trägern der Jugendhilfe, kommunalen und kirchlichen Einrichtungen sowie mit Einrichtungen der Weiterbildung.

Art. 3
Öffentliche und private Unterrichtseinrichtungen

(1) [1]Öffentliche Schulen sind staatliche oder kommunale Schulen. [2]Staatliche Schulen sind Schulen, bei denen der Dienstherr des Lehrpersonals der Freistaat Bayern ist. [3]Kommunale Schulen sind Schulen, bei denen der Dienstherr des Lehrpersonals eine bayerische kommunale Körperschaft (Gemeinde, Landkreis, Bezirk oder Zweckverband, ein Kommunalunternehmen oder ein gemeinsames Kommunalunternehmen) ist. [4]Öffentliche Schulen sind nichtrechtsfähige öffentliche Anstalten.

(2) [1]Private Schulen (Schulen in freier Trägerschaft) sind alle Schulen, die nicht öffentliche Schulen im Sinn des Absatzes 1 sind. [2]Sie müssen eine Bezeichnung führen, die eine Verwechslung mit öffentlichen Schulen ausschließt.

Art. 4
Schulbauten

(1) Die dem Unterricht dienenden Räume, Anlagen und sonstigen Einrichtungen müssen hinsichtlich Größe, baulicher Beschaffenheit und Ausstattung die Durchführung eines einwandfreien Schulbetriebs gewährleisten.

(2) [1]Der Bau von öffentlichen Schulen und von privaten Ersatzschulen bedarf der schulaufsichtlichen Genehmigung; das Verfahren sowie die Mindestanforderungen hinsichtlich des Raumbedarfs regelt das Staatsministerium für Bildung und Kultus, Wissenschaft und Kunst (Staatsministerium) im Einvernehmen mit dem Staatsministerium der Finanzen, für Landesentwicklung und Heimat durch Rechtsverordnung. [2]Bei Schulen, die nicht zum Geschäftsbereich des Staatsministeriums gehören, entscheidet das zuständige Ressort im Einvernehmen mit dem Staatsministerium der Finanzen, für Landesentwicklung und Heimat.

Art. 5
Schuljahr und Ferien

(1) [1]Das Schuljahr beginnt am 1. August und endet am 31. Juli des folgenden Kalenderjahres. [2]Für einzelne Schularten können in der Schulordnung aus besonderen Gründen davon abweichende Ausbildungsabschnitte vorgesehen werden.

(2) Die Ferien werden durch die Ferienordnung festgesetzt, die das zuständige Staatsministerium erlässt.

(3) Art. 5 gilt nicht für angezeigte Ergänzungsschulen und für private Berufsfachschulen nach Art. 92 Abs. 7, es sei denn, sie werden von Schülerinnen und Schülern besucht, die noch der Vollzeitschulpflicht unterliegen.

Art. 5a
Besondere Bestimmungen

(1) Unberührt bleiben die Bestimmungen auf Grund von Staatsverträgen, insbesondere die Bestimmungen des Konkordats zwischen seiner Heiligkeit Papst Pius XI. und dem Staate Bayern und des Vertrags zwischen dem Bayerischen Staate und der Evangelisch-Lutherischen Kirche in Bayern rechts des Rheins.

(2) Dieses Gesetz gilt nicht für

1. öffentliche Schulen und Lehrgänge, die der Aus- und Weiterbildung der Angehörigen des öffentlichen Dienstes und der im Vorbereitungsdienst befindlichen Personen dienen,
2. Einrichtungen, die errichtet oder betrieben werden
   a) auf Grund der Vorschriften der Handwerksordnung von Handwerksinnungen, Innungsverbänden, Kreishandwerkerschaften und Handwerkskammern,
   b) auf Grund der Vorschriften des Gesetzes zur vorläufigen Regelung des Rechts der Industrie- und Handelskammern,
   c) von juristischen Personen des öffentlichen Rechts, politischen Parteien, Gewerkschaften, berufsständischen oder genossenschaftlichen Vereinigungen und Organisationen für ihre Bediensteten oder Mitglieder über 18 Jahre und ohne die Absicht, Gewinne zu erzielen,

   es sei denn, dass sie öffentliche Schulen ersetzen,
3. berufsvorbereitende Bildungsmaßnahmen im Sinne des Dritten Kapitels Dritter Abschnitt Zweiter und Dritter Unterabschnitt sowie Siebter Abschnitt des Dritten Buches Sozialgesetzbuch, es sei denn, es handelt sich um eine Ersatzschule nach Art. 91.

(3) Für Veranstaltungen, die auf Grund des Gesetzes zur Förderung der Erwachsenenbildung förderungsfähig sind, gilt lediglich Art. 122 Abs. 3.

Zweiter Teil
Die öffentlichen Schulen

Abschnitt I
Gliederung des Schulwesens

Art. 6

(1) [1]Das Schulwesen gliedert sich in allgemein bildende und berufliche Schularten. [2]Diese haben im Rahmen des gemeinsamen Bildungs- und Erziehungsauftrags ihre eigenständige, gleichwertige Aufgabe.

(2) Es bestehen folgende Schularten:

1. Allgemein bildende Schulen:
   a) die Grundschule,
   b) die Mittelschule,

c) die Realschule,
d) das Gymnasium,
e) die Schulen des Zweiten Bildungswegs:
aa) die Abendrealschule,
bb) das Abendgymnasium,
cc) das Kolleg;
2. Berufliche Schulen:
a) die Berufsschule,
b) die Berufsfachschule,
c) die Wirtschaftsschule,
d) die Fachschule,
e) die Fachoberschule,
f) die Berufsoberschule,
g) die Fachakademie;
3. Förderschulen (Schulen zur sonderpädagogischen Förderung):
a) allgemein bildende Förderschulen,
b) berufliche Förderschulen;
4. Schulen für Kranke.

(3) Innerhalb einer Schulart können Ausbildungsrichtungen, die einen gemeinsamen besonderen Schwerpunkt des Lehrplans bezeichnen (z. B. Naturwissenschaftlich-technologisches Gymnasium) und Fachrichtungen für gleichartige fachliche Zielsetzungen (z. B. Technikerschule für Elektrotechnik) eingerichtet werden.

(4) [1]Fachoberschule und Berufsoberschule bilden die Berufliche Oberschule; diese kann Außenstellen an staatlichen Berufsschulen führen. [2]Fachschulen und Fachakademien sind Einrichtungen des postsekundären Bereichs.

(5) [1]Auf Antrag des Schulaufwandsträgers können an Grundschulen, Mittelschulen, Realschulen, Wirtschaftsschulen und Gymnasien sowie an den entsprechenden Förderschulen schulische Ganztagsangebote in eigenen Ganztagsklassen in rhythmisierter Form (gebundenes Ganztagsangebot) oder bzw. und in klassen- und jahrgangsübergreifender Form (offenes Ganztagsangebot) eingerichtet werden. [2]Um dem Unterstützungsbedarf der Schülerinnen und Schüler mit bzw. mit drohender Behinderung Rechnung zu tragen, können schulische Ganztagsangebote entsprechend Satz 1 mit Leistungen der Jugend- bzw. Eingliederungshilfe nach dem Achten Buch Sozialgesetzbuch oder der Eingliederungshilfe nach dem Zwölften Buch Sozialgesetzbuch ergänzt bzw. zu einem gemeinsamen Bildungs- und Betreuungsangebot verbunden werden. [3]Die Planungen zu Ganztagsangeboten erfolgen im Benehmen mit den Trägern der öffentlichen Jugendhilfe. [4]Die Einrichtung der Ganztagsangebote erfolgt nach Maßgabe der hierfür im Haushalt bereit gestellten Stellen und Mittel. [5]Die Wahlfreiheit zwischen Halbtagsschule und Ganztagsangeboten im Bereich der staatlichen Schulen wird gewährleistet; es besteht kein Rechtsanspruch auf den Besuch eines Ganztagsangebots. [6]Schülerinnen und Schüler, die von ihren Erziehungsberechtigten für ein Ganztagsangebot angemeldet wurden, sind verpflichtet, an diesem teilzunehmen.

Abschnitt II

Die Schularten

a) Allgemein bildende Schulen

Art. 7
Die Grundschule

(1) [1]Die Grundschule schafft durch die Vermittlung einer grundlegenden Bildung die Voraussetzungen für jede weitere schulische Bildung. [2]Sie gibt in Jahren der kindlichen Entwicklung Hilfen für die persönliche Entfaltung. [3]Um den Kindern den Übergang zu erleichtern, arbeitet die Grundschule mit den Kindertageseinrichtungen zusammen.

(2) [1]Die Grundschule umfasst die Jahrgangsstufen 1 bis 4. [2]Sie vereinigt alle Schulpflichtigen dieser Jahrgangsstufen, soweit sie nicht eine Förderschule besuchen.

(3) [1]In den Grundschulen werden die Schülerinnen und Schüler nach den gemeinsamen Grundsätzen der christlichen Bekenntnisse unterrichtet und erzogen. [2]In Klassen mit Schülerinnen und Schülern gleichen Bekenntnisses wird darüber hinaus den besonderen Grundsätzen dieses Bekenntnisses Rechnung getragen.

(4) [1]Angesichts der geschichtlichen und kulturellen Prägung Bayerns wird in jedem Klassenraum ein Kreuz angebracht. [2]Damit kommt der Wille zum Ausdruck, die obersten Bildungsziele der Verfassung auf der Grundlage christlicher und abendländischer Werte unter Wahrung der Glaubensfreiheit zu verwirklichen. [3]Wird der Anbringung des Kreuzes aus ernsthaften und einsehbaren Gründen des Glaubens oder der Weltanschauung durch die Erziehungsberechtigten widersprochen, versucht die Schulleiterin bzw. der Schulleiter eine gütliche Einigung. [4]Gelingt eine Einigung nicht, hat sie bzw. er nach Unterrichtung des Schulamts für den Einzelfall eine Regelung zu treffen, welche die Glaubensfreiheit des Widersprechenden achtet und die religiösen und weltanschaulichen Überzeugungen aller in der Klasse Betroffenen zu einem gerechten Ausgleich bringt; dabei ist auch der Wille der Mehrheit soweit möglich zu berücksichtigen.

Art. 7a
Die Mittelschule

(1) [1]Die Mittelschule vermittelt eine grundlegende Allgemeinbildung, bietet Hilfen zur Berufsfindung und schafft Voraussetzungen für eine qualifizierte berufliche Bildung, sie eröffnet in Verbindung mit dem beruflichen Schulwesen Bildungswege, die zu einer abgeschlossenen Berufsausbildung und zu weiteren beruflichen Qualifikationen führen können, sie schafft die schulischen Voraussetzungen für den Übertritt in weitere schulische Bildungsgänge bis zur Hochschulreife. [2]Das breite Feld von unterschiedlichen Anlagen, Interessen und Neigungen wird durch ein differenziertes Auswahlangebot neben den für alle Schülerinnen und Schüler verbindlichen Fächern berücksichtigt; hierfür ist die Bildung eigener Klassen und Kurse möglich, z.B. Praxisklassen und Klassen oder Kurse für Schülerinnen und Schüler mit nicht deutscher Muttersprache. [3]Mittelschulen vermitteln allein oder gemeinsam in einem Schulverbund ein Bildungsangebot, das regelmäßig die drei Zweige der Berufsorientierung (Technik, Wirtschaft, Soziales) und in der Regel ein schulisches Ganztagsangebot umfasst sowie zum mittleren Schulabschluss führt. [4]Mittelschulen sollen mit einer beruflichen Schule, der regionalen Wirtschaft und der Arbeitsverwaltung zusammenarbeiten.

(2) [1]Die Mittelschule baut auf der Grundschule auf und umfasst die Jahrgangsstufen 5 bis 9 und, soweit ein Mittlere-Reife-Zug oder eine Vorbereitungsklasse für den Erwerb des mittleren Schulabschlusses eingerichtet ist, auch die Jahrgangsstufe 10; sie umfasst für Schülerinnen und Schüler, die Vorbereitungsklassen für den Erwerb des mittleren Schulabschlusses an der Mittelschule besuchen, eine weitere Jahrgangsstufe. [2]Der Mittlere-Reife-Zug erstreckt sich auf die Jahrgangsstufen 7 bis 10. [3]Ab der Jahrgangsstufe 7 werden Mittlere-Reife-Klassen angeboten, in den Jahrgangsstufen 7 und 8 zur Vorbereitung auf Mittlere-Reife-Klassen auch Mittlere-Reife-Kurse. [4]In Mittlere-Reife-Klassen werden nach Maßgabe der Schulordnung besonders leistungsstarke Schülerinnen und Schüler aufgenommen. [5]In Vorbereitungsklassen nach Satz 1 werden nach Maßgabe der Schulordnung besonders leistungsstarke Schülerinnen und Schüler der Jahrgangsstufe 9 aufgenommen, die den qualifizierenden Abschluss der Mittelschule erworben haben.

(3) An Mittelschulen können nach Maßgabe der im Staatshaushalt vorgesehenen Stellen und Mittel Vorbereitungsklassen nach Abs. 2 Satz 1 auf Antrag der Schulleiterin oder des Schulleiters der Mittelschule, wenn sie keinem Verbund angehört, und der Verbundkoordinatorin oder des Verbundkoordinators, wenn sie einem Verbund angehört, eingerichtet werden; die Zustimmung des Schulaufwandsträgers ist erforderlich.

(4) [1]Die Mittelschule verleiht in der Jahrgangsstufe 9 den erfolgreichen Abschluss der Mittelschule, wenn die erforderlichen Leistungen erbracht sind; Schülerinnen und Schüler, die an einer besonderen Leistungsfeststellung teilnehmen, können auch den qualifizierenden Abschluss der Mittelschule erwerben. [2]In der Jahrgangsstufe 10 führt die Mittlere-Reife-Klasse zum mittleren Schulabschluss an der Mittelschule. [3]Der Erwerb eines mittleren Schulabschlusses kann mit Genehmigung der Regierung auch in Kooperation mit einer anderen öffentlichen Schule, insbesondere einer anderen Schulart, angeboten werden.

(5) [1]Die Mittelschule stellt auf Antrag das Zeugnis über den qualifizierten beruflichen Bildungsabschluss aus, wenn

1. der qualifizierende Abschluss der Mittelschule,
2. ausreichende Kenntnisse in Englisch, die dem Leistungsstand eines fünfjährigen Unterrichts entsprechen, sowie
3. ein Berufsabschluss mit einem Notendurchschnitt von mindestens 3,0 im Abschlusszeugnis

nachgewiesen werden; Art. 11 Abs. 2 Satz 3 gilt entsprechend. [2]Örtlich zuständig ist die Mittelschule, an der der qualifizierende Abschluss der Mittelschule erworben worden ist.

(6) Art. 7 Abs. 3 und 4 gelten entsprechend.

Art. 8
Die Realschule

(1) [1]Die Realschule vermittelt eine breite allgemeine und berufsvorbereitende Bildung. [2]Die Realschule ist gekennzeichnet durch ein in sich geschlossenes Bildungsangebot, das auch berufsorientierte Fächer einschließt. [3]Sie legt damit den Grund für eine Berufsausbildung und eine spätere qualifizierte Tätigkeit in einem weiten Bereich von Berufen mit vielfältigen theoretischen und praktischen Anforderungen. [4]Sie schafft die schulischen Voraussetzungen für den Übertritt in weitere schulische Bildungsgänge bis zur Hochschulreife.

(2) [1]Die Realschule umfasst die Jahrgangsstufen 5 bis 10, Realschulen zur sonderpädagogischen Förderung auch weitere Jahrgangsstufen. [2]Sie baut auf der Grundschule auf und verleiht nach bestandener Abschlussprüfung den Realschulabschluss.

(3) An der Realschule können folgende Ausbildungsrichtungen eingerichtet werden:
1. Ausbildungsrichtung I mit Schwerpunkt im mathematisch-naturwissenschaftlich-technischen Bereich,
2. Ausbildungsrichtung II mit Schwerpunkt im wirtschaftlichen Bereich,
3. Ausbildungsrichtung III mit Schwerpunkt im fremdsprachlichen Bereich; die Ausbildungsrichtung kann ergänzt werden durch Schwerpunkte im musisch-gestaltenden, im hauswirtschaftlichen und sozialen Bereich.

Art. 9
Das Gymnasium

(1) [1]Das Gymnasium vermittelt die vertiefte allgemeine Bildung, die für ein Hochschulstudium vorausgesetzt wird; es schafft auch zusätzliche Voraussetzungen für eine berufliche Ausbildung außerhalb der Hochschule.

(2) [1]Das Gymnasium umfasst die Jahrgangsstufen 5 bis 12. [2]Es baut auf der Grundschule auf, schließt mit der Abiturprüfung ab und verleiht die allgemeine Hochschulreife.

(3) [1]Am Gymnasium können folgende Ausbildungsrichtungen eingerichtet werden:
1. Sprachliches Gymnasium; am Sprachlichen Gymnasium kann ein humanistisches Profil mit Latein als erster oder zweiter und Griechisch als dritter Fremdsprache eingerichtet werden; ein solches Gymnasium führt die Bezeichnung „Humanistisches Gymnasium“,
2. Naturwissenschaftlich-technologisches Gymnasium,
3. Musisches Gymnasium,
4. Wirtschafts- und Sozialwissenschaftliches Gymnasium; dabei wird ein wirtschaftswissenschaftliches und/oder ein sozialwissenschaftliches Profil eingerichtet.

[2]Bei der Ausbildungsrichtung nach Satz 1 Nr. 3 können bestehende Sonderformen mit den Jahrgangsstufen 7 bis 12 weitergeführt werden.

(4) [1]Für die Oberstufe gelten folgende Bestimmungen:
1. Die Qualifikationsphase umfasst die Jahrgangsstufen 11 und 12.
2. Die Jahrgangsstufen 11 und 12 gliedern sich in je zwei Ausbildungsabschnitte. Vorrückungsentscheidungen werden nicht getroffen. Es können Fächer und Seminare eingerichtet werden.
3. In den Jahrgangsstufen 11 und 12 wird die Leistungsbewertung durch Noten und durch ein Punktesystem vorgenommen.
4. Die allgemeine Hochschulreife wird auf Grund einer Gesamtqualifikation zuerkannt, die in der Abiturprüfung und in den Jahrgangsstufen 11 und 12 erworben wird.

[2]Das Staatsministerium wird ermächtigt, das Nähere zur Ausführung von Satz 1 Nrn. 1 bis 4 in der Schulordnung zu regeln, insbesondere das Fächerangebot und seine Zusammenfassung zu Aufgabenfeldern einschließlich der Wahlmöglichkeiten und Belegungsgrundsätze, die Leistungserhebung und -bewertung, die Voraussetzungen der Zulassung zur Abiturprüfung, die Bildung der Gesamtqualifikation, die Voraussetzungen für die Zuerkennung der allgemeinen Hochschulreife und die Gestaltung der Zeugnisse.

Art. 10
Schulen des Zweiten Bildungswegs

(1) [1]Die Abendrealschule ist eine Schule, die Berufstätige im dreijährigen Abendunterricht zum Realschulabschluss führt. [2]Der Unterricht kann auch auf vier Jahre verteilt werden. [3]In der Abschlussklasse kann Tagesunterricht erteilt werden.

(2) [1]Das Abendgymnasium ist eine Schule, die Berufstätige im vierjährigen Abendunterricht zur allgemeinen Hochschulreife führt. [2]In der Abschlussklasse kann Tagesunterricht erteilt werden.

(3) Das Kolleg ist ein Gymnasium besonderer Art, das Erwachsene, die sich bereits im Berufsleben bewährt haben, im dreijährigen Unterricht zur allgemeinen Hochschulreife führt.

(4) Die Führung eines Familienhaushalts ist einer Berufstätigkeit gleichgestellt.

b) Berufliche Schulen

Art. 11
Die Berufsschule

(1) [1]Die Berufsschule ist eine Schule mit Teilzeit- und Vollzeitunterricht im Rahmen der beruflichen Ausbildung, die von Berufsschulpflichtigen und Berufsschulberechtigten besucht wird. [2]Sie hat die Aufgabe, die Schülerinnen und Schüler in Abstimmung mit der betrieblichen Berufsausbildung oder unter Berücksichtigung ihrer beruflichen Tätigkeit beruflich zu bilden und zu erziehen und die allgemeine Bildung zu fördern.

(2) [1]Die Berufsschule verleiht nach Maßgabe der erzielten Leistungen den erfolgreichen Berufsschulabschluss. [2]Mit dem erfolgreichen Berufsschulabschluss wird auch der mittlere Schulabschluss verliehen, wenn

1. im Abschlusszeugnis ein Notendurchschnitt von mindestens 3,0,
2. ausreichende Kenntnisse in Englisch, die dem Leistungsstand eines fünfjährigen Unterrichts entsprechen, und
3. eine abgeschlossene Berufsausbildung

nachgewiesen werden. [3]In Fällen besonderer Härte kann eine andere moderne Fremdsprache als Englisch genehmigt werden; das Staatsministerium trifft die näheren Regelungen.

(3) [1]Die Berufsschulen haben insbesondere die allgemeinen, berufsfeldübergreifenden sowie die für den Ausbildungsberuf oder die berufliche Tätigkeit erforderlichen fachtheoretischen Kenntnisse zu vermitteln und die fachpraktischen Kenntnisse und Fertigkeiten zu vertiefen; im Berufsgrundschuljahr obliegt ihnen auf Berufsfeldbreite die Vermittlung von fachtheoretischen und fachpraktischen Kenntnissen und Fertigkeiten. [2]Die Ausbildung in der Berufsschule umfasst eine einjährige Grundstufe und eine darauf aufbauende mindestens einjährige Fachstufe. [3]Der Unterricht in der Grundstufe wird durchgeführt

1. für anerkannte Ausbildungsberufe, die einem Berufsfeld zugeordnet sind, zur Vermittlung beruflicher Grundbildung
   a) im Teilzeitunterricht an einzelnen Unterrichtstagen oder als Blockunterricht (Berufsgrundbildungsjahr in kooperativer Form) oder
   b) im Vollzeitunterricht (Berufsgrundschuljahr),

2. für anerkannte Ausbildungsberufe, die keinem Berufsfeld zugeordnet sind, in Teilzeitunterricht an einzelnen Unterrichtstagen oder als Blockunterricht.

[4]Der Unterricht in der Grundstufe wird für Berufe nach Satz 3 Nr. 1 auf Berufsfelder, für Berufe nach Satz 3 Nr. 2 auf die einzelnen Ausbildungsberufe bezogen erteilt. [5]Beim Unterricht auf Berufsfeldbreite sind Berufsfeldschwerpunkte in dem rechtlich vorgegebenen Rahmen zu bilden. [6]Der Unterricht in der Fachstufe wird berufsspezifisch in Teilzeitform an einzelnen Unterrichtstagen oder als Blockunterricht erteilt.

(4) [1]Die berufliche Grundbildung im Unterricht der Grundstufe wird durch Rechtsverordnung schrittweise sektoral und regional nach Maßgabe der fachlichen und regionalen Erfordernisse und der baulichen, organisatorischen und personellen Voraussetzungen, insbesondere vorhandener Einrichtungen, eingeführt; nach denselben Gesichtspunkten wird geregelt, ob die berufliche Grundbildung nach Absatz 3 Satz 3 Nr. 1 im Vollzeit- oder im Teilzeitunterricht durchgeführt werden soll. [2]Für das Berufsgrundschuljahr werden die Berufsfelder festgelegt. [3]Die Rechtsverordnung wird vom Staatsministerium im Einvernehmen mit dem Staatsministerium der Finanzen, für Landesentwicklung und Heimat und dem jeweils zuständigen Fachministerium nach Anhörung der Landesorganisationen der Fachverbände und der für die Berufsbildung zuständigen Stellen erlassen.

Art. 12
(aufgehoben)

Art. 13
Die Berufsfachschule

[1]Die Berufsfachschule ist eine Schule, die, ohne eine Berufsausbildung vorauszusetzen, der Vorbereitung auf eine Berufstätigkeit oder der Berufsausbildung dient und die Allgemeinbildung fördert. [2]Der Ausbildungsgang umfasst mindestens ein Schuljahr im Vollzeitunterricht. [3]Das Staatsministerium kann zulassen, dass Berufsfachschulen für sozialpflegerische und Gesundheitsberufe sowie für Musik, die für Schülerinnen und Schüler vorgesehen sind, die nicht mehr der Schulpflicht unterliegen und langjährig berufstätig waren, in Teilzeitform geführt werden; Art. 10 Abs. 4 gilt entsprechend. [4]Mit dem Abschlusszeugnis einer mindestens zweijährigen Berufsfachschule, die zu einer abgeschlossenen Berufsausbildung führt, wird bei einem Notendurchschnitt von mindestens 3,0 und dem Nachweis ausreichender Kenntnisse in Englisch, die dem Leistungsstand eines fünfjährigen Unterrichts entsprechen, der mittlere Schulabschluss verliehen; Art. 11 Abs. 2 Satz 2 Halbsätze 2 und 3 gelten entsprechend.

Art. 14
Die Wirtschaftsschule

(1) Die Wirtschaftsschule vermittelt eine allgemeine Bildung und eine berufliche Grundbildung im Berufsfeld Wirtschaft und Verwaltung und bereitet auf eine entsprechende berufliche Tätigkeit vor.

(2) [1]Die Wirtschaftsschule ist eine Berufsfachschule und umfasst in zweistufiger Form die Jahrgangsstufen 10 und 11, in dreistufiger Form die Jahrgangsstufen 8 bis 10 und in vierstufiger Form die Jahrgangsstufen 7 bis 10. [2]Sie baut in zweistufiger Form auf dem qualifizierenden Abschluss der Mittelschule, in dreistufiger Form auf der Jahrgangsstufe 7 und in vierstufiger Form auf der Jahrgangsstufe 6 der Mittelschule auf. [3]Sie verleiht nach bestandener Abschlussprüfung den Wirtschaftsschulabschluss.

Art. 15
Die Fachschule

[1]Die Fachschule dient der vertieften beruflichen Fortbildung oder Umschulung und fördert die Allgemeinbildung; sie wird im Anschluss an eine Berufsausbildung und in der Regel an eine ausreichende praktische Berufstätigkeit besucht. [2]Der Ausbildungsgang umfasst bei Vollzeitunterricht mindestens ein halbes Schuljahr, bei Teilzeitunterricht einen entsprechend längeren Zeitraum. [3]Die mindestens einjährige Fachschule kann nach Maßgabe der Schulordnung die Fachschulreife verleihen. [4]Durch eine staatliche Ergänzungsprüfung kann die Fachhochschulreife erworben werden, die auf einschlägige Studiengänge beschränkt werden kann; das Staatsministerium regelt das Nähere durch Rechtsverordnung.

Art. 16
Die Fachoberschule

(1) Die Fachoberschule vermittelt eine allgemeine, fachtheoretische und fachpraktische Bildung.

(2) [1]Die Fachoberschule baut auf einem mittleren Schulabschluss auf. [2]Sie umfasst die Jahrgangsstufen 11 und 12; in der Jahrgangsstufe 11 gehört zum Unterricht auch eine fachpraktische Ausbildung. [3]Die Leistungsbewertung wird durch Noten und durch ein Punktesystem vorgenommen. [4]Die Fachoberschule verleiht nach bestandener Fachabiturprüfung die Fachhochschulreife. [5]Für überdurchschnittlich qualifizierte Absolventen der Fachabiturprüfung kann eine Jahrgangsstufe 13 geführt werden. [6]Diese verleiht nach bestandener Abiturprüfung die fachgebundene Hochschulreife sowie bei Nachweis der notwendigen Kenntnisse in einer zweiten Fremdsprache die allgemeine Hochschulreife.

(3) An der Fachoberschule können folgende Ausbildungsrichtungen eingerichtet werden:

1. Technik,
2. Agrarwirtschaft, Bio- und Umwelttechnologie,
3. Wirtschaft und Verwaltung,
4. Sozialwesen,
5. Gestaltung.

Art. 17
Die Berufsoberschule

(1) Die Berufsoberschule vermittelt eine allgemeine und fachtheoretische Bildung.

(2) [1]Die Berufsoberschule baut auf einem mittleren Schulabschluss und einer der jeweiligen Ausbildungsrichtung entsprechenden abgeschlossenen Berufsausbildung oder entsprechenden mehrjährigen Berufserfahrung auf. [2]Sie umfasst die Jahrgangsstufen 12 und 13 und kann auch in Teilzeitform geführt werden. [3]Insbesondere für Schülerinnen und Schüler mit mittlerem Schulabschluss gemäß Art. 25 Abs. 1 Satz 2 Nrn. 2 bis 4 können einjährige Vorklassen eingerichtet werden. [4]Die Aufnahme in die Vorklasse ist auch mit erfolgreichem Abschluss der Mittelschule und einer abgeschlossenen Berufsausbildung nach Bestehen einer Aufnahmeprüfung beim zuständigen Ministerialbeauftragten für die Berufsoberschulen und Fachoberschulen möglich. [5]Bei erfolgreichem Besuch der Vorklasse wird der mittlere Schulabschluss verliehen. [6]Die Leistungsbewertung wird durch Noten und ein Punktesystem vorgenommen. [7]Die Berufsoberschule schließt mit der Abiturprüfung ab und verleiht die fachgebundene Hochschulreife sowie bei Nachweis der notwendigen

Kenntnisse in einer zweiten Fremdsprache die allgemeine Hochschulreife; Schüler und Schülerinnen der Jahrgangsstufe 12 können sich der Fachabiturprüfung zum Erwerb der Fachhochschulreife unterziehen.

(3) An der Berufsoberschule können folgende Ausbildungsrichtungen eingerichtet werden:

1. Technik,
2. Agrarwirtschaft, Bio- und Umwelttechnologie,
3. Wirtschaft und Verwaltung,
4. Sozialwesen.

Art. 18
Die Fachakademie

(1) Die Fachakademie bereitet durch eine vertiefte berufliche und allgemeine Bildung auf den Eintritt in eine angehobene Berufslaufbahn vor.

(2) [1]Die Fachakademie umfasst bei Vollzeitunterricht mindestens zwei Schuljahre. [2]Sie baut auf einem mittleren Schulabschluss und in der Regel auf einer dem Ausbildungsziel dienenden beruflichen Ausbildung oder praktischen Tätigkeit auf. [3]Das Staatsministerium kann durch Rechtsverordnung bestimmen, dass an Fachakademien künstlerischer Ausbildungsrichtungen an die Stelle des mittleren Schulabschlusses der Nachweis einer entsprechenden Begabung im jeweiligen Fachgebiet tritt.

(3) [1]Das Studium an einer Fachakademie wird durch eine staatliche Prüfung abgeschlossen. [2]Durch eine staatliche Ergänzungsprüfung kann die Fachhochschulreife erworben werden, die auf einschlägige Studiengänge beschränkt werden kann; das Staatsministerium regelt das Nähere durch Rechtsverordnung. [3]Überdurchschnittlich befähigten Absolventinnen und Absolventen der Fachakademie, die die Berechtigung zum Studium an einer Fachhochschule erworben haben, kann die fachgebundene Hochschulreife zuerkannt werden; das Staatsministerium regelt das Nähere durch Rechtsverordnung.

(4) [1]Das zuständige Staatsministerium legt durch Rechtsverordnung im Einvernehmen mit dem Staatsministerium die Ausbildungsrichtungen der Fachakademien fest; es kann die Ausbildungsrichtungen in Fachrichtungen unterteilen. [2]Eine Fachakademie kann verschiedene Ausbildungsrichtungen umfassen.

c) Förderschulen und Schulen für Kranke

Art. 19
Aufgaben der Förderschulen

(1) Die Förderschulen diagnostizieren, erziehen, unterrichten, beraten und fördern Kinder und Jugendliche, die der sonderpädagogischen Förderung bedürfen und deswegen an einer allgemeinen Schule (allgemein bildende oder berufliche Schule) nicht oder nicht ausreichend gefördert und unterrichtet werden können.

(2) Zu den Aufgaben der Förderschulen gehören:

1. die schulische Unterrichtung und Förderung in Klassen mit bestimmten Förderschwerpunkten,
2. die vorschulische Förderung durch die Schulvorbereitenden Einrichtungen,
3. im Rahmen der verfügbaren Stellen und Mittel

a) die vorschulische Förderung durch die Mobile Sonderpädagogische Hilfe und

b) die Mobilen Sonderpädagogischen Dienste zur Unterstützung förderbedürftiger Schülerinnen und Schüler in allgemeinen Schulen oder in Förderschulen.

(3) [1]Die Förderschulen erfüllen den sonderpädagogischen Förderbedarf, indem sie eine den Anlagen und der individuellen Eigenart der Kinder und Jugendlichen gemäße Bildung und Erziehung vermitteln. [2]Sie tragen zur Persönlichkeitsentwicklung bei und unterstützen die soziale und berufliche Entwicklung. [3]Bei Kindern und Jugendlichen, die ständig auf fremde Hilfe angewiesen sind, können Erziehung und Unterrichtung pflegerische Aufgaben beinhalten.

(4) [1]Auf die Förderschulen sind die Vorschriften für die allgemeinen Schulen unter Berücksichtigung der sonderpädagogischen Anforderungen entsprechend anzuwenden. [2]Für die Förderzentren gelten Art. 7 Abs. 4 und Art. 7a Abs. 4 entsprechend. [3]Soweit es mit den jeweiligen Förderschwerpunkten vereinbar ist, vermitteln die Förderschulen die gleichen Abschlüsse wie die vergleichbaren allgemeinen Schulen.

Art. 20
Förderschwerpunkte, Aufbau und Gliederung der Förderschulen

(1) Förderschulen können gebildet werden für

1. den Förderschwerpunkt Sehen,
2. den Förderschwerpunkt Hören,
3. den Förderschwerpunkt körperliche und motorische Entwicklung,
4. den Förderschwerpunkt geistige Entwicklung,
5. den Förderschwerpunkt Sprache,
6. den Förderschwerpunkt Lernen,
7. den Förderschwerpunkt emotionale und soziale Entwicklung.

(2) [1]Die Schulen umfassen

1. Förderzentren mit Klassen

   a) der Grundschulstufe mit den Jahrgangsstufen 1 bis 4, wobei die Klassen der Jahrgangsstufen 1 und 2 als Sonderpädagogische Diagnose- und Förderklassen geführt und um eine Jahrgangsstufe 1 A erweitert werden können, wenn die Diagnose- und Fördermaßnahmen für die Jahrgangsstufen 1 und 2 ein drittes Schulbesuchsjahr erfordern; bei Schulen mit den Förderschwerpunkten Sehen und Hören ist die Jahrgangsstufe 1 A verpflichtend.

   b) der Mittelschulstufe mit den Jahrgangsstufen 5 bis 9 oder Teilstufen davon und, sofern Mittlere-Reife-Klassen gebildet werden können, auch mit der Jahrgangsstufe 10, wobei zur Vorbereitung auf die berufliche Ausbildung die Jahrgangsstufen 7 bis 9 als sonderpädagogische Diagnose- und Werkstattklassen ausgebildet werden können,

   c) der Berufsschulstufe mit den Jahrgangsstufen 10 bis 12 bei Schulen mit dem Förderschwerpunkt geistige Entwicklung, wobei die Berufsschulstufe auch die Aufgaben der Berufsschule für Schülerinnen und Schüler mit diesem Förderschwerpunkt erfüllt,

   d) – mit Zustimmung der Schulaufsichtsbehörde – des Berufsvorbereitungsjahres bei Schulen mit dem Förderschwerpunkt Sehen, Hören oder körperliche und motorische Entwicklung,

2. sonstige allgemein bildende Schulen zur sonderpädagogischen Förderung,
3. berufliche Schulen zur sonderpädagogischen Förderung.

[2]Um gleiche Abschlüsse zu erreichen, kann der Unterricht außer bei den Förderzentren über eine Jahrgangsstufe mehr als bei den vergleichbaren allgemeinen Schulen vorgesehen verteilt werden. [3]Klassen der Mittelschulstufen zur sonderpädagogischen Förderung, die auf der Grundlage der Lehrpläne der Hauptschule unterrichten und die Voraussetzungen des Art. 7a Abs. 1 Satz 3 erfüllen, können die Bezeichnung Mittelschule zur sonderpädagogischen Förderung führen. [4]Förderzentren können auch ohne ein Ganztagsangebot im Sinn des Art. 6 Abs. 5 die Bezeichnung Mittelschule führen, wenn ein teilstationäres Betreuungsangebot der Jugendhilfe oder Sozialhilfe besteht.

(3) [1]Förderzentren, die die Förderschwerpunkte Sprache, Lernen sowie emotionale und soziale Entwicklung umfassen, sind Sonderpädagogische Förderzentren. [2]Die Förderschulen im Sinn von Abs. 2 Satz 1 Nrn. 2 und 3 führen die Bezeichnung der entsprechenden allgemeinen Schulart mit dem Zusatz ‚zur sonderpädagogischen Förderung' und der Angabe des Schwerpunkts nach Abs. 1. [3]Förderschulen können Klassen für Kranke angegliedert werden.

Art. 21
Mobile Sonderpädagogische Dienste

(1) [1]Die Mobilen Sonderpädagogischen Dienste unterstützen die Unterrichtung von Schülerinnen und Schülern mit sonderpädagogischem Förderbedarf, die nach Maßgabe des Art. 41 eine allgemeine Schule besuchen können; sie können auch an einer anderen Förderschule eingesetzt werden, wenn eine Schülerin oder ein Schüler in mehreren Förderschwerpunkten sonderpädagogischen Förderbedarf hat und vom Lehrpersonal der besuchten Förderschule nicht in allen Schwerpunkten gefördert werden kann. [2]Mobile Sonderpädagogische Dienste diagnostizieren und fördern die Schülerinnen und Schüler, sie beraten Lehrkräfte, Erziehungsberechtigte und Schülerinnen und Schüler, koordinieren sonderpädagogische Förderung und führen Fortbildungen für Lehrkräfte durch. [3]Mobile Sonderpädagogische Dienste werden von den nächstgelegenen Förderschulen mit entsprechendem Förderschwerpunkt geleistet, soweit nicht nach Art. 30a Abs. 9 Satz 3 etwas anderes durch die Regierung bestimmt wurde.

(2) Für die Fördermaßnahmen können einschließlich des anteiligen Lehrerstundeneinsatzes je Schülerin bzw. Schüler in der besuchten allgemeinen Schule im längerfristigen Durchschnitt nicht mehr Lehrerstunden aufgewendet werden, als in der entsprechenden Förderschule je Schülerin bzw. Schüler eingesetzt werden.

Art. 22
Schulvorbereitende Einrichtungen und Mobile Sonderpädagogische Hilfe

(1) [1]Noch nicht schulpflichtige Kinder mit sonderpädagogischem Förderbedarf, die zur Entwicklung ihrer Fähigkeiten auch im Hinblick auf die Schulfähigkeit sonderpädagogischer Anleitung und Unterstützung bedürfen, sollen in Schulvorbereitenden Einrichtungen gefördert werden, sofern sie die notwendige Förderung nicht in anderen, außerschulischen Einrichtungen (z. B. Kindergärten) erhalten. [2]Schulvorbereitende Einrichtungen sind Bestandteile von Förderzentren; der Schulleiter leitet auch die Schulvorbereitende Einrichtung. [3]Eine Schulvorbereitende Einrichtung hat keine anderen Förderschwerpunkte als die Förderschule, der sie angehört. [4]Die Schulvorbereitenden Einrichtungen verfolgen die in Art. 19 Abs. 3 genannten Ziele in den letzten drei Jahren vor dem regelmäßigen Beginn

der Schulpflicht. [5]Sie leisten die Förderung in Gruppen, in denen die Kinder höchstens im zeitlichen Umfang wie in der Jahrgangsstufe 1 der entsprechenden Schule unterwiesen werden.

(2) [1]Für noch nicht schulpflichtige Kinder mit sonderpädagogischem Förderbedarf, die zur Entwicklung ihrer Fähigkeiten, ihrer Gesamtpersönlichkeit und für ein selbstständiges Lernen und Handeln auch im Hinblick auf die Schulreife spezielle sonderpädagogische Anleitung und Unterstützung benötigen, können die fachlich entsprechenden Förderschulen bei anderweitig nicht gedecktem Bedarf Mobile Sonderpädagogische Hilfe in der Familie, in den Kindertageseinrichtungen und im Rahmen der interdisziplinären Frühförderung (z.B. Frühförderstellen) leisten. [2]Sie fördern die Entwicklung der Kinder, beraten die Eltern und Erzieher und verfolgen dabei die in Art. 19 Abs. 3 Satz 2 genannten Ziele in interdisziplinärer Zusammenarbeit mit den medizinischen, psychologischen, sonstigen pädagogischen, sozialen und anderen im Rahmen der Frühförderung zusammenwirkenden Diensten, deren Aufgaben, Rechtsgrundlagen, Organisation und Finanzierung unberührt bleiben. [3]Die Förderung setzt das Einverständnis der Eltern und bei der sonderpädagogischen Hilfe in den Kindertageseinrichtungen die Absprache mit der Leitung der Kindertageseinrichtungen voraus.

Art. 23
Schulen für Kranke; Hausunterricht

(1) [1]Schulen für Kranke unterrichten Schülerinnen und Schüler, die sich in Krankenhäusern oder vergleichbaren, unter ärztlicher Leitung stehenden Einrichtungen aufhalten müssen. [2]Die Schülerinnen und Schüler bleiben Schülerinnen und Schüler der bisher besuchten Schulart und Schule; sie werden in der Regel nach den für diese Schulart geltenden Lehrplänen unter Berücksichtigung der sich aus den Krankheiten und dem Krankenhausaufenthalt ergebenden Bedingungen unterrichtet. [3]Die Schule für Kranke soll möglichst den Anschluss an die Schulausbildung gewährleisten und den Heilungsprozess unterstützen.

(2) [1]Hausunterricht kann für längerfristig kranke oder aus gesundheitlichen Gründen nicht schulbesuchsfähige Schülerinnen und Schüler sowie für Schülerinnen und Schüler, die auf Grund behördlicher Anordnung freiheitsentziehend in Jugendhilfeeinrichtungen untergebracht sind, erteilt werden. [2]Zuständig ist in der Regel die bisher besuchte Schule.

(3) Beim Unterricht nach den Absätzen 1 und 2 sollen im Rahmen der verfügbaren Mittel die Möglichkeiten der modernen Datenkommunikation genutzt werden; der Unterricht kann ganz oder teilweise in Form des durch Datenkommunikation unterstützten Fernunterrichts (virtueller Unterricht) erfolgen.

Art. 24
Förderschulen und Schulen für Kranke; Ausführungsbestimmungen

Das Staatsministerium wird ermächtigt, soweit erforderlich im Einvernehmen mit dem Staatsministerium der Finanzen, für Landesentwicklung und Heimat und im Benehmen mit dem Staatsministerium für Arbeit und Soziales, Familie und Integration, bei nachfolgenden Nummern 8 und 9 auch im Benehmen mit dem Staatsministerium für Gesundheit und Pflege, durch Rechtsverordnung

1. die Zuständigkeit der einzelnen Förderschulformen zu beschreiben und voneinander abzugrenzen;
2. die Feststellung des sonderpädagogischen Förderbedarfs, das Verfahren bei der Aufnahme und bei der Überweisung in eine Förderschule sowie beim freiwilligen Besuch der

Förderschule über die Schulpflicht hinaus, außerdem das Verfahren bei der Überweisung aus der Förderschule in die Grundschule, die Mittelschule oder die Berufsschule zu regeln;

3. die Voraussetzungen für die gemeinsame Förderung von Kindern und Jugendlichen mit und ohne sonderpädagogischen Förderbedarf in den Förderschulen zu regeln;
4. Aufgaben, Formen und Inhalt der Förderung sowie Organisation der Schulvorbereitenden Einrichtungen einschließlich des Zusammenwirkens zwischen privaten und öffentlichen Aufgabenträgern und die Feststellung des sonderpädagogischen Förderbedarfs der Kinder im Vorschulalter zu regeln;
5. Aufgaben, Formen, Inhalt, Umfang und Organisation der Mobilen Sonderpädagogischen Hilfe nach Art. 22 Abs. 2 zu regeln; für die Mobile Sonderpädagogische Hilfe können je Kind einschließlich der anteiligen Erzieherstunden in Kindertageseinrichtungen nicht mehr Betreuungsstunden aufgewendet werden, als anteilig je Kind für die Förderung in der Gruppe der entsprechenden Schulvorbereitenden Einrichtung eingesetzt werden;
6. Aufgaben, Formen und Inhalt sowie Organisation der Mobilen Sonderpädagogischen Dienste einschließlich des Zusammenwirkens öffentlicher und privater Schulen und die Verpflichtung der Schülerinnen und Schüler, von den Fördermaßnahmen Gebrauch zu machen, zu regeln;
7. Aufgaben, Ziele, Organisation und Zuordnung der Sonderpädagogischen Diagnose- und Förderklassen sowie der Sonderpädagogischen Diagnose- und Werkstattklassen zu regeln;
8. Aufbau, Formen, Inhalt und Organisation der Schulen für Kranke zu regeln sowie die Erlaubnis zur Weitergabe ärztlicher Erkenntnisse an die Schulen für Kranke im erforderlichen Umfang zu schaffen;
9. Voraussetzungen, Umfang und Organisation von Hausunterricht zu regeln; die Einholung von fachärztlichen oder amtsärztlichen Gutachten kann vorgeschrieben werden.

d) Staatsinstitute

Art. 24a
Staatsinstitute für die Ausbildung von Fachlehrern und Förderlehrern

(1) Das Staatsinstitut für die Ausbildung von Fachlehrern und die ihm angegliederten Fachausbildungsstätten haben die Aufgabe der fachlichen und pädagogischen Ausbildung zu Fachlehrerinnen und Fachlehrern.

(2) Das Staatsinstitut für die Ausbildung von Förderlehrern hat die Aufgabe der fachlichen und pädagogischen Ausbildung zu Förderlehrerinnen und Förderlehrern.

(3) [1]Der Besuch der Staatsinstitute setzt einen mittleren Schulabschluss voraus. [2]Weitere Zulassungsvoraussetzungen hinsichtlich der fachlichen Vorbildung können in den Studienordnungen der Staatsinstitute festgelegt werden. [3]Zusammen mit der Abschlussprüfung kann unter besonderen, in den Studienordnungen näher zu bestimmenden Voraussetzungen eine fachgebundene Hochschulreife verliehen werden.

(4) [1]Für die Staatsinstitute oder, soweit diese in Abteilungen unter eigener fachlicher Leitung gegliedert sind, für diese Abteilungen und für die Fachausbildungsstätten gelten lediglich die Art. 5, 26 Abs. 1, Art. 30, 44, 45 Abs. 1 und 2 Satz 1, Art. 52, 55, 56, 57, 58, 59, 62 Abs. 1 Satz 1 und Abs. 8, Art. 84, 85, 86 Abs. 1 Satz 1, 3 und 4, Abs. 2 Nr. 4, 6 bis 12, Abs. 3

Nr. 1 und 3, Art. 87 Abs. 2, Art. 88 Abs. 3, Art. 88a, 89 und 113b. [2]Die im Rahmen des Art. 86 Abs. 2 zulässigen Ordnungsmaßnahmen werden in den Studien- und Schulordnungen festgesetzt. [3]Die Aufsicht obliegt dem Staatsministerium; Art. 117 gilt entsprechend. [4]Auf das Ausbildungsverhältnis von Anwärterinnen und Anwärtern im Vorbereitungsdienst finden die in Satz 1 genannten Bestimmungen keine Anwendung; die Sätze 2 und 3 gelten nicht.

e) Mittlerer Schulabschluss

Art. 25
Mittlerer Schulabschluss

(1) [1]Der mittlere Schulabschluss im Sinn dieses Gesetzes wird durch das Abschlusszeugnis einer Realschule nachgewiesen. [2]Er wird ferner nachgewiesen durch

1. das Abschlusszeugnis der 10. Klasse der Mittelschule,
2. das Zeugnis über den qualifizierten beruflichen Bildungsabschluss gemäß Art. 7a Abs. 5,
3. das Abschlusszeugnis der Berufsschule gemäß Art. 11 Abs. 2 Satz 2,
4. das Abschlusszeugnis der Berufsfachschule gemäß Art. 13 Satz 4,
5. das Abschlusszeugnis der Wirtschaftsschule gemäß Art. 14 Abs. 2 Satz 3,
6. das Zeugnis über den erfolgreichen Besuch der Vorklasse der Berufsoberschule gemäß Art. 17 Abs. 2 Satz 5.

(2) Die Erlaubnis zum Vorrücken in die Jahrgangsstufe 11 des Gymnasiums und die Fachschulreife schließen den Nachweis eines mittleren Schulabschlusses ein.

(3) [1]Das Staatsministerium wird ermächtigt, die Voraussetzungen für den Erwerb eines mittleren Schulabschlusses und die damit verbundenen schulischen Berechtigungen im Einzelnen durch Rechtsverordnung zu regeln. [2]Das Staatsministerium oder die von ihm beauftragte Stelle kann allgemein oder im Einzelfall ein anderes Zeugnis als einem in Absatz 1 genannten Zeugnis gleichwertig anerkennen.

Abschnitt III
Errichtung und Auflösung von öffentlichen Schulen; Schulveranstaltungen; Zusammenarbeit; kooperatives Lernen

a) Allgemeine Grundsätze

Art. 26
Staatliche Schulen

(1) Grundschulen, Mittelschulen, Förderzentren, Berufsschulen zur sonderpädagogischen Förderung, Schulen für Kranke und Berufsschulen werden durch Rechtsverordnung der Regierung, die übrigen Schulen durch Rechtsverordnung des zuständigen Staatsministeriums errichtet und aufgelöst.

(2) [1]Vor der Errichtung und Auflösung ist das Benehmen mit dem zuständigen Aufwandsträger, vor der Auflösung ist außerdem das Benehmen mit dem Elternbeirat oder dem

Berufsschulbeirat herzustellen. [2]Grundschulen, Mittelschulen und Förderzentren werden im Benehmen mit den beteiligten kommunalen Gebietskörperschaften, Elternbeiräten und kirchlichen Oberbehörden errichtet und aufgelöst.

(3) Art. 32 Abs. 2 Satz 2, Abs. 5 bis 7 und Art. 32a Abs. 3 bis 5 bleiben unberührt.

Art. 27
Kommunale Schulen

(1) [1]Die Errichtung einer kommunalen Schule ist zulässig, wenn gewährleistet ist, dass die Ausbildung der an der Schule tätigen Lehrkräfte hinter der Ausbildung der bei entsprechenden staatlichen Schulen eingesetzten Lehrkräfte nicht zurücksteht und die dem Unterricht dienenden Räume und Anlagen die Durchführung eines einwandfreien Schulbetriebs sicherstellen. [2]Die Errichtung einer kommunalen Schule ist der Schulaufsichtsbehörde drei Monate vor Aufnahme des Unterrichts anzuzeigen. [3]Wesentliche Änderungen im Bereich der Schule sind ebenfalls anzuzeigen. [4]Die Einstellung von Lehrkräften, die in Bayern die Befähigung zum Lehramt erworben haben und entsprechend verwendet werden, stellt keine wesentliche Änderung dar.

(2) [1]Errichtung und Auflösung einer kommunalen Schule erfolgen durch Satzung des kommunalen Schulträgers. [2]Vor der Auflösung einer kommunalen Schule ist das Benehmen mit dem Elternbeirat oder dem Berufsschulbeirat herzustellen. [3]Art. 99 Abs. 2 gilt entsprechend.

(3) Die Aufnahme von Schülerinnen und Schülern in eine kommunale Schule, die nicht Pflichtschule ist, darf nicht deshalb abgelehnt werden, weil die Erziehungsberechtigten oder die Schülerinnen und Schüler ihren Wohnsitz oder gewöhnlichen Aufenthalt nicht innerhalb des Gebiets des Schulträgers haben.

(4) [1]Die Einstellung und Verwendung von Lehrkräften an beruflichen Schulen, die die erforderliche Befähigung zum Lehramt nicht besitzen, sowie die Bestellung unterhälftig beschäftigter Schulleiterinnen bzw. Schulleiter bedürfen der schulaufsichtlichen Genehmigung; die mit weniger als der Hälfte der Unterrichtspflichtzeit tätigen Lehrkräfte sollen die gleiche fachliche Vorbildung haben, wie sie für die hauptamtlichen Lehrkräfte vorgeschrieben ist. [2]Die Schulaufsichtsbehörde kann nach Richtlinien des Staatsministeriums die Mindestzahl der erforderlichen Lehrkräfte an beruflichen Schulen festsetzen.

Art. 28
Erfordernisse der Raumordnung

[1]Bei der Errichtung und beim Betrieb öffentlicher Schulen sind die Ziele der Raumordnung zu beachten sowie die Grundsätze und die sonstigen Erfordernisse der Raumordnung zu berücksichtigen. [2]Den regionalen Gegebenheiten ist Rechnung zu tragen.

Art. 29
Bezeichnung von Schulen und Schülerheimen

(1) [1]In der Errichtungsverordnung wird den staatlichen Schulen, in der Errichtungssatzung den kommunalen Schulen eine amtliche Bezeichnung verliehen, aus der sich der Schulträger, die Schulart und der Schulort ergeben und die sie von anderen am selben Ort bestehenden Schulen der gleichen Schulart unterscheidet; die Angabe des Schulträgers entfällt bei den staatlichen Grundschulen, Mittelschulen und Förderzentren. [2]Bei Berufsfachschulen,

Fachschulen, Fachakademien und, soweit erforderlich, bei Fachoberschulen und Berufsoberschulen enthält die Bezeichnung auch die geführte Ausbildungsrichtung oder Fachrichtung. [3]Der Schule kann vom Schulträger mit Zustimmung des Schulaufwandsträgers, der Lehrerkonferenz, des Elternbeirats und der Schülermitverantwortung, bei Berufsschulen des Berufsschulbeirats, neben der amtlichen Bezeichnung ein Name verliehen werden. [4]Schülerinnen und Schülern an Förderschulen, die nach einem Lehrplan unterrichtet werden, der dem Anforderungsniveau des Lehrplans der jeweiligen allgemeinen Schule entspricht, können in den letzten beiden Schuljahren Zeugnisse mit einer abweichenden Schulbezeichnung erhalten; das Nähere regeln die Schulordnungen. [5]Auf gemeinsamen Antrag von Schulaufwandsträger und Schule erhalten Grundschulen durch die Regierung den Zusatz ‚(Volksschule)' verliehen. [6]Schulaufwandsträger in einem Verbund nach Art. 32 Abs. 5 bzw. Art. 32a Abs. 3 können dem Verbund einvernehmlich einen Verbundnamen geben.

(2) Abs. 1 Sätze 1 bis 3 gelten für staatliche verbundene Schülerheime entsprechend.

Art. 30
Schulveranstaltungen

[1]Ihren Bildungs- und Erziehungsauftrag erfüllen die Schulen durch Unterricht und sonstige Schulveranstaltungen. [2]Eine sonstige Schulveranstaltung ist eine Veranstaltung einer Schule, die einen unmittelbaren Bezug zu den Aufgaben der Schule, nämlich Erziehung und Unterricht, aufweist. [3]Sie kann den Unterricht sachlich ergänzen, erweitern, unterstützen oder verdeutlichen; sie kann aber auch vorwiegend der Erziehung oder der Bereicherung des Schullebens dienen. [4]Sonstige Schulveranstaltungen sind insbesondere Schulfeste und Schülerfahrten. [5]Sie finden in der Regel an Unterrichtstagen statt. [6]Die Schule kann einen jährlichen Höchstbetrag für Schulveranstaltungen in Abstimmung mit dem Elternbeirat festlegen.

Art. 30a
Zusammenarbeit von Schulen, kooperatives Lernen

(1) [1]Die Schulen aller Schularten haben zusammenzuarbeiten. [2]Dies gilt insbesondere für Schulen im gleichen Einzugsbereich zur Ergänzung des Unterrichtsangebots und zur Abstimmung der Unterrichtszeiten. [3]Die Schulen stimmen sich beim Wechsel einer Schülerin oder eines Schülers an eine andere Schule ab. [4]Schulübergreifende Schulveranstaltungen können durchgeführt werden.

(2) Die Zusammenfassung beruflicher Schulen innerhalb von beruflichen Schulzentren ist anzustreben.

(3) [1]Schülerinnen und Schüler mit und ohne sonderpädagogischem Förderbedarf können gemeinsam in Schulen aller Schularten unterrichtet werden. [2]Die allgemeinen Schulen werden bei ihrer Aufgabe, Schülerinnen und Schüler mit sonderpädagogischem Förderbedarf zu unterrichten, von den Förderschulen unterstützt.

(4) Die Aufnahme von Schülerinnen und Schülern mit sonderpädagogischem Förderbedarf in den Förderschwerpunkten Sehen, Hören sowie körperliche und motorische Entwicklung in die allgemeine Schule bedarf der Zustimmung des Schulaufwandsträgers; die Zustimmung kann nur bei erheblichen Mehraufwendungen verweigert werden.

(5) [1]Ein sonderpädagogischer Förderbedarf begründet nicht die Zugehörigkeit zu einer bestimmten Schulart. [2]Schulartspezifische Regelungen für die Aufnahme, das Vorrücken, den Schulwechsel und die Durchführung von Prüfungen an weiterführenden Schulen bleiben

unberührt. [3]Schülerinnen und Schüler mit sonderpädagogischem Förderbedarf müssen an der allgemeinen Schule die Lernziele der besuchten Jahrgangsstufe nicht erreichen, soweit keine schulartspezifischen Voraussetzungen bestehen. [4]Die Festschreibung der Lernziele der Schülerinnen und Schüler mit sonderpädagogischem Förderbedarf durch einen individuellen Förderplan sowie den Nachteilsausgleich regeln die Schulordnungen. [5]Schülerinnen und Schüler, die auf Grund ihres sonderpädagogischen Förderbedarfs die Lernziele der Mittelschulen und Berufsschulen nicht erreichen, erhalten ein Abschlusszeugnis ihrer Schule mit einer Beschreibung der erreichten individuellen Lernziele sowie eine Empfehlung über Möglichkeiten der beruflichen Eingliederung und zum weiteren Bildungsweg.

(6) [1]Die Zusammenarbeit zwischen Förderschulen und allgemeinen Schulen soll im Unterricht und im Schulleben besonders gefördert werden. [2]Sie wird unterstützt durch eine überörtliche Planung durch die Regierungen und Staatlichen Schulämter, soweit betroffen, im Einvernehmen mit den zuständigen Ministerialbeauftragten. [3]Die Schulaufsichtsbehörden arbeiten dabei mit den allgemeinen Schulen, Förderschulen und den Schulträgern sowie mit anderen Stellen und öffentlichen Einrichtungen, insbesondere mit der Jugendhilfe und der Sozialhilfe, zusammen.

(7) Formen des kooperativen Lernens sind:

1. Kooperationsklassen:

   In Kooperationsklassen der Grundschulen, Mittelschulen und Berufsschulen wird eine Gruppe von Schülerinnen und Schülern mit sonderpädagogischem Förderbedarf zusammen mit Schülerinnen und Schülern ohne sonderpädagogischen Förderbedarf gemeinsam unterrichtet. Dabei erfolgt eine stundenweise Unterstützung durch die Mobilen Sonderpädagogischen Dienste.

2. Partnerklassen:

   Partnerklassen der Förderschule oder der allgemeinen Schule kooperieren mit einer Partnerklasse der jeweils anderen Schulart. Formen des gemeinsamen, regelmäßig lernzieldifferenten Unterrichts sind darin enthalten. Gleiches gilt für Partnerklassen verschiedener Förderschularten.

3. Offene Klassen der Förderschule:

   In offenen Klassen der Förderschule, in denen auf der Grundlage der Lehrpläne der allgemeinen Schule unterrichtet wird, können Schülerinnen und Schüler ohne sonderpädagogischen Förderbedarf unterrichtet werden. Voraussetzung ist, dass kein Mehrbedarf hinsichtlich des benötigten Personals und der benötigten Räume entsteht. Im Rahmen der zur Verfügung stehenden Mittel können die Schulaufsichtsbehörden bei Förderzentren mit den Förderschwerpunkten Sehen, Hören oder körperliche und motorische Entwicklung in Abweichung von Satz 2 Schülerinnen und Schüler ohne Förderbedarf bis zu 20 v.H. der vom Staatsministerium festgelegten Schülerhöchstzahl je Klasse bei der Klassenbildung berücksichtigen.

(8) [1]Die Schülerinnen und Schüler können sich in ihrem sozial- oder jugendhilferechtlichen Hilfebedarf durch Schulbegleiterinnen oder Schulbegleiter nach Maßgabe der hierfür geltenden Bestimmungen unterstützen lassen. [2]Bei mehreren Kindern und Jugendlichen in Kooperationsklassen, die ständig auf fremde Hilfe angewiesen sind, können Erziehung und Unterricht pflegerische Aufgaben enthalten.

(9) [1]Kooperations- und Partnerklassen sollen auf Anregung der Erziehungsberechtigten bei entsprechendem Bedarf mit Zustimmung der beteiligten Schulaufwandsträger und der

beteiligten Schulen eingerichtet werden, wenn dies organisatorisch, personell und sachlich möglich ist. [2]Elternbeiräte der beteiligten Schulen sind anzuhören. [3]Sind unterschiedliche Förderschwerpunkte betroffen, bestimmt die zuständige Regierung in Abstimmung mit dem zuständigen Schulamt die für die sonderpädagogische Förderung zuständige Förderschule oder die zuständigen Förderschulen.

Art. 30b
Inklusive Schule

(1) Die inklusive Schule ist ein Ziel der Schulentwicklung aller Schulen.

(2) [1]Einzelne Schülerinnen und Schüler mit sonderpädagogischem Förderbedarf, die die allgemeine Schule, insbesondere die Sprengelschule, besuchen, werden unter Beachtung ihres Förderbedarfs unterrichtet. [2]Sie werden nach Maßgabe der Art. 19 und 21 durch die Mobilen Sonderpädagogischen Dienste unterstützt. [3]Art. 30a Abs. 4, 5 und 8 Satz 1 gelten entsprechend.

(3) [1]Schulen können mit Zustimmung der zuständigen Schulaufsichtsbehörde und der beteiligten Schulaufwandsträger das Schulprofil ‚Inklusion' entwickeln. [2]Eine Schule mit dem Schulprofil ‚Inklusion' setzt auf der Grundlage eines gemeinsamen Bildungs- und Erziehungskonzepts in Unterricht und Schulleben individuelle Förderung im Rahmen des Art. 41 Abs. 1 und 5 für alle Schülerinnen und Schüler um; Art. 30a Abs. 4 bis 6 gelten entsprechend. [3]Unterrichtsformen und Schulleben sowie Lernen und Erziehung sind auf die Vielfalt der Schülerinnen und Schüler mit und ohne sonderpädagogischem Förderbedarf auszurichten. [4]Den Bedürfnissen der Kinder und Jugendlichen mit sonderpädagogischem Förderbedarf wird in besonderem Maße Rechnung getragen. [5]Das Staatsministerium wird ermächtigt, das Nähere durch Rechtsverordnung zu regeln.

(4) [1]In Schulen mit dem Schulprofil ‚Inklusion' werden Lehrkräfte der Förderschule in das Kollegium der allgemeinen Schule eingebunden und unterliegen den Weisungen der Schulleiterin oder des Schulleiters; Art. 59 Abs. 1 gilt entsprechend. [2]Die Lehrkräfte der allgemeinen Schule gestalten in Abstimmung mit den Lehrkräften für Sonderpädagogik und gegebenenfalls weiteren Fachkräften die Formen des gemeinsamen Lernens. [3]Die Lehrkräfte für Sonderpädagogik beraten die Lehrkräfte, die Schülerinnen und Schüler sowie die Erziehungsberechtigten und diagnostizieren den sonderpädagogischen Förderbedarf. [4]Sie fördern Schülerinnen und Schüler mit sonderpädagogischem Förderbedarf und unterrichten in Klassen mit Schülerinnen und Schülern ohne und mit sonderpädagogischem Förderbedarf. [5]Der fachliche Austausch zwischen allgemeiner Schule und Förderschule ist zu gewährleisten. [6]Hinsichtlich der möglichen Unterstützung durch Schulbegleiterinnen und Schulbegleiter gilt Art. 30a Abs. 8 Satz 1 entsprechend; sind mehrere Schülerinnen und Schüler einer Klasse pflegebedürftig, gilt Art. 30a Abs. 8 Satz 2 entsprechend.

(5) [1]Für Schülerinnen und Schüler mit sehr hohem sonderpädagogischen Förderbedarf können in Schulen mit dem Schulprofil ‚Inklusion' Klassen gebildet werden, in denen sie im gemeinsamen Unterricht durch eine Lehrkraft der allgemeinen Schule und eine Lehrkraft für Sonderpädagogik unterrichtet werden. [2]Die Lehrkraft für Sonderpädagogik kann durch sonstiges Personal unterstützt bzw. teilweise nach Maßgabe der Art. 60 Abs. 2 Sätze 1 und 2 ersetzt werden. [3]Diese Klassen bedürfen der Zustimmung des Schulaufwandsträgers und der Regierung.

Art. 31
Zusammenarbeit mit Jugendämtern und Einrichtungen der Erziehung, Bildung und Betreuung; Mittagsbetreuung

(1) [1]Die Schulen arbeiten in Erfüllung ihrer Aufgaben mit den Jugendämtern und den Trägern der freien Jugendhilfe sowie anderen Trägern und Einrichtungen der außerschulischen Erziehung und Bildung zusammen. [2]Sie sollen das zuständige Jugendamt unterrichten, wenn Tatsachen bekannt werden, die darauf schließen lassen, dass das Wohl einer Schülerin oder eines Schülers ernsthaft gefährdet oder beeinträchtigt ist und deshalb Maßnahmen der Jugendhilfe notwendig sind.

(2) Die Schulen sollen durch Zusammenarbeit mit Horten und ähnlichen Einrichtungen die Betreuung von Schülerinnen und Schülern außerhalb der Unterrichtszeit fördern.

(3) [1]Mittagsbetreuung wird bei Bedarf auf Antrag des jeweiligen Trägers an der Grundschule, in geeigneten Fällen auch an anderen Schularten nach Maßgabe der im Staatshaushalt ausgebrachten Mittel im Zusammenwirken mit den Kommunen und den Erziehungsberechtigten angeboten. [2]Diese bietet den Erziehungsberechtigten in Zusammenarbeit mit der Schule eine verlässliche Betreuung für die Zeiten, die über das Unterrichtsende hinausgehen. [3]Die Mittagsbetreuung untersteht der Schulaufsicht. [4]Für die Untersagung von Errichtung und Betrieb einer Mittagsbetreuung gilt Art. 110 entsprechend.

b) Besondere Regelungen für Pflichtschulen

Art. 32
Grundschulen

(1) Öffentliche Grundschulen können nur als staatliche Schulen errichtet werden.

(2) [1]An Grundschulen sind Jahrgangsklassen zu bilden oder zwei Jahrgangsstufen in einer Klasse zusammenzufassen. [2]Grundschulen, die die Voraussetzungen des Satzes 1 nicht oder nicht mehr erfüllen, werden aufgelöst.

(3) [1]Eine Grundschule kann entweder für eine Gemeinde allein (Gemeindeschule) oder für mehrere Gemeinden, Gemeindeteile und gemeindefreie Gebiete gemeinsam (Verbandsschule) errichtet werden. [2]Eine Verbandsschule muss errichtet werden, wenn keine Gemeindeschule errichtet werden kann, die den Grundsätzen des Absatzes 2 entspricht.

(4) [1]Die Regierung bestimmt für jede Grundschule in der Rechtsverordnung nach Art. 26 ein räumlich abgegrenztes Gebiet als Schulsprengel. [2]Soweit in einer Gemeinde mit zwei oder mehr Grundschulen eine Grundschule gebundene Ganztagsklassen führt, kann für diese Schule auf Antrag des Schulaufwandträgers ein gesonderter Sprengel für einen Teil des Gemeindegebiets oder für das ganze Gemeindegebiet festgelegt werden (Ganztagssprengel); die Sprengel der übrigen Grundschulen bleiben unberührt.

(5) [1]Grundschulen können in einem Grundschulverbund zusammenarbeiten. [2]Die Schulen in einem Verbund sollen ein pädagogisch-fachliches Kooperationskonzept vereinbaren. [3]Die zuständigen Schulaufwandsträger schließen über die Einrichtung eines Schulverbunds einen Vertrag und beantragen die Festlegung eines gemeinsamen Sprengels. [4]Erstreckt sich der Schulverbund nur auf das Gebiet eines Schulaufwandsträgers, trifft dieser die erforderlichen Bestimmungen und stellt den Antrag auf Festlegung eines gemeinsamen Sprengels. [5]Ein Schulverbund bedarf der Zustimmung der beteiligten Schulen und der Gemeinden, deren Gebiet ganz oder teilweise in den Verbund einbezogen werden soll, gegenüber dem zuständigen Schulaufwandsträger.

(6) [1]Die Regierung bestimmt durch Rechtsverordnung einen gemeinsamen Sprengel für die an einem Schulverbund beteiligten Grundschulen. [2]Der Schulverbund wird wirksam mit der Errichtung des gemeinsamen Sprengels. [3]Die Regierung legt bei einem Ein- oder Austritt eines Schulaufwandsträgers in oder aus dem Schulverbund den Sprengel neu fest, sofern erforderlich.

(7) [1]Die Regierung beauftragt eine der Schulleiterinnen oder einen der Schulleiter der Schulen im Schulverbund mit der Wahrnehmung ausschließlich verbundbezogener Aufgaben (Verbundkoordinatorin oder Verbundkoordinator); Art. 57 Abs. 1 Satz 2 bleibt unberührt. [2]In jedem Schulverbund wird ein Verbundausschuss mit beratender Funktion gebildet. [3]Dem Verbundausschuss gehören für jede am Schulverbund beteiligte Schule ein Vertreter des Schulaufwandsträgers, die Schulleiterin oder der Schulleiter und die oder der Elternbeiratsvorsitzende an. [4]Das Nähere regelt die Schulordnung.

Art. 32a
Mittelschulen

(1) Öffentliche Mittelschulen können nur als staatliche Schulen errichtet werden.

(2) [1]Die Mittelschulen sind so zu errichten, dass die Schülerinnen und Schüler auf Jahrgangsklassen verteilt sind. [2]Die Mittelschulen sollen in den Jahrgangsstufen 5 bis 9 mehrzügig geführt werden.

(3) [1]Mittelschulen, die allein nicht die Voraussetzungen des Art. 7a Abs. 1 Satz 3 erfüllen, arbeiten in einem Mittelschulverbund zusammen. [2]Im Verbundgebiet muss das Bildungsangebot einer Mittelschule nach Art. 7a Abs. 1 Satz 3 jeweils an mindestens einer Schule bestehen. [3]Für diejenigen Mittelschulen, die allein die Voraussetzungen des Art. 7a Abs. 1 Satz 3 erfüllen, gilt Art. 32 Abs. 4 Satz 1 entsprechend. [4]Art. 32 Abs. 5 bis 7 gilt entsprechend; dem Verbundausschuss gehören auch die Schülersprecherinnen und Schülersprecher an.

(4) [1]Eine Mittelschule, die einem Verbund angehört, wird erst aufgelöst, wenn sie keine Klasse mehr umfasst, sofern nicht der Schulaufwandsträger einen Antrag auf Auflösung stellt. [2]Eine Mittelschule, die keinem Verbund angehört, wird aufgelöst, wenn sie die Voraussetzungen des Art. 7a Abs. 1 Satz 3 nicht mehr erfüllt und sie nicht in einen Verbund eingegliedert wird.

(5) [1]Der Austritt eines Schulaufwandsträgers aus einem Schulverbund lässt den Verbund im Übrigen unberührt, sofern die im Verbund verbleibenden Schulen das Bildungsangebot einer Mittelschule nach Art. 7a Abs. 1 Satz 3 noch gewährleisten. [2]Ist dies nicht mehr der Fall oder treten die verbleibenden Schulen keinem anderen Verbund bei, kann die Regierung schulorganisatorische Maßnahmen treffen, um den Fortbestand von Mittelschulen zu gewährleisten.

(6) [1]In Gemeinden mit mehreren Mittelschulen kann auf Antrag des Schulaufwandsträgers für zwei oder mehr Mittelschulen ein gemeinsamer Sprengel gebildet werden. [2]Art. 32 Abs. 4 Satz 2 gilt entsprechend.

Art. 33
Förderschulen und Schulen für Kranke

(1) [1]Öffentliche Förderschulen und Schulen für Kranke werden als staatliche Schulen errichtet, soweit nicht eine kommunale Körperschaft durch öffentlich-rechtliche Vereinbarung ermächtigt ist, eine solche Schule zu betreiben. [2]Besondere gesetzliche Verpflichtungen der Bezirke zur Unterhaltung von Schulen für Blinde und Gehörlose bleiben unberührt.

(2) Von der Errichtung einer öffentlichen Förderschule soll abgesehen werden, wenn die ausreichende Unterrichtung und Erziehung der Schulpflichtigen mit sonderpädagogischem Förderbedarf durch eine private, auf gemeinnütziger Grundlage betriebene Förderschule gewährleistet ist und sich der private Schulträger verpflichtet, alle Schülerinnen und Schüler aufzunehmen und nach den staatlichen Lehrplänen zu unterrichten, sofern die private Schule die heimatnächste Einrichtung für die Schülerinnen und Schüler mit entsprechendem sonderpädagogischem Förderbedarf ist.

(3) [1]Die Schulsprengel werden gebildet für öffentliche

1. Förderzentren mit den Schwerpunkten Sehen, Hören und körperliche und motorische Entwicklung, Förderzentren, Förderschwerpunkt Sprache, mit den Jahrgangsstufen 7 bis 9, soweit Mittlere-Reife-Klassen in der Jahrgangsstufe 10 angeboten werden, auch die Jahrgangsstufe 10 und Berufsschulen zur sonderpädagogischen Förderung für das Gebiet oder Teilgebiet eines Bezirks oder durch Zusammenschluss von Gebieten oder Gebietsteilen mehrerer Bezirke,
2. Förderzentren mit den Förderschwerpunkten Sprache, Lernen sowie emotionale und soziale Entwicklung einschließlich der daraus gebildeten Sonderpädagogischen Förderzentren, Förderzentren mit dem Förderschwerpunkt geistige Entwicklung und Schulen für Kranke für die Gebiete oder Teilgebiete von Landkreisen oder kreisfreien Gemeinden oder durch Zusammenschluss von Gebieten oder Gebietsteilen mehrerer Landkreise oder kreisfreier Gemeinden.

[2]Öffentliche Förderschulen und Schulen für Kranke werden jeweils für einen Schulsprengel errichtet, der hinreichend groß ist, um nach der Zahl der Schülerinnen und Schüler eine grundsätzlich in Jahrgangsklassen gegliederte Schule erwarten zu lassen. [3]Das Staatsministerium kann durch Bekanntmachung festlegen, in welchen Fällen bei Förderschulen von der Gliederung in Jahrgangsklassen abgewichen werden kann.

(4) [1]Die Regierung bestimmt für jedes Förderzentrum und für jede Schule für Kranke in der Rechtsverordnung nach Art. 26 ein räumlich abgegrenztes Gebiet als Schulsprengel; für Schulvorbereitende Einrichtungen, für bestimmte Jahrgangsstufen oder für einzelne Förderschwerpunkte können gesonderte Schulsprengel gebildet werden. [2]Erstreckt sich der Sprengel über das Gebiet eines Regierungsbezirks hinaus, entscheidet die Regierung, in deren Amtsbezirk die Schule ihren Sitz hat, im Einvernehmen mit der Regierung, auf deren Amtsbezirk sich der Sprengel erstrecken soll. [3]Die Grundschulstufe und die Mittelschulstufe eines Förderzentrums können verschiedene Sprengel haben. [4]Für Berufsschulen zur sonderpädagogischen Förderung gelten Art. 34 Abs. 2 und 3 entsprechend. [5]Mittlere-Reife-Klassen können bei Bedarf von der Regierung an Förderzentren mit den Schwerpunkten Sehen, Hören, körperliche und motorische Entwicklung, Sprache sowie emotionale und soziale Entwicklung errichtet werden. [6]Die Einrichtung erfolgt im Benehmen mit dem Aufwandsträger und dem Elternbeirat.

(5) Förderschulen und Schulen für Kranke, die die Voraussetzungen des Absatzes 3 Sätze 2 und 3 nicht erfüllen, sind aufzulösen.

Art. 34
Berufsschulen

(1) [1]Eine selbstständige Berufsschule muss im Regelfall mindestens 40 Klassen mit Teilzeitunterricht haben. [2]Klassen mit Vollzeitunterricht werden als 2,5fache Teilzeitklassen auf die Mindestklassenzahl angerechnet. [3]Ausnahmen bedürfen für nichtstaatliche Berufsschulen der schulaufsichtlichen Genehmigung.

(2) [1]Die Regierung bildet durch Rechtsverordnung für jede Berufsschule den Schulsprengel, der für die örtliche Erfüllung der Berufsschulpflicht maßgebend ist (Grundsprengel). [2]Zur Bildung von nach Ausbildungsberufen gegliederten Fachklassen kann sich der Schulsprengel über das Gebiet des Aufwandsträgers hinaus erstrecken (Fachsprengel); ein Fachsprengel kann auf berufsspezifische Teile des fachlichen Unterrichts beschränkt werden. [3]Die Sprengel staatlicher Berufsschulen werden im Benehmen mit dem Schulaufwandsträger gebildet. [4]Die Errichtung von Sprengeln an kommunalen Berufsschulen bedarf des Einvernehmens mit dem Schulträger.

(3) Berufsschulen, die die Voraussetzungen des Absatzes 1 nicht oder nicht mehr erfüllen, sollen aufgelöst werden, es sei denn, sie sind in beruflichen Schulzentren zusammengefasst oder werden in Personalunion mit anderen beruflichen Schulen geführt.

Abschnitt IV
Schulpflicht, Pflichtschulen, Sprengelpflicht, Gastschulverhältnisse, Wahl des schulischen Bildungswegs

a) Schulpflicht

Art. 35
Schulpflicht

(1) [1]Wer die altersmäßigen Voraussetzungen erfüllt und in Bayern seinen gewöhnlichen Aufenthalt hat oder in einem Berufsausbildungsverhältnis oder einem Beschäftigungsverhältnis steht, unterliegt der Schulpflicht (Schulpflichtiger). [2]Schulpflichtig im Sinn des Satzes 1 ist auch, wer

1. eine Aufenthaltsgestattung nach dem Asylverfahrensgesetz besitzt,
2. eine Aufenthaltserlaubnis nach § 23 Abs. 1 oder § 24 wegen des Krieges in seinem Heimatland oder nach § 25 Abs. 4 Satz 1 oder Abs. 5 des Aufenthaltsgesetzes besitzt,
3. eine Duldung nach § 60a des Aufenthaltsgesetzes besitzt,
4. vollziehbar ausreisepflichtig ist, auch wenn eine Abschiebungsandrohung noch nicht oder nicht mehr vollziehbar ist,

unabhängig davon, ob er selbst diese Voraussetzungen erfüllt oder nur einer seiner Erziehungsberechtigten; in den Fällen der Nummern 1 und 2 beginnt die Schulpflicht drei Monate nach dem Zuzug aus dem Ausland. [3]Völkerrechtliche Abkommen und zwischenstaatliche Vereinbarungen bleiben unberührt.

(2) Die Schulpflicht dauert zwölf Jahre, soweit dieses Gesetz nichts anderes bestimmt.

(3) Die Schulpflicht gliedert sich in die Vollzeitschulpflicht und die Berufsschulpflicht.

(4) [1]Die Erziehungsberechtigten müssen minderjährige Schulpflichtige bei der Schule anmelden, an der die Schulpflicht erfüllt werden soll; volljährige Schulpflichtige haben sich selbst anzumelden. [2]Die gleiche Verpflichtung trifft die Ausbildenden und Arbeitgeber sowie die von ihnen Beauftragten für die bei ihnen beschäftigten Berufsschulpflichtigen.

Art. 36
Erfüllung der Schulpflicht

(1) [1]Die Schulpflicht wird erfüllt durch den Besuch

1. einer Pflichtschule (Grundschule, Mittelschule, Berufsschule, einschließlich der entsprechenden Förderschule, Schule für Kranke),
2. eines Gymnasiums, einer Realschule, einer Wirtschaftsschule, einer Berufsfachschule (vorbehaltlich der Nummer 3) oder der jeweils entsprechenden Förderschule,
3. einer Ergänzungsschule, deren Eignung hierfür das Staatsministerium festgestellt hat; das Gleiche gilt für Vollzeitlehrgänge an Berufsförderungseinrichtungen, deren Eignung vom Staatsministerium im Einvernehmen mit den beteiligten Staatsministerien festgestellt ist.

[2]Die Schulaufsichtsbehörde kann den Besuch einer privaten Berufsschule oder Berufsschule zur sonderpädagogischen Förderung anordnen, wenn die Ausbildung des Schulpflichtigen dies erfordert und der Träger der privaten Schule zustimmt; vor der Entscheidung sind die Erziehungsberechtigten oder der volljährige Schulpflichtige zu hören.

(2) [1]Die Schulpflicht kann auch an einer Schule außerhalb des Geltungsbereichs dieses Gesetzes erfüllt werden, wenn diese den in Absatz 1 genannten Schulen gleichwertig ist. [2]Beim Besuch einer außerbayerischen Berufsschule gilt Art. 43 Abs. 5.

(3) [1]Für jeden aus dem Ausland zugezogenen Schulpflichtigen stellt die Schule fest, in welche Jahrgangsstufe der Pflichtschule er einzuweisen ist. [2]Es gilt derjenige Teil der Schulpflicht als zurückgelegt, der dem durch die Einweisung bestimmten Zeitpunkt regelmäßig vorausgeht. [3]Die Schülerinnen und Schüler sind in der Pflichtschule grundsätzlich in die Jahrgangsstufe einzuweisen, in die Schulpflichtige gleichen Alters, die seit Beginn ihrer Schulpflicht ihren gewöhnlichen Aufenthalt in Bayern haben, regelmäßig eingestuft sind. [4]Die Schülerinnen und Schüler, die wegen ihres allgemein mangelnden Bildungsstands dem Unterricht ihrer Jahrgangsstufe nicht folgen können, können bis zu zwei Jahrgangsstufen tiefer eingestuft werden; eine Verlängerung der Schulpflicht findet hierdurch nicht statt. [5]Ein Schulpflichtiger, der dem Unterricht wegen mangelnder Kenntnis der deutschen Sprache nicht folgen kann, ist, soweit organisatorisch und finanziell möglich, besonderen Klassen oder Unterrichtsgruppen zuzuweisen. [6]Art. 44 bleibt unberührt.

b) Vollzeitschulpflicht

Art. 37
Vollzeitschulpflicht

(1) [1]Mit Beginn des Schuljahres werden alle Kinder schulpflichtig, die bis zum 30. September sechs Jahre alt werden oder bereits einmal von der Aufnahme in die Grundschule zurückgestellt wurden. [2]Ferner wird auf Antrag der Erziehungsberechtigten ein Kind schulpflichtig, wenn zu erwarten ist, dass das Kind voraussichtlich mit Erfolg am Unterricht teilnehmen kann. [3]Bei Kindern, die nach dem 31. Dezember sechs Jahre alt werden, ist zusätzliche Voraussetzung für die Aufnahme in die Grundschule, dass in einem schulpsychologischen Gutachten die Schulfähigkeit bestätigt wird.

(2) [1]Ein Kind, das am 30. September mindestens sechs Jahre alt ist, kann für ein Schuljahr von der Aufnahme in die Grundschule zurückgestellt werden, wenn zu erwarten ist, dass das Kind voraussichtlich erst ein Schuljahr später mit Erfolg oder nach Maßgabe von Art. 41 Abs. 5 am Unterricht der Grundschule teilnehmen kann. [2]Die Zurückstellung soll vor

Aufnahme des Unterrichts verfügt werden; sie ist noch bis zum 30. November zulässig, wenn sich erst innerhalb dieser Frist herausstellt, dass die Voraussetzungen für eine Zurückstellung gegeben sind. [3]Die Zurückstellung ist nur einmal zulässig; Art. 41 Abs. 7 bleibt unberührt. [4]Vor der Entscheidung hat die Schule die Erziehungsberechtigten zu hören. [5]Für den Widerruf einer Aufnahme auf Antrag gelten Satz 2 Halbsatz 2 und Satz 4.

(3) [1]Die Vollzeitschulpflicht endet nach neun Schuljahren. [2]Sie kann durch Überspringen von Jahrgangsstufen verkürzt werden; durch Streckung von Jahrgangsstufen wird sie nicht verlängert. [3]Das Staatsministerium wird ermächtigt, das Überspringen von Jahrgangsstufen sowie deren Streckung in den Schulordnungen zu regeln.

Art. 37a
Kinder mit nichtdeutscher Muttersprache

(1) [1]Kinder mit nichtdeutscher Muttersprache, bei denen nicht mindestens eine Erziehungsberechtigte oder ein Erziehungsberechtigter deutschsprachiger Herkunft ist, nehmen im ersten Halbjahr des Kalenderjahres, das dem Jahr des Eintritts der Vollzeitschulpflicht vorangeht, an einer Sprachstandserhebung in Kindertageseinrichtungen teil. [2]Besucht das Kind keine Kindertageseinrichtung, führt die Sprachstandserhebung die Grundschule durch, in der die Schulpflicht voraussichtlich zu erfüllen ist.

(2) Kinder, die nach dem Ergebnis der Sprachstandserhebung nicht über hinreichende Deutschkenntnisse verfügen, die für eine erfolgreiche Teilnahme am Unterricht der Grundschule notwendig sind, sollen einen Vorkurs zur Förderung der deutschen Sprachkenntnisse besuchen.

(3) Die zuständige Grundschule kann ein Kind, das weder eine Kindertageseinrichtung noch einen Vorkurs nach Abs. 2 besucht hat und bei dem im Rahmen der Schulanmeldung festgestellt wird, dass es nicht über die notwendigen Deutschkenntnisse verfügt, von der Aufnahme zurückstellen und das Kind verpflichten, im nächsten Schuljahr eine Kindertageseinrichtung mit integriertem Vorkurs zu besuchen.

Art. 38
Freiwilliger Besuch der Mittelschule

[1]Ein Schulpflichtiger, der nach neun oder zehn Schulbesuchsjahren den erfolgreichen Abschluss der Mittelschule oder den qualifizierenden Abschluss der Mittelschule nicht erreicht hat, darf in unmittelbarem Anschluss daran auf Antrag seiner Erziehungsberechtigten in seinem zehnten oder elften Schulbesuchsjahr die Mittelschule besuchen; in besonderen Ausnahmefällen kann die zuständige Schule auch den weiteren Besuch in einem zwölften Schuljahr genehmigen. [2]Die Aufnahme kann insbesondere abgelehnt werden, wenn zu erwarten ist, dass durch die Anwesenheit der Schülerin oder des Schülers die Sicherheit oder die Ordnung des Schulbetriebs oder die Verwirklichung der Bildungsziele der Schule erheblich gefährdet ist. [3]Die Zeit, die eine Schülerin oder ein Schüler die Mittelschule freiwillig nach Satz 1 besucht, wird auf die Dauer der Berufsschulpflicht angerechnet; Art. 39 Abs. 2 bleibt unberührt. [4]Sätze 1 bis 3 gelten nicht für Schülerinnen und Schüler, die Mittlere-Reife-Klassen besuchen.

c) Berufsschulpflicht

Art. 39
Berufsschulpflicht

(1) Nach dem Ende der Vollzeitschulpflicht oder des freiwilligen Besuchs der Mittelschule nach Art. 38 wird die Schulpflicht durch den Besuch der Berufsschule erfüllt, soweit keine andere in Art. 36 genannte Schule besucht wird.

(2) [1]Wer in einem Ausbildungsverhältnis nach dem Berufsbildungsgesetz oder der Handwerksordnung steht, ist bis zum Ende des Schuljahres berufsschulpflichtig, in dem das 21. Lebensjahr vollendet wird; davon ausgenommen sind Auszubildende mit Hochschulzugangsberechtigung. [2]Die Berufsschulpflicht endet mit dem Abschluss einer staatlich anerkannten Berufsausbildung. [3]Die Berufsschulpflicht nach Satz 1 schließt die Verpflichtung zum Besuch des Berufsgrundschuljahres ein, wenn es für den gewählten Ausbildungsberuf nach Art. 11 Abs. 4 eingeführt ist.

(3) [1]Vom Besuch der Berufsschule befreit ist, wer

1. in den Vorbereitungsdienst nach Art. 26 des Leistungslaufbahngesetzes (LlbG) in Verbindung mit Art. 8 Abs. 2 Satz 1 Nr. 2 und Art. 35 Abs. 2 LlbG oder §§ 11, 12 der Bundeslaufbahnverordnung oder einen entsprechenden Vorbereitungsdienst nach dem Laufbahnrecht eines anderen Dienstherrn eingestellt wurde,
2. der Bundeswehr, der Bundespolizei oder der Bayerischen Bereitschaftspolizei angehört,
3. ein freiwilliges soziales oder ökologisches Jahr oder den Bundeswehrfreiwilligendienst ableistet,
4. ein Berufsvorbereitungsjahr, das Berufsgrundschuljahr, ein Vollzeitjahr an einer öffentlichen oder staatlich anerkannten Berufsfachschule oder einen einjährigen Vollzeitlehrgang, der der Berufsvorbereitung dient, mit Erfolg besucht hat,
5. den mittleren Schulabschluss erreicht hat,
6. von der Berufsschule nach Art. 86 Abs. 3 Nr. 4 Halbsatz 2 entlassen ist.

[2]Absatz 2 bleibt unberührt.

(4) [1]Berufsschulpflichtige ohne Ausbildungsverhältnis können allgemein oder im Einzelfall vom Besuch der Berufsschule befreit werden

1. bei einem Besuch von Vollzeitlehrgängen, die der Vorbereitung auf staatlich geregelte schulische Abschlussprüfungen dienen,
2. nach elf Schulbesuchsjahren, wenn ein Beschäftigungsverhältnis besteht,
3. bei Vorliegen eines Härtefalls.

[2]Absatz 2 bleibt unberührt.

Art. 40
Berufsschulberechtigung

(1) [1]Personen, die nicht mehr berufsschulpflichtig sind, sich aber in Berufsausbildung befinden, sind zum Besuch der Berufsschule berechtigt; die Ausbildenden haben den Besuch der Berufsschule zu gestatten. [2]Nicht mehr berufsschulpflichtige Personen sind zum Besuch des Berufsgrundschuljahres berechtigt.

(2) Umschülerinnen und Umschüler für einen anerkannten Ausbildungsberuf mit einem Umschulungsvertrag nach § 60 des Berufsbildungsgesetzes oder § 42g der Handwerksordnung haben das Recht, am Unterricht der Berufsschule teilzunehmen.

d) Schulpflicht der Schülerinnen und Schüler mit sonderpädagogischem Förderbedarf und Schulpflicht der Schülerinnen und Schüler mit längerfristiger Erkrankung

Art. 41

(1) [1]Schulpflichtige mit sonderpädagogischem Förderbedarf erfüllen ihre Schulpflicht durch den Besuch der allgemeinen Schule oder der Förderschule. [2]Die Förderschule kann besucht werden, sofern die Schülerin oder der Schüler einer besonderen sonderpädagogischen Förderung bedarf, ansonsten nur im Rahmen der offenen Klassen nach Art. 30a Abs. 7 Nr. 3. [3]Die Erziehungsberechtigten entscheiden, an welchem der im Einzelfall rechtlich und tatsächlich zur Verfügung stehenden schulischen Lernorte ihr Kind unterrichtet werden soll; bei Volljährigkeit und Vorliegen der notwendigen Einsichtsfähigkeit entscheiden die Schülerinnen und Schüler mit sonderpädagogischem Förderbedarf selbst.

(2) Schulpflichtige, die sich wegen einer Krankheit längere Zeit in Einrichtungen aufhalten, an denen Schulen oder Klassen für Kranke gebildet sind, haben die jeweilige Schule oder Klasse für Kranke zu besuchen, soweit dies nicht aus medizinischen Gründen ausgeschlossen ist.

(3) [1]Die Erziehungsberechtigten eines Kindes mit festgestelltem oder vermutetem sonderpädagogischem Förderbedarf sollen sich rechtzeitig über die möglichen schulischen Lernorte an einer schulischen Beratungsstelle informieren. [2]Zu der Beratung können weitere Personen, z. B. der Schulen, der Mobilen Sonderpädagogischen Dienste sowie der Sozial- oder Jugendhilfe, beigezogen werden.

(4) [1]Die Erziehungsberechtigten melden ihr Kind unter Beachtung der schulartspezifischen Regelungen für Aufnahme und Schulwechsel (Art. 30a Abs. 5 Satz 2, Art. 30b Abs. 2 Satz 3 und Abs. 3 Satz 2) an der Sprengelschule, einer Schule mit dem Schulprofil ‚Inklusion' oder an der Förderschule an. [2]Die Aufnahme an der Förderschule setzt die Erstellung eines sonderpädagogischen Gutachtens voraus. [3]Sofern nach Einschätzung der Schule ein Ausnahmefall des Abs. 5 vorliegt oder die Voraussetzungen der Art. 30a Abs. 4, Art. 30b Abs. 2 Satz 3 und Abs. 3 Satz 2 oder Art. 43 Abs. 2 und 4 nicht erfüllt sind, unterrichtet die Schule die Erziehungsberechtigten darüber, das Kind nicht aufzunehmen.

(5) Kann der individuelle sonderpädagogische Förderbedarf an der allgemeinen Schule auch unter Berücksichtigung des Gedankens der sozialen Teilhabe nach Ausschöpfung der an der Schule vorhandenen Unterstützungsmöglichkeiten sowie der Möglichkeit des Besuchs einer Schule mit dem Schulprofil ‚Inklusion' nicht hinreichend gedeckt werden und

1. ist die Schülerin oder der Schüler dadurch in der Entwicklung gefährdet oder
2. beeinträchtigt sie oder er die Rechte von Mitgliedern der Schulgemeinschaft erheblich,

besucht die Schülerin oder der Schüler die geeignete Förderschule.

(6) [1]Kommt keine einvernehmliche Aufnahme zustande, entscheidet die zuständige Schulaufsichtsbehörde nach Anhörung der Erziehungsberechtigten und der betroffenen Schulen über den schulischen Lernort. [2]Sie kann ihre Lernortentscheidung auch zeitlich begrenzt aussprechen. [3]Das Nähere einschließlich der Einholung eines sonderpädagogischen, ärztlichen oder schulpsychologischen Gutachtens sowie der Beauftragung einer Fachkommission regeln die Schulordnungen.

(7) [1]Über eine Zurückstellung von Kindern mit sonderpädagogischem Förderbedarf ent-

scheidet die Grundschule oder die Förderschule, sofern das Kind dort angemeldet wurde. [2]Die Grundschule kann sich von der Förderschule beraten lassen. [3]Eine zweite Zurückstellung von der Aufnahme kann nur in besonderen Ausnahmefällen erfolgen; sie kann mit Empfehlungen zur Förderung verbunden werden. [4]Die Förderschule ist zu beteiligen, sofern die Grundschule die von den Erziehungsberechtigten gewünschte Zurückstellung ablehnt oder die Erziehungsberechtigten eine zweite Zurückstellung beantragen. [5]Das Nähere bestimmen die Schulordnungen.

(8) [1]Für Schülerinnen oder Schüler, die nach Art. 20 Abs. 2 Satz 1 Nr. 1 Buchst. a oder im Rahmen des Art. 30a Abs. 7 Nr. 3 die Jahrgangsstufe 1 A besuchen, endet die Vollzeitschulpflicht nach zehn Schuljahren. [2]Für Schülerinnen und Schüler mit dem Förderschwerpunkt geistige Entwicklung, die ein Förderzentrum mit dem Förderschwerpunkt geistige Entwicklung besuchen, endet die Vollzeitschulpflicht nach zwölf Schuljahren, sofern sie nicht bereits auf anderem Weg erfüllt wurde; Art. 39 Abs. 4 Satz 1 Nrn. 2 und 3 gelten entsprechend. [3]Bei Schülerinnen und Schülern mit dem Förderschwerpunkt geistige Entwicklung, die die Berufsschulstufe nach Art. 20 Abs. 2 Satz 1 Buchst. c besuchen, kann die Schulleiterin oder der Schulleiter die Vollzeitschulpflicht ab Jahrgangsstufe 12 beenden, um die Teilnahme der Schülerin oder des Schülers an Maßnahmen der Arbeitsverwaltung zu ermöglichen; die Schülerin oder der Schüler wird durch diese Beendigung berufsschulpflichtig.

(9) [1]Schülerinnen und Schüler mit sonderpädagogischem Förderbedarf, die den erfolgreichen Abschluss der Mittelschule, den qualifizierenden Abschluss der Mittelschule oder den erfolgreichen Abschluss ihrer Förderschulform nicht erreicht haben, dürfen über das Ende der Vollzeitschulpflicht hinaus auf Antrag der Erziehungsberechtigten die Schule bis zu zwei weitere Schuljahre, in besonderen Ausnahmefällen nach Entscheidung der Schulaufsichtsbehörde auch ein drittes Jahr besuchen. [2]Art. 38 Satz 2 und Art. 53 Abs. 7 Satz 3 gelten entsprechend.

(10) [1]Für die Berufsschulpflicht der Schülerinnen und Schüler mit sonderpädagogischem Förderbedarf gilt Art. 39, für die Berufsschulberechtigung Art. 40 entsprechend. [2]Nicht mehr Berufsschulpflichtige sind nach Maßgabe der Schulordnung zum Besuch der Berufsschule zur sonderpädagogischen Förderung berechtigt, wenn sie an einer berufsvorbereitenden Maßnahme der Arbeitsverwaltung teilnehmen oder ein Berufsvorbereitungsjahr besuchen wollen. [3]Umschülerinnen und Umschüler haben das Recht, am Unterricht der Berufsschule zur sonderpädagogischen Förderung teilzunehmen, sofern ein solcher Unterricht für Schulpflichtige eingerichtet ist. [4]Die Berufsschulpflicht für Schülerinnen und Schüler mit dem Förderschwerpunkt geistige Entwicklung ist durch den mindestens zwölfjährigen Besuch des Förderzentrums, einschließlich Berufsschulstufe, erfüllt.

(11) [1]Schulpflichtige können nach Maßgabe der Abs. 1 und 5 auf Antrag der Schulleiterin oder des Schulleiters der besuchten Schule oder auf Antrag der Erziehungsberechtigten, bei Volljährigkeit auf eigenen Antrag, an eine Förderschule oder an eine allgemeine Schule überwiesen werden. [2]Vor der Entscheidung findet eine umfassende Beratung der Erziehungsberechtigten bzw. der volljährigen Schülerin oder des volljährigen Schülers statt. [3]Abs. 6 gilt entsprechend; es entscheidet die Schulaufsichtsbehörde der bislang besuchten Schule. [4]Sätze 2 und 3 gelten entsprechend für die Überweisung von einer Förderschulform in eine andere Förderschulform.

e) Sprengelpflicht, Gastschulverhältnisse

Art. 42
Sprengelpflicht beim Besuch öffentlicher Pflichtschulen

(1) [1]Schülerinnen und Schüler einer Grundschule oder Mittelschule erfüllen ihre Schulpflicht in der Schule, in deren Schulsprengel sie ihren gewöhnlichen Aufenthalt haben. [2]Soweit innerhalb eines Sprengels mehrere Mittelschulen bestehen oder der gewöhnliche Aufenthalt innerhalb mehrerer Grundschulsprengel oder mehrerer Mittelschulsprengel mit unterschiedlichen Bildungsangeboten liegt, haben die Erziehungsberechtigten und die volljährigen Schülerinnen und Schüler das Recht, eine Schule zu wählen. [3]Die Wahlfreiheit kann beschränkt werden durch Bestimmungen der Verbundvereinbarung oder des Schulaufwandsträgers oder soweit die Zahl der Bewerbungen die Zahl der Ausbildungsplätze an einer Schule übersteigt oder soweit dies nach Entscheidung der Regierung im Interesse einer ausgewogenen Zusammensetzung der Klassen erforderlich ist; die Beschränkungen gelten nicht, soweit zwingende persönliche Gründe zum Besuch einer anderen Schule im Verbund bestehen.

(2) Bestehen innerhalb einer Gemeinde mehrere Grundschulen, so kann das Schulamt im Benehmen mit der zuständigen Gemeinde und den betroffenen Elternbeiräten zur Bildung möglichst gleich starker Klassen für die Dauer von bis zu vier Schuljahren Abweichungen von den Schulsprengelgrenzen anordnen.

(3) [1]Die Erfüllung der Berufsschulpflicht richtet sich für Schülerinnen und Schüler, die in einem Beschäftigungsverhältnis stehen, nach dem Beschäftigungsort, für die übrigen nach dem Ort des gewöhnlichen Aufenthalts. [2]Ist der Beschäftigungsort oder der Ort des gewöhnlichen Aufenthalts zweifelhaft, so entscheidet die Regierung, welche Schule zu besuchen ist.

(4) Berufsschulpflichtige, die in Bayern ihren gewöhnlichen Aufenthalt haben, aber außerhalb Bayerns beschäftigt sind, sind zum Besuch der für ihren gewöhnlichen Aufenthalt zuständigen Berufsschule verpflichtet, wenn sie nicht die für den Beschäftigungsort zuständige außerbayerische Berufsschule besuchen können.

(5) Wenn es die örtlichen Verhältnisse nahe legen oder Jahrgangsfachklassen in Bayern nicht gebildet werden können, ist es möglich, Schülerinnen und Schüler zum Besuch einer außerbayerischen Berufsschule zu verpflichten; Art. 43 Abs. 5 Sätze 3 und 4 gelten entsprechend.

(6) Auf Berufsschulberechtigte finden die Absätze 3 bis 5 entsprechende Anwendung.

(7) Für die Förderzentren gelten die Absätze 1 und 2, für die Berufsschulen zur sonderpädagogischen Förderung gelten die Absätze 3 bis 5 entsprechend.

Art. 43
Gastschulverhältnisse

(1) [1]Auf Antrag der Erziehungsberechtigten kann aus zwingenden persönlichen Gründen der Besuch einer anderen Grundschule oder Mittelschule mit einem anderen Sprengel gestattet werden. [2]Die Entscheidung trifft die Gemeinde, in der die Schülerinnen und Schüler ihren gewöhnlichen Aufenthalt haben, im Einvernehmen mit dem aufnehmenden Schulaufwandsträger nach Anhörung der betroffenen Schulen. [3]Die Fachaufsicht obliegt dem Schulamt, das die Aufsicht über die Schule ausübt, in deren Schulsprengel die Schü-

lerinnen und Schüler ihren gewöhnlichen Aufenthalt haben. [4]Das Staatsministerium wird ermächtigt, das Verfahren durch Rechtsverordnung zu regeln.

(2) Das Schulamt kann Schülerinnen und Schüler einer anderen Grundschule oder Mittelschule mit einem anderen Sprengel zuweisen

1. in Mittlere-Reife-Klassen und in Klassen und Unterrichtsgruppen, die für besondere pädagogische Aufgaben eingerichtet sind,
2. zum Unterricht in einzelnen Fächern sowie zum Besuch eines offenen Ganztagsangebots,
3. wenn sich in einer Jahrgangsstufe der Grundschule oder Mittelschule zu wenige Schülerinnen und Schüler für die Bildung einer Klasse befinden, im Benehmen mit den betroffenen Schulaufwandsträgern,
4. in den Fällen des Art. 30a Abs. 4 oder des Art. 86 Abs. 2 Nr. 8,
5. zum Unterricht in einer Schule nach Art. 30b Abs. 3, sofern diese einen von der Schule festgestellten sonderpädagogischen Förderbedarf und ihren gewöhnlichen Aufenthalt in einem Sprengel haben, dessen Schulaufwandsträger nach Art. 30b Abs. 3 Satz 1 zugestimmt hat.

(3) Bestehen innerhalb einer Gemeinde mehrere Grundschulen, so kann das Schulamt im Benehmen mit der Gemeinde zur Bildung möglichst gleich starker Klassen für die Dauer von bis zu sechs Jahren auch einzelne Schülerinnen und Schüler einer benachbarten Grundschule zuweisen.

(4) [1]Für Förderzentren, einschließlich der Schulvorbereitenden Einrichtungen, gelten die Absätze 1 bis 3 entsprechend; die Entscheidung nach Abs. 1 trifft die Gebietskörperschaft des gewöhnlichen Aufenthalts der Schülerinnen und Schüler, für deren Gebiet oder Teilgebiet die entsprechende Förderschule errichtet ist oder errichtet werden müsste, bei Entscheidungen nach Abs. 2 und 3 ist anstelle des Schulamts die Regierung zuständig. [2]Die Schulaufsichtsbehörde kann Schülerinnen und Schüler bzw. Kinder der nächstgelegenen geeigneten Förderschule zuweisen, wenn sie ihren gewöhnlichen Aufenthalt an einem Ort haben, der von keinem Sprengel einer nach ihrem sonderpädagogischen Förderbedarf in Betracht kommenden Schule erfasst ist; bei privaten Förderzentren setzt dies die Zustimmung des Trägers voraus. [3]Die Regierung kann Schülerinnen und Schüler zum Besuch einer Partnerklasse einer anderen Förderschule unter Berücksichtigung der Schülerbeförderungskosten in besonderen Fällen zuweisen.

(5) [1]Aus wichtigen Gründen kann der Besuch einer anderen Berufsschule genehmigt oder angeordnet werden. [2]Das Staatsministerium wird ermächtigt, durch Rechtsverordnung Tatbestände festzulegen, die als wichtige Gründe gelten. [3]Für die Genehmigung eines Gastschulverhältnisses ist die abgebende Berufsschule zuständig, wenn mit der aufnehmenden Berufsschule und den zuständigen Schulaufwandsträgern über die Begründung des Gastschulverhältnisses Einvernehmen besteht. [4]In den übrigen Fällen entscheidet die für die abgebende Schule zuständige Regierung. [5]Für Berufsschulen zur sonderpädagogischen Förderung gelten Sätze 1 bis 4 entsprechend.

f) Wahl des schulischen Bildungswegs

Art. 44

(1) [1]Soweit nicht Pflichtschulen zu besuchen sind, haben die Erziehungsberechtigten und die volljährigen Schülerinnen und Schüler das Recht, Schulart, Ausbildungsrichtung und

Fachrichtung zu wählen. [2]Für die Aufnahme sind Eignung und Leistung der Schülerin bzw. des Schülers maßgebend.

(2) [1]Für Schulen, die nicht Pflichtschulen sind, wird das zuständige Staatsministerium ermächtigt, die Voraussetzungen der Aufnahme (einschließlich Altersgrenzen) und eine Probezeit in der Schulordnung zu regeln; dabei kann die Aufnahme von einer der Aufgabenstellung der Schule entsprechenden Leistungsfeststellung abhängig gemacht werden. [2]Ab Jahrgangsstufe 10 kann die Aufnahme versagt werden, wenn die Schülerin oder der Schüler wegen einer vorsätzlich begangenen Straftat zu einer Freiheitsstrafe von mindestens einem Jahr rechtskräftig verurteilt worden ist, die Strafe noch der unbeschränkten Auskunft unterliegt und wenn nach der Art der begangenen Straftat durch die Anwesenheit der Schülerin bzw. des Schülers die Sicherheit oder die Ordnung des Schulbetriebs oder die Verwirklichung der Bildungsziele der Schule erheblich gefährdet wäre.

(3) Ein Rechtsanspruch auf Aufnahme in eine bestimmte Schule an einem bestimmten Ort besteht nicht.

(4) [1]Die Zulassung zu einer Ausbildungs- oder Fachrichtung einer Schulart darf im notwendigen Umfang nur dann beschränkt werden, wenn die Zahl der Bewerbungen die Zahl der Ausbildungsplätze erheblich übersteigt und ein geordneter Unterrichtsbetrieb nicht mehr sichergestellt werden kann. [2]Das zuständige Staatsministerium wird ermächtigt, im Benehmen mit dem Landesschulbeirat durch Rechtsverordnung das Verfahren der Zulassung nach Gesichtspunkten der Eignung und der Leistung zu regeln; Wartezeit und Härtefälle sollen berücksichtigt werden; für kommunale Schulen kann der Schulträger dies durch eine Satzung regeln, falls eine Rechtsverordnung für die betreffende Schulart und Ausbildungsrichtung nicht erlassen worden ist.

Abschnitt V
Inhalte des Unterrichts

Art. 45
Lehrpläne, Stundentafeln, Richtlinien und Bildungsstandards

(1) [1]Grundlage für Unterricht und Erziehung bilden die Lehrpläne, die Stundentafel, in der Art und Umfang des Unterrichtsangebots einer Schulart festgelegt ist, und sonstige Richtlinien. [2]Lehrpläne, Stundentafeln und Richtlinien richten sich nach den besonderen Bildungszielen und Aufgaben der jeweiligen Schulart; sie haben die Vermittlung von Wissen und Können und die erzieherische Aufgabe der Schule zu berücksichtigen. [3]Wissen und Können beziehen sich auch auf Standards, die in länderübergreifenden Verfahren mit Zustimmung des Staatsministeriums festgelegt werden.

(2) [1]Lehrpläne, Stundentafeln und Richtlinien erlässt, bei grundlegenden Maßnahmen im Benehmen mit dem Landesschulbeirat (Art. 73 Abs. 2 Satz 2 Nr. 1), das zuständige Staatsministerium. [2]Bei Lehrplänen und Stundentafeln für berufliche Schulen handelt es hierbei im Benehmen mit den betreffenden Staatsministerien, Verbänden und Organisationen, für Fachakademien außerdem im Einvernehmen mit dem Staatsministerium. [3]Bei kommunalen beruflichen Schulen kann es sich auf die Genehmigung beschränken. [4]Das zuständige Staatsministerium wird ermächtigt, durch Rechtsverordnung für die einzelnen Schularten und deren Jahrgangsstufen unter Berücksichtigung der einzelnen Ausbildungs- und Fachrichtungen in den Stundentafeln vor allem Folgendes festzulegen:

1. die Unterrichtsfächer,
2. die Verbindlichkeit der Unterrichtsfächer (Pflichtfach, Wahlpflichtfach, Wahlfach),
3. die Mindest- und Höchstsumme der wöchentlichen Unterrichtsstunden aller Unterrichtsfächer,
4. die Zahl der wöchentlichen Unterrichtsstunden, die auf jedes Unterrichtsfach entfallen,
5. Kurse innerhalb oder an Stelle von Fächern gemäß Art. 50 Abs. 3.

[5]Dabei ist auf die finanzielle Leistungsfähigkeit der Aufwandsträger Rücksicht zu nehmen. [6]Soweit der einzelnen Schule in den Stundentafeln vom zuständigen Staatsministerium in Einzelfragen Entscheidungen eingeräumt werden, können diese in der Rechtsverordnung dem Schulforum übertragen werden.

(3) [1]Zur Erstellung von Lehrplänen beruft das zuständige Staatsministerium Lehrplankommissionen. [2]Lehrpläne sind nach Maßgabe fachlicher, didaktischer, pädagogischer und schulpraktischer Gesichtspunkte zu erstellen und aufeinander abzustimmen. [3]Den Lehrplänen für die Berufsschulen und Berufsfachschulen werden die Rahmenlehrpläne der Kultusministerkonferenz zugrunde gelegt.

Art. 46
Religionsunterricht

(1) [1]Der Religionsunterricht ist an den Grundschulen, Mittelschulen, Realschulen, Gymnasien, Förderschulen, Berufsschulen, Wirtschaftsschulen, Fachoberschulen, Berufsoberschulen, an sonstigen Schulen nach Maßgabe der Schulordnung, ordentliches Lehrfach (Pflichtfach). [2]Er wird nach Bekenntnissen getrennt in Übereinstimmung mit den Grundsätzen der betreffenden Kirche oder Religionsgemeinschaft erteilt.

(2) [1]Lehrkräfte bedürfen zur Erteilung des Religionsunterrichts der Bevollmächtigung durch die betreffende Kirche oder Religionsgemeinschaft. [2]Keine Lehrkraft darf gegen ihren Willen verpflichtet werden, Religionsunterricht zu erteilen.

(3) An den Grundschulen, Mittelschulen und Förderzentren können die von den Kirchen und Religionsgemeinschaften bestellten Lehrkräfte für den Religionsunterricht den gesamten Religionsunterricht erteilen.

(4) [1]Die Erziehungsberechtigten haben das Recht, ihre Kinder vom Religionsunterricht abzumelden. [2]Nach Vollendung des 18. Lebensjahres steht dieses Recht den Schülerinnen und Schülern selbst zu. [3]Das Nähere über Teilnahme und Abmeldung regelt das Staatsministerium durch Rechtsverordnung.

Art. 47
Ethikunterricht

(1) Ethikunterricht ist für diejenigen Schülerinnen und Schüler Pflichtfach, die nicht am Religionsunterricht teilnehmen.

(2) [1]Der Ethikunterricht dient der Erziehung der Schülerinnen und Schüler zu werteinsichtigem Urteilen und Handeln. [2]Sein Inhalt orientiert sich an den sittlichen Grundsätzen, wie sie in der Verfassung und im Grundgesetz niedergelegt sind. [3]Im Übrigen berücksichtigt er die Pluralität der Bekenntnisse und Weltanschauungen.

Art. 48
Familien- und Sexualerziehung

(1) [1]Unbeschadet des natürlichen Erziehungsrechts der Eltern gehört Familien- und Sexualerziehung zu den Aufgaben der Schulen gemäß Art. 1 und 2. [2]Sie ist als altersgemäße Erziehung zu verantwortlichem geschlechtlichen Verhalten Teil der Gesamterziehung mit dem vorrangigen Ziel der Förderung von Ehe und Familie. [3]Familien- und Sexualerziehung wird im Rahmen mehrerer Fächer durchgeführt.

(2) Familien- und Sexualerziehung richtet sich nach den in der Verfassung, insbesondere in Art. 118 Abs. 2, Art. 124, Art. 131 sowie Art. 135 Satz 2 festgelegten Wertentscheidungen und Bildungszielen unter Wahrung der Toleranz für unterschiedliche Wertvorstellungen.

(3) Ziel, Inhalt und Form der Familien- und Sexualerziehung sind den Erziehungsberechtigten rechtzeitig mitzuteilen und mit ihnen zu besprechen.

(4) Richtlinien für Familien- und Sexualerziehung in den einzelnen Schularten, Fächern und Jahrgangsstufen erlässt das Staatsministerium im Benehmen mit dem Landesschulbeirat.

Abschnitt VI
Grundsätze des Schulbetriebs

Art. 49
Jahrgangsstufen, Klassen, Unterrichtsgruppen

(1) [1]Der Unterricht wird in der Regel nach Jahrgangsstufen in Klassen erteilt, die für ein Schuljahr gebildet werden. [2]Für einzelne Schularten kann das zuständige Staatsministerium in der Schulordnung Unterricht in Halbjahreszeiträumen und anderen Gruppierungen (z.B. Kurse) vorsehen sowie Mindest- und Höchstzahlen der Schülerinnen und Schüler festsetzen. [3]Die Schulordnung kann bestimmen, in welchen Fällen von den festgesetzten Mindest- und Höchstzahlen abgewichen werden kann.

(2) [1]An Grundschulen und Mittelschulen werden von der Schule unter Beachtung pädagogischer und schulorganisatorischer Erfordernisse Schülerinnen und Schüler gleichen Bekenntnisses einer Klasse zugewiesen, wenn für die Jahrgangsstufe zwei oder mehr Klassen (Parallelklassen) gebildet worden sind und die Erziehungsberechtigten zustimmen; ein Anspruch auf Aufnahme in eine solche Klasse besteht nicht. [2]Bei der Anmeldung der vollzeitschulpflichtigen Kinder an einer Grundschule oder Mittelschule geben die Erziehungsberechtigten eine Erklärung darüber ab, ob sie der Zuweisung in eine Klasse mit Schülerinnen und Schülern gleichen Bekenntnisses zustimmen, falls für die Jahrgangsstufe Parallelklassen gebildet werden. [3]Diese Erklärung gilt für die Dauer des Besuchs der Grundschule oder Mittelschule, wenn sie nicht widerrufen wird; der Widerruf wird mit Beginn des folgenden Schuljahres wirksam.

Art. 50
Fächer, Kurse, fachpraktische Ausbildung

(1) Die Fächer, in denen unterrichtet wird, sind entweder Pflichtfächer, Wahlpflichtfächer oder Wahlfächer.

(2) [1]Der Unterricht in Pflichtfächern und in gewählten Fächern muss von allen Schülerinnen und Schülern besucht werden, soweit nicht in Rechtsvorschriften Ausnahmen vorgesehen

sind. [2]Bei Wahlpflichtfächern ist innerhalb der von der Schule angebotenen Fächer oder Fächergruppen zu wählen. [3]Bei Wahlfächern können die Erziehungsberechtigten oder die volljährigen Schülerinnen und Schüler über die Anmeldung zum Unterricht entscheiden; über die Zulassung entscheidet die Schule.

(3) [1]Innerhalb oder an Stelle von Fächern können Kurse mit unterschiedlichen Leistungsanforderungen eingerichtet werden. [2]Im Rahmen des Unterrichts kann eine fachpraktische Ausbildung vorgeschrieben werden.

(4) Das zuständige Staatsministerium kann auch Praktika und Anerkennungszeiten fordern, soweit dies für das Erreichen des Ausbildungsziels erforderlich ist.

Art. 51
Lernmittel, Lehrmittel

(1) [1]Schulbücher, Arbeitshefte und Arbeitsblätter dürfen in der Schule nur verwendet werden, wenn sie für den Gebrauch in der betreffenden Schulart und Jahrgangsstufe sowie in dem betreffenden Unterrichtsfach schulaufsichtlich zugelassen sind. [2]Die Zulassung setzt voraus, dass diese Lernmittel die Anforderungen der Lehrpläne, Stundentafeln und sonstigen Richtlinien (Art. 45 Abs. 1) erfüllen und den pädagogischen und fachlichen Erkenntnissen für die betreffende Schulart und Jahrgangsstufe entsprechen. [3]Sätze 1 und 2 gelten nicht für die Lernmittel der Fächer des fachlichen Unterrichts an beruflichen Schulen; auch bei diesen Lernmitteln ist auf die alters- und lehrplangemäße Verwendung in der Schule zu achten.

(2) [1]Das zuständige Staatsministerium erlässt die für die schulaufsichtliche Prüfung und Zulassung von Lernmitteln erforderlichen Ausführungsvorschriften. [2]Es wird insbesondere ermächtigt, durch Rechtsverordnung die Lernmittel, die prüfungspflichtig sind, die Anforderungen an die äußere Gestaltung sowie Zuständigkeit und Verfahren festzulegen.

(3) Über die Einführung zugelassener oder nach Abs. 1 Satz 3 nicht zulassungspflichtiger Lernmittel an der Schule entscheidet die Lehrerkonferenz oder der zuständige Ausschuss im Rahmen der zur Verfügung stehenden Haushaltsmittel in Abstimmung mit dem Elternbeirat und bei Berufsschulen mit dem Berufsschulbeirat.

(4) [1]Nicht in die Lernmittelfreiheit einbezogene zugelassene oder nichtzulassungspflichtige Lernmittel werden von den Erziehungsberechtigten oder den Schülerinnen und Schülern selbst beschafft. [2]Die Schule kann die Verwendung bestimmter übriger Lernmittel im Sinn des Art. 21 Abs. 3 Satz 1 des Bayerischen Schulfinanzierungsgesetzes (BaySchFG) in Abstimmung mit dem Elternbeirat und bei Berufsschulen mit dem Berufsschulbeirat anordnen und hierbei insbesondere Höchstbeträge vorsehen.

(5) Das zuständige Staatsministerium kann durch Rechtsverordnung das Verfahren und die Voraussetzungen der Zulassung und Verwendung von Lehrmitteln einschließlich audiovisueller Medien regeln.

Art. 52
Nachweise des Leistungsstands, Bewertung der Leistungen, Zeugnisse

(1) [1]Zum Nachweis des Leistungsstands erbringen die Schülerinnen und Schüler in angemessenen Zeitabständen entsprechend der Art des Fachs schriftliche, mündliche und praktische Leistungen. [2]Art, Zahl, Umfang, Schwierigkeit und Gewichtung der Leistungsnachweise richten sich nach den Erfordernissen der jeweiligen Schulart und Jahrgangsstufe sowie der einzelnen Fächer. [3]Die Art und Weise der Erhebung der Nachweise des Leistungsstandes ist

den Schülerinnen und Schülern vorher bekannt zu geben; die Bewertung der Leistungen ist den Schülerinnen und Schülern mit Notenstufe und der Begründung für die Benotung zu eröffnen. [4]Leistungsnachweise dienen der Leistungsbewertung und als Beratungsgrundlage.

(2) [1]Die einzelnen schriftlichen, mündlichen und praktischen Leistungsnachweise sowie die gesamte während eines Schuljahres oder sonstigen Ausbildungsabschnitts in den einzelnen Fächern erbrachte Leistung werden nach folgenden Notenstufen bewertet:

sehr gut	= 1	(Leistung entspricht den Anforderungen in besonderem Maße)
gut	= 2	(Leistung entspricht voll den Anforderungen)
befriedigend	= 3	(Leistung entspricht im Allgemeinen den Anforderungen)
ausreichend	= 4	(Leistung weist zwar Mängel auf, entspricht aber im Ganzen noch den Anforderungen)
mangelhaft	= 5	(Leistung entspricht nicht den Anforderungen, lässt jedoch erkennen, dass trotz deutlicher Verständnislücken die notwendigen Grundkenntnisse vorhanden sind)
ungenügend	= 6	(Leistung entspricht nicht den Anforderungen und lässt selbst die notwendigen Grundkenntnisse nicht erkennen).

[2]Art. 9 Abs. 4 Satz 1 Nr. 3, Art. 16 Abs. 2 Satz 3 und Art. 17 Abs. 2 Satz 6 bleiben unberührt. [3]Die Schulordnungen können vorsehen, dass in bestimmten Jahrgangsstufen der Grundschule und der Förderzentren, in Wahlfächern sowie bei ausländischen Schülerinnen und Schülern in Pflichtschulen und bei Schülerinnen und Schülern mit sonderpädagogischem Förderbedarf in Pflichtschulen die Noten durch eine allgemeine Bewertung ersetzt werden. [4]Auf Wunsch der Erziehungsberechtigten oder Schülerinnen und Schüler hat die Lehrkraft die erzielten Noten zu nennen.

(3) [1]Unter Berücksichtigung der einzelnen schriftlichen, mündlichen und praktischen Leistungen werden Zeugnisse erteilt. [2]Hierbei werden die gesamten Leistungen einer Schülerin bzw. eines Schülers unter Wahrung der Gleichbehandlung aller Schülerinnen und Schüler in pädagogischer Verantwortung der Lehrkraft bewertet. [3]Daneben sollen Bemerkungen oder Bewertungen nach Abs. 2 Satz 1 oder in anderer Form über Anlagen, Mitarbeit und Verhalten der Schülerin oder des Schülers in das Zeugnis aufgenommen werden.

(4) Regelungen über den Notenausgleich können in den Schulordnungen vorgesehen werden.

(5) [1]Schülerinnen und Schüler mit einer lang andauernden erheblichen Beeinträchtigung der Fähigkeit, ihr vorhandenes Leistungsvermögen darzustellen, erhalten soweit erforderlich eine Anpassung der Prüfungsbedingungen, die das fachliche Anforderungsniveau der Leistungsanforderungen wahrt (Nachteilsausgleich). [2]Von einer Bewertung in einzelnen Fächern oder von abgrenzbaren fachlichen Anforderungen in allen Prüfungen und Abschlussprüfungen kann abgesehen werden (Notenschutz),

1. wenn eine körperlich-motorische Beeinträchtigung, eine Beeinträchtigung beim Sprechen, eine Sinnesschädigung, Autismus oder eine Lese-Rechtschreib-Störung vorliegt,
2. auf Grund derer eine Leistung oder Teilleistung auch unter Gewährung von Nachteilsausgleich nicht erbracht und auch nicht durch eine andere vergleichbare Leistung ersetzt werden kann,
3. die einheitliche Anwendung eines allgemeinen, an objektiven Leistungsanforderungen ausgerichteten Bewertungsmaßstabs zum Nachweis des jeweiligen Bildungsstands nicht erforderlich ist und

4. die Erziehungsberechtigten dies beantragen.

[3]Im Übrigen bleiben die schulartspezifischen Voraussetzungen für Aufnahme, Vorrücken und Schulwechsel sowie für den Erwerb der Abschlüsse unberührt. [4]Art und Umfang des Notenschutzes sind im Zeugnis zu vermerken. [5]Das Staatsministerium wird ermächtigt, das Nähere durch Rechtsverordnung zu regeln. [6]Die Sätze 1 bis 4 sind erst ab dem 1. August 2016 anwendbar.

Art. 53
Vorrücken und Wiederholen

(1) In die nächsthöhere Jahrgangsstufe rücken Schülerinnen und Schüler vor, die während des laufenden Schuljahres oder des sonstigen Ausbildungsabschnitts die erforderlichen Leistungsnachweise erbracht und dabei den Anforderungen genügt haben.

(2) Schülerinnen und Schüler, die die Erlaubnis zum Vorrücken nicht erhalten haben, können die bisher besuchte Jahrgangsstufe derselben Schulart wiederholen.

(3) [1]Das Wiederholen ist nicht zulässig für Schülerinnen und Schüler, die

1. dieselbe Jahrgangsstufe zum zweiten Mal wiederholen müssten,
2. nach Wiederholung einer Jahrgangsstufe auch die nächstfolgende wiederholen müssten.

[2]Das Wiederholen ist außerdem nicht zulässig für Schülerinnen und Schüler der Gymnasien und Realschulen, die innerhalb der Jahrgangsstufen 5 bis 7 zum zweiten Mal nicht vorrücken durften.

(4) [1]Zuständig für die Entscheidungen nach den Absätzen 1 bis 3 ist die Klassenkonferenz. [2]Für einzelne Schularten kann in der Schulordnung ein anderes aus Lehrkräften der Schule gebildetes Gremium oder die Klassenleiterin bzw. der Klassenleiter bestimmt werden. [3]Mitglieder der Klassenkonferenz sind die in der Klasse unterrichtenden Lehrkräfte und die Schulleiterin bzw. der Schulleiter oder eine von ihm beauftragte Lehrkraft als Vorsitzender.

(5) [1]Von den Folgen nach Absatz 3 kann die Lehrerkonferenz befreien, wenn zuverlässig anzunehmen ist, dass die Ursache des Misserfolgs nicht in mangelnder Eignung oder schuldhaftem Verhalten der Schülerin oder des Schülers gelegen ist. [2]Die Lehrerkonferenz entscheidet auch darüber, ob bei einer Schülerin oder einem Schüler, die oder der von einer Schule anderer Art übergetreten ist und an der zuvor besuchten Schule bereits einmal wiederholt hat, Absatz 3 anzuwenden ist.

(6) [1]Schülerinnen und Schülern, die die Erlaubnis zum Vorrücken nicht erhalten haben, kann in einzelnen Schularten und Jahrgangsstufen nach Maßgabe näherer Regelungen in den Schulordnungen das Vorrücken auf Probe gestattet werden; das Vorrücken kann ihnen noch gestattet werden, wenn sie sich einer Nachprüfung zu Beginn des folgenden Schuljahres erfolgreich unterzogen haben. [2]Schülerinnen und Schülern, die infolge nachgewiesener erheblicher Beeinträchtigungen ohne eigenes Verschulden wegen Leistungsminderungen die Voraussetzungen zum Vorrücken nicht erfüllen (z. B. wegen Krankheit), kann das Vorrücken auf Probe gestattet werden, wenn zu erwarten ist, dass die entstandenen Lücken geschlossen werden können und das angestrebte Bildungsziel erreicht werden kann.

(7) [1]Die Absätze 1 bis 6 gelten nicht für Schülerinnen und Schüler der Berufsschulen und Berufsschulen zur sonderpädagogischen Förderung. [2]Für Schülerinnen und Schüler der Grundschulen, Mittelschulen und Förderzentren gelten an Stelle der Absätze 3 und 5 die Bestimmungen über die Vollzeitschulpflicht nach Maßgabe näherer Regelungen in den Schulordnungen. [3]Für Schülerinnen und Schüler in Mittlere-Reife-Klassen ist Abs. 3 Satz 1 anzuwenden.

Art. 54
Abschlussprüfung

(1) [1]Der Besuch der Schule wird in der Regel durch eine Prüfung abgeschlossen (Abschlussprüfung). [2]Bei Berufsschulen kann nach Maßgabe der Schulordnung auf eine Abschlussprüfung verzichtet werden, wenn sich die Schülerinnen und Schüler einer Berufsabschlussprüfung nach dem Berufsbildungsgesetz oder der Handwerksordnung unterziehen, an der Lehrkräfte an beruflichen Schulen mitwirken.

(2) Die Abschlussprüfung wird vor einem Prüfungsausschuss, dessen Vorsitz die Schulleiterin bzw. der Schulleiter inne hat, abgelegt, sofern das zuständige Staatsministerium allgemein oder für den Einzelfall nichts anderes bestimmt.

(3) [1]Die Abschlussprüfung umfasst nach Maßgabe der Rechtsvorschriften für die einzelnen Schularten entsprechend der Art des jeweiligen Fachs einen schriftlichen, einen mündlichen und einen praktischen Teil. [2]Für die Bewertung der Prüfungsleistungen gilt Art. 52 Abs. 2, 4 und 5 entsprechend.

(4) [1]Nach bestandener Abschlussprüfung erhält der Prüfling ein Abschlusszeugnis. [2]Dieses enthält die Noten in den einzelnen Fächern und die Feststellung, welche Berechtigung das Zeugnis verleiht. [3]Zusätzlich kann das Zeugnis eine allgemeine Beurteilung enthalten.

(5) [1]Ein Prüfling, der die Abschlussprüfung nicht bestanden hat, kann zur Abschlussprüfung erst zum nächsten Prüfungstermin und nur noch einmal zugelassen werden. [2]Mit Genehmigung des zuständigen Staatsministeriums oder der von ihm beauftragten Stelle kann die Abschlussprüfung ein zweites Mal wiederholt werden. [3]Ein Prüfling, der zur Wiederholung der Abschlussprüfung zugelassen worden ist, darf auch die betreffende Jahrgangsstufe oder den betreffenden Ausbildungsabschnitt wiederholen, falls er damit nicht die Höchstausbildungsdauer überschreitet (Art. 55 Abs. 1 Nr. 6). [4]Die Bestimmungen über die Schulpflicht bleiben unberührt.

Art. 55
Beendigung des Schulbesuchs

(1) Bei den Schülerinnen und Schülern anderer als Pflichtschulen endet der Schulbesuch

1. durch Austritt,
2. durch Nichtbestehen einer Probezeit, es sei denn, dass die Schülerin oder der Schüler in eine andere Jahrgangsstufe zurückverwiesen wird (Art. 44 Abs. 2 Satz 1, Art. 53 Abs. 6 Satz 2),
3. durch Erteilung des Abschlusszeugnisses oder des Entlassungszeugnisses, spätestens aber mit Ablauf des Schuljahres, in dem die Abschlussprüfung bestanden wird,
4. mit Ablauf des Schuljahres, in dem eine Schülerin bzw. ein Schüler die Erlaubnis zum Vorrücken in die nächste Jahrgangsstufe nicht erhalten oder die Abschlussprüfung nicht bestanden hat und ein Wiederholen nicht mehr zulässig ist,
5. durch Entlassung,
6. durch Überschreitung der Höchstausbildungsdauer, die für die einzelnen Schularten in der Schulordnung festgelegt ist; für Härtefälle können Ausnahmen vorgesehen werden.

(2) [1]Bleibt eine Schülerin oder ein Schüler einer Schule, die keine Pflichtschule ist, längere Zeit ohne ausreichende Entschuldigung dem Unterricht fern, so kann die Schule nach erfolgloser Erkundigung und vorheriger schriftlicher Ankündigung in angemessener Frist

das Fernbleiben einer Austrittserklärung gleichstellen. [2]Die Schulpflicht bleibt davon unberührt.

(3) Die Beendigung des Schulbesuchs bei Pflichtschulen richtet sich nach der Dauer der Schulpflicht.

Abschnitt VII
Schülerinnen und Schüler

Art. 56
Rechte und Pflichten

(1) [1]Schülerinnen und Schüler im Sinn dieses Gesetzes und der auf Grund dieses Gesetzes erlassenen Vorschriften sind Personen, die in den Schulen unterrichtet und erzogen werden. [2]Alle Schülerinnen und Schüler haben gemäß Art. 128 der Verfassung ein Recht darauf, eine ihren erkennbaren Fähigkeiten und ihrer inneren Berufung entsprechende schulische Bildung und Förderung zu erhalten. [3]Aus diesem Recht ergeben sich einzelne Ansprüche, wenn und soweit sie nach Voraussetzungen und Inhalt in diesem Gesetz oder auf Grund dieses Gesetzes bestimmt sind.

(2) Die Schülerinnen und Schüler haben das Recht, entsprechend ihrem Alter und ihrer Stellung innerhalb des Schulverhältnisses

1. sich am Schulleben zu beteiligen,
2. im Rahmen der Schulordnung und der Lehrpläne an der Gestaltung des Unterrichts mitzuwirken,
3. über wesentliche Angelegenheiten des Schulbetriebs hinreichend unterrichtet zu werden,
4. Auskunft über ihren Leistungsstand und Hinweise auf eine Förderung zu erhalten,
5. bei als ungerecht empfundener Behandlung oder Beurteilung sich nacheinander an Lehrkräfte, an die Schulleiterin bzw. den Schulleiter und an das Schulforum zu wenden.

(3) [1]Alle Schülerinnen und Schüler haben das Recht, ihre Meinung frei zu äußern; im Unterricht ist der sachliche Zusammenhang zu wahren. [2]Die Bestimmungen über Schülerzeitung (Art. 63) und politische Werbung (Art. 84) bleiben unberührt.

(4) [1]Alle Schülerinnen und Schüler haben sich so zu verhalten, dass die Aufgabe der Schule erfüllt und das Bildungsziel erreicht werden kann. [2]Sie haben insbesondere die Pflicht, am Unterricht regelmäßig teilzunehmen und die sonstigen verbindlichen Schulveranstaltungen zu besuchen. [3]Die Schülerinnen und Schüler haben alles zu unterlassen, was den Schulbetrieb oder die Ordnung der von ihnen besuchten Schule oder einer anderen Schule stören könnte. [4]Die Schülerinnen und Schüler sind verpflichtet, an der Erstellung des sonderpädagogischen Gutachtens nach Art. 41 Abs. 4 Satz 2 sowie im Rahmen des Verfahrens nach Art. 41 Abs. 6 mitzuwirken.

(5) [1]Im Schulgebäude und auf dem Schulgelände sind Mobilfunktelefone und sonstige digitale Speichermedien, die nicht zu Unterrichtszwecken verwendet werden, auszuschalten. [2]Die unterrichtende oder die außerhalb des Unterrichts Aufsicht führende Lehrkraft kann Ausnahmen gestatten. [3]Bei Zuwiderhandlung kann ein Mobilfunktelefon oder ein sonstiges digitales Speichermedium vorübergehend einbehalten werden.

Abschnitt VIII
Schulleiterin oder Schulleiter, Lehrerkonferenz, Lehrkräfte

Art. 57
Schulleiterin oder Schulleiter, ständiger Vertreter

(1) [1]Für jede Schule ist eine Person mit der Schulleitung zu betrauen; sie ist zugleich Lehrkraft an der Schule (Schulleiterin oder Schulleiter). [2]Bei allgemein bildenden Schulen, Förderschulen und beruflichen Schulzentren (Art. 30a Abs. 2) kann eine Person mit der Leitung mehrerer Schulen, auch verschiedener Schularten betraut werden; sie ist zugleich Lehrkraft an einer der Schulen.

(2) [1]Die Schulleiterin oder der Schulleiter ist für einen geordneten Schulbetrieb und Unterricht sowie gemeinsam mit den Lehrkräften für die Bildung und Erziehung der Schülerinnen und Schüler sowie die Überwachung der Schulpflicht verantwortlich; sie oder er hat sich über das Unterrichtsgeschehen zu informieren. [2]In Erfüllung dieser Aufgaben ist sie oder er den Lehrkräften und dem sonstigen pädagogischen Personal sowie dem Verwaltungs- und Hauspersonal gegenüber weisungsberechtigt. [3]Die Schulleiterin oder der Schulleiter kann Lehrkräften Weisungsberechtigung für ihnen übertragene Fachaufgaben erteilen, soweit Rechts- und Verwaltungsvorschriften dies vorsehen. [4]Sie oder er berät die Lehrkräfte und das sonstige pädagogische Personal und sorgt für deren Zusammenarbeit.

(3) Die Schulleiterin oder der Schulleiter vertritt die Schule nach außen.

(4) Für jede Schule ist eine Person mit der Stellvertretung der Schulleiterin oder des Schulleiters (ständiger Vertreter) zu betrauen; Abs. 1 Satz 1 Halbsatz 2 und Satz 2 gelten entsprechend.

Art. 57a
Erweiterte Schulleitung

(1) [1]An staatlichen Schulen kann das zuständige Staatsministerium auf Antrag der Schulleiterin oder des Schulleiters zur Unterstützung bei der Erledigung der Aufgaben gemäß Art. 57 Abs. 1 bis 3 eine erweiterte Schulleitung einrichten. [2]Die Entscheidung über den Antrag erfolgt nach Maßgabe der im Staatshaushalt bereitgestellten Stellen und Mittel.

(2) [1]Voraussetzung für die Einrichtung einer erweiterten Schulleitung ist, dass dies auf Grund der Zahl der an der Schule tätigen staatlichen Lehrkräfte sowie auf Grund der Struktur der Schulart zweckdienlich ist. [2]Dabei sind auch die Schulen, mit deren Leitung die Schulleiterin oder der Schulleiter gemäß Art. 57 Abs. 1 Satz 2 betraut ist, einzubeziehen, soweit sie einer Schulart angehören, welche die für die Einrichtung einer erweiterten Schulleitung erforderliche Struktur gemäß Satz 1 aufweist.

(3) [1]Die erweiterte Schulleitung besteht aus dem ständigen Vertreter sowie erforderlichenfalls weiteren staatlichen Lehrkräften mit Führungs- und Personalverantwortung nach Maßgabe der Rechts- und Verwaltungsvorschriften. [2]Die Mitglieder der erweiterten Schulleitung sind gegenüber den ihnen von der Schulleiterin oder dem Schulleiter zugeordneten Lehrkräften weisungsberechtigt.

(4) Die Staatsregierung wird ermächtigt, durch Rechtsverordnung die für die Antragsberechtigung maßgeblichen Kriterien, insbesondere Mindestanzahl der Lehrkräfte und Struktur der Schulart, festzulegen sowie das Auswahlverfahren zu regeln.

Art. 58
Lehrerkonferenz

(1) [1]An jeder Schule besteht eine Lehrerkonferenz. [2]Wenn an einer Schule mehrere Schularten oder Ausbildungsrichtungen als Abteilungen geführt werden, kann die Schulordnung die Bildung von Teilkonferenzen der Lehrkräfte dieser Abteilungen vorsehen. [3]Bei Schulen mit mehr als 25 mit mindestens der Hälfte der Unterrichtspflichtzeit beschäftigten Lehrkräften werden für die Dauer eines Schuljahres ein Disziplinarausschuss und ein Lehr- und Lernmittelausschuss, die insoweit die Aufgaben der Lehrerkonferenz wahrnehmen sowie sonstige Ausschüsse nach näherer Bestimmung der Schulordnung gebildet.

(2) [1]Mitglieder der Lehrerkonferenz sind alle an der Schule tätigen Lehrkräfte, die Beamten im Vorbereitungsdienst, die an der Schule eigenverantwortlichen Unterricht erteilen sowie die Förderlehrer und das Personal für die heilpädagogische Unterrichtshilfe. [2]Den Vorsitz führt die Schulleiterin oder der Schulleiter. [3]Die Vertreter der Schulaufsichtsbehörden sind zur Teilnahme an den Sitzungen berechtigt.

(3) [1]Die Lehrerkonferenz hat die Aufgabe, die Erziehungs- und Unterrichtsarbeit sowie das kollegiale und pädagogische Zusammenwirken der Lehrkräfte an der Schule zu sichern. [2]Die Aufgaben der Schulleiterin oder des Schulleiters und die pädagogische Verantwortung der einzelnen Lehrkraft bleiben unberührt.

(4) [1]Die Lehrerkonferenz beschließt in den Angelegenheiten, die ihr durch Rechts- und Verwaltungsvorschriften zur Entscheidung zugewiesen sind, mit bindender Wirkung für die Schulleiterin oder den Schulleiter und die übrigen Mitglieder der Lehrerkonferenz. [2]In den übrigen Angelegenheiten gefasste Beschlüsse bedeuten Empfehlungen.

(5) [1]Für die Ausführung der Beschlüsse der Lehrerkonferenz nach Absatz 4 Satz 1 ist die Schulleiterin oder der Schulleiter verantwortlich. [2]Ist die Schulleiterin oder der Schulleiter der Auffassung, dass ein Beschluss der Lehrerkonferenz gegen eine Rechts- oder Verwaltungsvorschrift verstößt oder dass sie oder er für die Ausführung des Beschlusses nicht die Verantwortung übernehmen kann, so hat sie oder er den Gegenstand dieses Beschlusses in einer weiteren, innerhalb eines Monats einzuberufenden Sitzung noch einmal zur Beratung zu stellen. [3]Handelt es sich um eine Angelegenheit, die der Lehrerkonferenz nach Absatz 4 Satz 1 zur Entscheidung zugewiesen ist, so hat die Schulleiterin oder der Schulleiter den Beschluss zu beanstanden, den Vollzug auszusetzen und – in dringenden Fällen ohne wiederholte Beratung – die Entscheidung der Schulaufsichtsbehörde herbeizuführen. [4]Die Beanstandung ist schriftlich oder (unter Verwendung einer dauerhaft überprüfbaren qualifizierten elektronischen Signatur) elektronisch zu begründen. [5]Bis zur Entscheidung der Schulaufsichtsbehörde darf der Beschluss nicht ausgeführt werden. [6]Die Schulaufsichtsbehörde kann im Übrigen auch entscheiden, wenn die Lehrerkonferenz oder ein zuständiger Ausschuss in einer wichtigen Angelegenheit nicht tätig wird oder schulaufsichtlichen Beanstandungen nicht Rechnung trägt.

(6) Die Schulordnung trifft die näheren Regelungen, insbesondere über die Zuständigkeit, die Mitglieder und den Vorsitz der Teilkonferenzen und Ausschüsse sowie über den Geschäftsgang, die Sitzungsteilnahme, die Stimmberechtigung, die Beschlussfähigkeit und die Beschlussfassung in der Lehrerkonferenz, den Teilkonferenzen und den Ausschüssen.

Art. 59
Lehrkräfte

(1) [1]Die Lehrkräfte tragen die unmittelbare pädagogische Verantwortung für den Unterricht und die Erziehung der Schülerinnen und Schüler. [2]Gegenüber dem ihnen zugeordneten

sonstigen pädagogischen Personal sind sie weisungsberechtigt. [3]Art. 111 bis 117 und die dienstrechtlichen Vorschriften bleiben unberührt.

(2) [1]Die Lehrkräfte haben den in Art. 1 und 2 niedergelegten Bildungs- und Erziehungsauftrag sowie die Lehrpläne und Richtlinien für den Unterricht und die Erziehung zu beachten. [2]Sie müssen die verfassungsrechtlichen Grundwerte glaubhaft vermitteln. [3]Äußere Symbole und Kleidungsstücke, die eine religiöse oder weltanschauliche Überzeugung ausdrücken, dürfen von Lehrkräften im Unterricht nicht getragen werden, sofern die Symbole oder Kleidungssstücke bei den Schülerinnen und Schülern oder den Eltern auch als Ausdruck einer Haltung verstanden werden können, die mit den verfassungsrechtlichen Grundwerten und Bildungszielen der Verfassung einschließlich den christlich-abendländischen Bildungs- und Kulturwerten nicht vereinbar ist. [4]Art. 84 Abs. 2 bleibt unberührt. [5]Für Lehrkräfte im Vorbeitungsdienst können im Einzelfall Ausnahmen von der Bestimmung des Satzes 3 zugelassen werden.

(3) Die Lehrkräfte erfüllen ihre Aufgaben im vertrauensvollen Zusammenwirken mit den Schülerinnen und Schülern und den Erziehungsberechtigten, bei den beruflichen Schulen außerdem mit den Ausbildenden, den Arbeitgebern und den Arbeitnehmervertretern und Arbeitnehmervertreterinnen der von ihnen unterrichteten Schülerinnen und Schüler.

(4) [1]Lehrkräften, die unbefristet im Beschäftigungsverhältnis an öffentlichen Schulen tätig sind, kann für die Dauer ihrer Tätigkeit das Recht eingeräumt werden, Berufsbezeichnungen zu führen, die das Staatsministerium für bestimmte Gruppen von Lehrkräften allgemein festsetzt. [2]Lehrkräfte, die wegen Alters oder Arbeitsunfähigkeit ausscheiden, sind berechtigt, ihre bisherige Berufsbezeichnung mit dem Zusatz „a.D." widerruflich weiterzuführen.

(5) Lehrkräften, die aus dem öffentlichen Schuldienst in den Auslandsschuldienst beurlaubt sind, kann die Ernennungsbehörde für die Dauer ihrer Verwendung als Schulleiterin bzw. Schulleiter, stellvertretende Schulleiterin bzw. stellvertretender Schulleiter oder Fachberaterin bzw. Fachberater das Führen einer Bezeichnung gestatten, die der Amtsbezeichnung vergleichbarer Lehrkräfte an öffentlichen Schulen entspricht.

Art. 60
Förderlehrerinnen bzw. Förderlehrer, Werkmeisterinnen bzw. Werkmeister, Heilpädagogische Förderlehrerinnen bzw. Heilpädagogische Förderlehrer

(1) [1]Die Förderlehrerin bzw. der Förderlehrer unterstützt den Unterricht und trägt durch die Arbeit mit Schülergruppen zur Sicherung des Unterrichtserfolges bei. [2]Art. 59 Abs. 2 gilt entsprechend. [3]Sie bzw. er nimmt besondere Aufgaben der Betreuung von Schülerinnen und Schülern selbstständig und eigenverantwortlich wahr und wirkt bei sonstigen Schulveranstaltungen und Verwaltungstätigkeiten mit.

(2) [1]Heilpädagogische Förderlehrerinnen bzw. Förderlehrer, Werkmeisterinnen bzw. Werkmeister und sonstiges Personal für heilpädagogische Unterrichtshilfe an Förderschulen unterstützen die Erziehungs- und Unterrichtstätigkeit der Lehrkraft an Schulen mit dem Profil ‚Inklusion' und an Förderschulen; im Rahmen eines mit den Lehrkräften für Sonderpädagogik gemeinsam erstellten Gesamtplans wirken sie bei Erziehung, Unterrichtung und Beratung von Kindern und Jugendlichen mit sonderpädagogischem Förderbedarf mit. [2]Sie nehmen diese Aufgaben selbstständig und eigenverantwortlich wahr und wirken bei sonstigen Schulveranstaltungen und bei Verwaltungstätigkeiten mit. [3]Heilpädagogische Förderlehrerinnen bzw. Förderlehrer und das sonstige Personal für heilpädagogische Unterrichtshilfe leiten die Gruppen der Schulvorbereitenden Einrichtungen im Einvernehmen mit der Lehrkraft für Sonderpädagogik und erfüllen in Absprache mit der Lehrkraft für

Sonderpädagogik Aufgaben der sonderpädagogischen Förderung und Beratung im Rahmen der Mobilen Sonderpädagogischen Dienste und Hilfen.

Art. 61
Angehörige kirchlicher Genossenschaften

(1) [1]Kirchliche Genossenschaften, die über Lehrkräfte oder Förderlehrerinnen bzw. Förderlehrer verfügen, deren Ausbildung nicht hinter der Ausbildung der staatlichen Lehrkräfte oder Förderlehrerinnen bzw. Förderlehrer zurücksteht, können auf ihren Antrag von der Regierung durch Gestellungsvertrag mit der Tätigkeit an Grundschulen, Mittelschulen oder Förderzentren beauftragt werden. [2]Die beauftragten Lehrkräfte und Förderlehrerinnen bzw. Förderlehrer unterliegen dem fachlichen Weisungsrecht des Schulamts.

(2) Das Staatsministerium wird ermächtigt, durch Rechtsverordnung die Dienstbezeichnungen zu bestimmen, die den von den kirchlichen Genossenschaften zur Verfügung gestellten Lehrkräften verliehen werden können.

Abschnitt IX
Einrichtungen zur Mitgestaltung des schulischen Lebens

a) Schülermitverantwortung

Art. 62
Schülermitverantwortung, Schülervertretung

(1) [1]Im Rahmen der Schülermitverantwortung soll allen Schülerinnen und Schülern die Möglichkeit gegeben werden, Leben und Unterricht ihrer Schule ihrem Alter und ihrer Verantwortungsfähigkeit entsprechend mitzugestalten; hierfür werden Schülersprecher und Schülersprecherinnen sowie deren Stellvertreter und deren Stellvertreterinnen gewählt. [2]Die Schülerinnen und Schüler werden dabei von der Schulleiterin oder vom Schulleiter, von den Lehrkräften und den Erziehungsberechtigten unterstützt. [3]Zu den Aufgaben der Schülermitverantwortung gehören insbesondere die Durchführung gemeinsamer Veranstaltungen, die Übernahme von Ordnungsaufgaben, die Wahrnehmung schulischer Interessen der Schülerinnen und Schüler und die Mithilfe bei der Lösung von Konfliktfällen. [4]Zu den Rechten der Schülermitverantwortung gehört es,

1. in allen sie betreffenden Angelegenheiten durch die Schule informiert zu werden (Informationsrecht),
2. Wünsche und Anregungen der Schülerinnen und Schüler an Lehrkräfte, die Leiterin oder den Leiter der Schule und den Elternbeirat zu übermitteln (Anhörungs- und Vorschlagsrecht),
3. auf Antrag der betroffenen Schülerinnen und Schüler ihre Hilfe und Vermittlung einzusetzen, wenn diese glauben, es sei ihnen Unrecht geschehen (Vermittlungsrecht),
4. Beschwerden allgemeiner Art bei Lehrkräften, bei der Leiterin oder beim Leiter der Schule und im Schulforum vorzubringen (Beschwerderecht),
5. bei der Aufstellung und Durchführung der Hausordnung, der Organisation und Betreuung von besonderen Veranstaltungen und im Schulforum mitzuwirken,

6. zur Gestaltung von Kursen und Schulveranstaltungen und im Rahmen der Lehrpläne zum Unterricht Anregungen zu geben und Vorschläge zu unterbreiten.

[5]Die Rechte einzelner Schülerinnen und Schüler nach Art. 56 bleiben unberührt.

(2) [1]Die Aufgaben der Schülermitverantwortung werden insbesondere durch folgende Einrichtungen der Schülervertretung wahrgenommen:

1. Klassensprecherinnen und Klassensprecher und ihre jeweiligen Stellvertreter,
2. Klassensprecherversammlung,
3. erste, zweite und dritte Schülersprecherin bzw. erster, zweiter und dritter Schülersprecher,
4. Schülerausschuss,
5. Stadt- und Landkreisschülersprecherinnen und Stadt- und Landkreisschülersprecher im Bereich der Mittelschulen,
6. Bezirksschülersprecherinnen und Bezirksschülersprecher,
7. Landesschülerkonferenz.

[2]Soweit die Schülerinnen und Schüler nicht in Klassen zusammengefasst sind, tritt an die Stelle der Klassensprecherin bzw. des Klassensprechers die Jahrgangsstufensprecherin bzw. der Jahrgangsstufensprecher; neben den Jahrgangsstufensprecherinnen und Jahrgangsstufensprechern können Kurssprecherinnen und Kurssprecher vorgesehen werden.

(3) [1]Ab Jahrgangsstufe 5 wählt jede Klasse aus ihrer Mitte eine Klassensprecherin oder einen Klassensprecher und ihren bzw. seinen Stellvertreter. [2]Der Klassensprecherin bzw. dem Klassensprecher obliegen die Aufgaben der Schülermitverantwortung als Schülervertretung für die Klasse.

(4) [1]Die Klassensprecherinnen und Klassensprecher, ihre jeweiligen Stellvertreter sowie die Schülersprecherinnen und Schülersprecher bilden die Klassensprecherversammlung. [2]Die Klassensprecherversammlung behandelt Fragen, die über den Kreis einer Klasse hinaus für die gesamte Schülerschaft von Interesse sind.

(5) [1]Die Klassensprecherinnen und Klassensprecher und ihre jeweiligen Stellvertreter wählen die drei Schülersprecherinnen und Schülersprecher; das Schulforum kann beschließen, das Wahlrecht auf alle Schülerinnen und Schüler auszudehnen. [2]Die Schülersprecherinnen und Schülersprecher bilden den Schülerausschuss. [3]Der Schülerausschuss ist ausführendes Organ der Klassensprecherversammlung; er kann im Rahmen der Aufgaben der Schülermitverantwortung und der Beschlüsse der Klassensprecherversammlung der Schulleiterin oder dem Schulleiter, der Lehrerkonferenz, dem Elternbeirat, dem Schulforum und einzelnen Lehrkräften Wünsche und Anregungen vortragen. [4]Die Schulleiterin oder der Schulleiter unterrichtet den Schülerausschuss über Angelegenheiten, die für die Schule von allgemeiner Bedeutung sind sowie über Rechts- und Verwaltungsvorschriften und Beschlüsse der Lehrerkonferenz, soweit sie allgemeine Schülerangelegenheiten betreffen.

(6) [1]Die Schülersprecherinnen und Schülersprecher, im Bereich der Mittelschule die Stadt- und Landkreisschülersprecherinnen und Stadt- und Landkreisschülersprecher wählen aus ihrer Mitte für die jeweiligen Regierungsbezirke bzw. Dienstbereiche der Ministerialbeauftragten die Bezirksschülersprecherinnen und Bezirksschülersprecher und deren Stellvertreterinnen und Stellvertreter. [2]Die Anzahl der gewählten Bezirksschülersprecherinnen und Bezirksschülersprecher beträgt

1. für die Mittelschule sieben,
2. für die Realschulen acht,

3. für die Gymnasien acht,
4. für die Berufsschulen, Berufsfachschulen, Wirtschaftsschulen, Fachschulen und Fachakademien insgesamt sieben,
5. für die Fachoberschulen und Berufsoberschulen insgesamt drei und
6. für die Förderschulen sieben.

[3]Zu den Aufgaben der Bezirksschülersprecherinnen und Bezirksschülersprecher gehört insbesondere der Erfahrungsaustausch bezüglich der die jeweilige Schulart betreffenden Angelegenheiten. [4]Die insgesamt 40 Bezirksschülersprecherinnen und Bezirksschülersprecher bilden die Landesschülerkonferenz (Art. 62a).

(7) [1]Die Klassensprecherinnen und Klassensprecher und ihre jeweiligen Stellvertreter können für jeweils ein Schuljahr eine Verbindungslehrkraft wählen; wählbar sind Lehrkräfte, die an der Schule mit mindestens der Hälfte der Unterrichtspflichtzeit unbefristet beschäftigt sind, sowie Förderlehrerinnen bzw. Förderlehrer unter entsprechenden Voraussetzungen. [2]Das Schulforum kann beschließen, dass die Wahl durch alle Schülerinnen und Schüler erfolgt. [3]Die Verbindungslehrkräfte pflegen die Verbindung zwischen Schulleiterinnen bzw. Schulleiter und Lehrkräften einerseits und den Schülerinnen und Schülern andererseits. [4]Sie beraten die Einrichtungen der Schülermitverantwortung und vermitteln bei Beschwerden.

(8) Auf Antrag gibt die Schulleiterin oder der Schulleiter den Mitgliedern der Klassensprecherversammlung oder des Schülerausschusses an Vollzeitschulen in der Regel einmal im Monat Gelegenheit, auch während der Unterrichtszeit zu einer Besprechung zusammenzukommen.

(9) [1]Das Nähere regelt die Schulordnung. [2]Für berufliche Schulen können die Einrichtungen und die Wahl der Schülervertretung in der Schulordnung abweichend von den Absätzen 2 bis 5 geregelt werden.

(10) Die notwendigen Kosten der Wahrnehmung der Aufgaben der Schülermitverantwortung auf der Stadt-, Landkreis-, Bezirks- und Landesebene trägt der Freistaat Bayern im Rahmen der zur Verfügung stehenden Haushaltsmittel.

Art. 62a
Landesschülerkonferenz, Landesschülerrat

(1) [1]Die Landesschülerkonferenz dient insbesondere der Erörterung allgemeiner schulischer Angelegenheiten. [2]Sie tagt wenigstens zweimal im Jahr. [3]Art und Umfang der Aufsicht über die teilnehmenden Schülerinnen und Schüler richtet sich nach deren Alter und Reife. [4]Die Landesschülerkonferenz ist berechtigt, sich eine Geschäftsordnung zu geben.

(2) [1]Aus der Mitte der Landesschülerkonferenz werden insgesamt sechs Landesschülersprecherinnen und Landesschülersprecher für ein Jahr gewählt. [2]Dabei werden für die Mittelschulen, Realschulen, Gymnasien und Förderschulen jeweils eine Landesschülersprecherin oder ein Landesschülersprecher gewählt; für die Gruppe der Berufsschulen, Berufsfachschulen, Wirtschaftsschulen, Fachschulen und Fachakademien sowie für die Gruppe der Fachoberschulen und Berufsoberschulen wird je eine Landesschülersprecherin oder ein Landesschülersprecher gewählt. [3]Diese bilden den Vorstand der Landesschülerkonferenz (Landesschülerrat). [4]Gleichzeitig werden entsprechend die Stellvertreterinnen und Stellvertreter der Landesschülersprecherinnen und Landesschülersprecher gewählt. [5]Aus deren Mitte werden zwei Schülerinnen oder Schüler zum Zweck der Mitgliedschaft im Landesschulbeirat gewählt.

(3) [1]Zu den Rechten des Landesschülerrats gehört es,

1. in Bezug auf grundlegende, die Schülerinnen und Schüler betreffende schulische Angelegenheiten durch das Staatsministerium informiert und angehört zu werden (Informations- und Anhörungsrecht) und
2. Anregungen und Vorschläge der Schülerinnen und Schüler an das Staatsministerium zu richten (Vorschlagsrecht).

[2]Abs. 1 Satz 4 gilt entsprechend.

(4) Zur Beratung der Schülerinnen und Schüler bei ihrer Tätigkeit in der Landesschülerkonferenz und zur Unterstützung der Kommunikation zwischen ihnen und den Schulaufsichtsbehörden wird eine Lehrkraft als Koordinatorin oder Koordinator bestellt.

Art. 63
Schülerzeitung

(1) [1]Schülerzeitungen sind Zeitungen, die von Schülerinnen und Schülern für Schülerinnen und Schüler derselben Schule geschrieben werden. [2]Die Schülerinnen und Schüler machen durch die Herausgabe von Schülerzeitungen vom Recht der freien Meinungsäußerung Gebrauch. [3]Jede Schülerin und jeder Schüler hat das Recht, an der Schülerzeitung mitzuwirken. [4]Die Redaktion der Schülerzeitung hat das Wahlrecht, ob die Schülerzeitung als Einrichtung der Schule im Rahmen der Schülermitverantwortung oder als Druckwerk im Sinn des Bayerischen Pressegesetzes (BayPrG) erscheint. [5]Die Redaktion soll sich eine beratende Lehrkraft wählen, die die Schülerzeitung pädagogisch betreut.

(2) [1]Erscheint die Schülerzeitung als Druckwerk im Sinn des Bayerischen Pressegesetzes, soll die Schulleiterin oder der Schulleiter die Herausgeber und Redakteure über die presserechtlichen Folgen (Art. 3 Abs. 2, Art. 5, 7 bis 10 und 11 BayPrG) informieren. [2]Die Haftung der Erziehungsberechtigten für minderjährige Schülerinnen und Schüler bleibt unberührt. [3]Die Schule unterrichtet die Erziehungsberechtigten der mitwirkenden minderjährigen Schülerinnen und Schüler über die Entscheidung der Schülerzeitungsredaktion, die Schülerzeitung als Druckwerk im Sinn des Bayerischen Pressegesetzes herauszugeben.

(3) Die Grundsätze einer fairen Berichterstattung sind zu beachten; auf die Vielfalt der Meinungen und auf den Bildungs- und Erziehungsauftrag der Schule ist Rücksicht zu nehmen.

(4) [1]Soll die Schülerzeitung auf dem Schulgelände verteilt werden, ist der Schulleiterin oder dem Schulleiter rechtzeitig vor Drucklegung ein Exemplar zur Kenntnis zu geben. [2]Sie oder er kann Einwendungen erheben. [3]Berücksichtigt die Redaktion die Einwendungen nicht, so hat sie die Schülerzeitung zusammen mit einer Stellungnahme dem Schulforum vorzulegen. [4]Das Schulforum soll auf eine gütliche Einigung hinwirken; scheitert die gütliche Einigung, kann das Schulforum die Verteilung der Schülerzeitung auf dem Schulgelände untersagen.

(5) Soweit der Inhalt der Schülerzeitung das Recht der persönlichen Ehre verletzt oder in anderer Weise gegen Rechtsvorschriften verstößt, kann die Schulleiterin oder der Schulleiter die Verteilung auf dem Schulgelände, und für den Fall, dass die Schülerzeitung als Einrichtung der Schule im Rahmen der Schülermitverantwortung erscheint, auch die Herausgabe untersagen; die Schulleiterin oder der Schulleiter begründet die Entscheidung innerhalb einer Woche schriftlich.

b) Elternvertretung

Art. 64
Einrichtungen

(1) An allen Grundschulen, Mittelschulen, Realschulen, Gymnasien, Fachoberschulen und an Berufsfachschulen, an denen die Schulpflicht erfüllt werden kann, sowie an entsprechenden Schulen zur sonderpädagogischen Förderung wird ein Elternbeirat gebildet.

(2) [1]An allen Grundschulen und Mittelschulen werden Klassenelternsprecher gewählt; an Gymnasien, Realschulen und Wirtschaftsschulen beschließt der Elternbeirat, ob Klassenelternsprecher für alle oder einzelne Jahrgangsstufen der Schule als Helfer des Elternbeirats gewählt werden. [2]Bestehen innerhalb einer Gemeinde oder eines Schulverbands jeweils Grundschulen, Mittelschulen oder Förderzentren, so wird für diese zusätzlich ein gemeinsamer Elternbeirat gebildet. [3]Satz 2 gilt für Förderzentren entsprechend, soweit ein Landkreis oder Bezirk den Sachbedarf mehrerer Förderzentren trägt. [4]Elternbeiräte in einem Schulverbund sollen einen gemeinsamen Verbundelternbeirat wählen.

(3) An den in Absatz 1 genannten Schulen wird für jede Klasse mindestens einmal im Schuljahr eine Klassenelternversammlung abgehalten.

Art. 65
Bedeutung und Aufgaben

(1) [1]Der Elternbeirat ist die Vertretung der Erziehungsberechtigten der Schülerinnen und Schüler sowie der früheren Erziehungsberechtigten volljähriger Schülerinnen und Schüler einer Schule; Art. 74 Abs. 2 Satz 2 findet Anwendung. [2]Er wirkt mit in Angelegenheiten, die für die Schule von allgemeiner Bedeutung sind. [3]Aufgabe des Elternbeirats ist es insbesondere,

1. das Vertrauensverhältnis zwischen den Eltern und den Lehrkräften, die gemeinsam für die Bildung und Erziehung der Schülerinnen und Schüler verantwortlich sind, zu vertiefen,
2. das Interesse der Eltern für die Bildung und Erziehung der Schülerinnen und Schüler zu wahren,
3. den Eltern aller Schülerinnen und Schüler oder der Schülerinnen und Schüler einzelner Klassen in besonderen Veranstaltungen Gelegenheit zur Unterrichtung und zur Aussprache zu geben,
4. Wünsche, Anregungen und Vorschläge der Eltern zu beraten,
5. durch gewählte Vertreter an den Beratungen des Schulforums teilzunehmen (Art. 69 Abs. 2),
6. bei der Entscheidung über einen unterrichtsfreien Tag das Einvernehmen herzustellen,
7. sich im Rahmen der Abstimmung nach Art. 51 Abs. 4 Satz 2 zu äußern,
8. im Verfahren, das zur Entlassung einer Schülerin oder eines Schülers führen kann, die in Art. 88 Abs. 3 Satz 2 Nr. 3 genannten Rechte wahrzunehmen,
9. im Verfahren, das zum Ausschluss einer Schülerin oder eines Schülers von allen Schulen einer oder mehrerer Schularten führen kann, die in Art. 88 Abs. 3 Satz 2 Nr. 3 genannten Rechte wahrzunehmen,
10. bei Errichtung und Auflösung von staatlichen und kommunalen Schulen unter den in Art. 26 Abs. 2, Art. 27 Abs. 2 Satz 2 genannten Voraussetzungen mitzuwirken,

11. bei Abweichungen von den Sprengelgrenzen unter den in Art. 42 Abs. 2 und 7 genannten Voraussetzungen mitzuwirken,
12. bei der Bestimmung eines Namens für die Schule nach Art. 29 Abs. 1 Satz 3 mitzuwirken,
13. das Einvernehmen bei der Änderung von Ausbildungsrichtungen, bei der Einführung von Schulversuchen, bei der Entwicklung des Schulprofils ‚Inklusion' und bei der Stellung eines Antrags auf Zuerkennung des Status einer MODUS-Schule herzustellen.

4Der Elternbeirat wirkt außerdem mit, soweit dies in der Schulordnung vorgesehen ist.

(2) Im Rahmen des Absatzes 1 nimmt die Klassenelternsprecherin bzw. der Klassenelternsprecher die Belange der Eltern der Schülerinnen oder Schüler einer Klasse, der gemeinsame Elternbeirat die Belange der Eltern der Schülerinnen oder Schüler jeweils mehrerer Grundschulen, Mittelschulen oder Förderzentren wahr.

Art. 66
Zusammensetzung des Elternbeirats

(1) 1Für je 50 Schülerinnen und Schüler einer Schule, bei Grundschulen, Mittelschulen und Förderschulen für je 15 Schülerinnen und Schüler, ist ein Mitglied des Elternbeirats zu wählen; der Elternbeirat hat jedoch mindestens fünf und höchstens zwölf Mitglieder. 2Der Elternbeirat kann durch Beschluss weitere Mitglieder, die die Wählbarkeitsvoraussetzungen erfüllen, mit beratender Funktion hinzuziehen; die Anzahl der hinzugezogenen Mitglieder darf nicht mehr als ein Drittel der gewählten Mitglieder betragen. 3Der Elternbeirat ist berechtigt, sich eine Geschäftsordnung zu geben.

(2) 1Wird eine Schule im Zeitpunkt der Wahl des Elternbeirats von mindestens 50 Schülerinnen und Schülern, bei Grundschulen, Mittelschulen und Förderzentren von mindestens 15 Schülerinnen und Schülern besucht, die in einem Schülerheim oder einer ähnlichen Einrichtung untergebracht sind, so ist auch die Leiterin bzw. der Leiter dieser Einrichtung Mitglied des Elternbeirats, sofern sie bzw. er nicht zugleich Schulleiterin bzw. Schulleiter, Lehrkraft oder Förderlehrerin bzw. Förderlehrer der betreffenden Schule ist. 2Das Gleiche gilt, wenn die Zahl dieser Schülerinnen und Schüler ein Fünftel der Gesamtschülerzahl erreicht. 3Ist die Zahl geringer, so können die Leiterinnen bzw. Leiter dieser Einrichtungen wie Erziehungsberechtigte für den Elternbeirat wählen und gewählt werden.

(3) 1Der gemeinsame Elternbeirat besteht bei jeweils nicht mehr als vier Grundschulen oder Mittelschulen innerhalb einer Gemeinde oder eines Schulverbands aus den Vorsitzenden der Elternbeiräte und ihren Stellvertretern; bei jeweils mehr als vier Grundschulen oder Mittelschulen wählen die Vorsitzenden aus den Mitgliedern der Elternbeiräte den aus neun Mitgliedern bestehenden gemeinsamen Elternbeirat. 2Satz 1 gilt für Förderzentren entsprechend. 3Über die Zusammensetzung des Verbundelternbeirats nach Art. 64 Abs. 2 Satz 4 entscheiden die beteiligten Elternbeiräte in eigener Verantwortung.

Art. 67
Unterrichtung des Elternbeirats

(1) 1Die Schulleiterin oder der Schulleiter unterrichtet den Elternbeirat zum frühestmöglichen Zeitpunkt über alle Angelegenheiten, die für die Schule von allgemeiner Bedeutung sind. 2Sie oder er erteilt die für die Arbeit des Elternbeirats notwendigen Auskünfte. 3Auf Wunsch des Elternbeirats soll die Schulleiterin oder der Schulleiter einer Lehrkraft Gelegenheit geben, den Elternbeirat zu informieren.

(2) Die Schulleiterin oder der Schulleiter, die Schulaufsichtsbehörde und der Aufwandsträger prüfen im Rahmen ihrer Zuständigkeit die Anregungen und Vorschläge des Elternbeirats binnen angemessener Frist und teilen diesem das Ergebnis mit, wobei im Fall der Ablehnung das Ergebnis – auf Antrag schriftlich – zu begründen ist.

Art. 68
Durchführungsvorschriften

[1]Das Staatsministerium wird ermächtigt, nach Anhörung des Landesschulbeirats durch Rechtsverordnung insbesondere Amtszeit, Mitgliedschaft, Wahlverfahren, Geschäftsgang, Beschlussfähigkeit und Beschlussfassung der Einrichtungen der Elternvertretung zu regeln; der Elternvertretung kann das Recht eingeräumt werden, sich eine Wahlordnung zu geben. [2]In der Rechtsverordnung können auch andere Personen, die Schülerinnen und Schüler tatsächlich erziehen, mit Zustimmung der Personensorgeberechtigten den Erziehungsberechtigten gleichgestellt werden.

c) Schulforum

Art. 69

(1) [1]An allen Schulen mit Ausnahme der Grundschulen und der Berufsschulen wird ein Schulforum eingerichtet. [2]Bei den Grundschulen ist, soweit nach diesem Gesetz das Schulforum zu beschließen hat oder zu beteiligen ist, der Elternbeirat zu beteiligen. [3]Bei den Berufsschulen nimmt der Berufsschulbeirat die Aufgaben des Schulforums wahr.

(2) [1]Mitglieder des Schulforums sind die Schulleiterin oder der Schulleiter sowie drei von der Lehrerkonferenz gewählte Lehrkräfte, die oder der Elternbeiratsvorsitzende sowie zwei vom Elternbeirat gewählte Elternbeiratsmitglieder, der Schülerausschuss und ein Vertreter des Schulaufwandsträgers. [2]Abweichend von Satz 1 sind an den Schulen des Zweiten Bildungswegs, an den Berufsfachschulen, an denen kein Elternbeirat besteht, an Fachschulen, Berufsoberschulen und Fachakademien keine Vertreter des Elternbeirats Mitglieder des Schulforums. [3]Den Vorsitz im Schulforum führt die Schulleiterin oder der Schulleiter.

(3) [1]Das Schulforum beschließt in den Angelegenheiten, die ihm zur Entscheidung zugewiesen sind, mit bindender Wirkung für die Schule. [2]In den übrigen Angelegenheiten gefasste Beschlüsse bedeuten Empfehlungen.

(4) [1]Das Schulforum berät Fragen, die Schülerinnen und Schüler, Eltern und Lehrkräfte gemeinsam betreffen und gibt Empfehlungen ab. [2]Folgende Entscheidungen werden im Einvernehmen mit dem Schulforum getroffen:

1. die Entwicklung eines eigenen Schulprofils, das der Genehmigung der Schulaufsichtsbehörde bedarf,
2. die Stellung eines Antrags auf Zuerkennung des Status einer MODUS-Schule,
3. Erlass von Verhaltensregeln für den geordneten Ablauf des äußeren Schulbetriebs (Hausordnung),
4. Festlegung der Pausenordnung und Pausenverpflegung,
5. Grundsätze über die Durchführung von Veranstaltungen im Rahmen des Schullebens,
6. Festlegung der über die Zielvereinbarungen gemäß Art. 111 Abs. 1 Satz 1 Nr. 2 und Art. 113c Abs. 4 hinausgehenden Entwicklungsziele im Schulentwicklungsprogramm gemäß Art. 2 Abs. 4 Satz 4,

7. Entwicklung des schulspezifischen Konzepts zur Erziehungspartnerschaft gemäß Art. 74 Abs. 1 Satz 2.

[3]Kann eine einvernehmliche Entscheidung nicht in angemessener Zeit herbeigeführt werden, legt die Schulleiterin oder der Schulleiter die Angelegenheit der Schulaufsichtbehörde vor, die eine Entscheidung trifft. [4]Dem Schulforum ist insbesondere Gelegenheit zu einer vorherigen Stellungnahme zu geben zu

1. wesentlichen Fragen der Schulorganisation, soweit nicht eine Mitwirkung der Erziehungsberechtigten oder des Elternbeirats vorgeschrieben ist,
2. Fragen der Schulwegsicherung und der Unfallverhütung in Schulen,
3. Baumaßnahmen im Bereich der Schule,
4. Grundsätzen der Schulsozialarbeit,
5. der Namensgebung einer Schule.

[5]Im Fall des Art. 63 Abs. 4 Satz 3 ist das Schulforum unverzüglich einzuberufen. [6]Das Schulforum kann ferner auf Antrag einer oder eines Betroffenen in Konfliktfällen vermitteln; Ordnungsmaßnahmen, bei denen die Mitwirkung des Elternbeirats vorgesehen ist, werden im Schulforum nicht behandelt.

(5) Die Schulordnung trifft die näheren Regelungen, insbesondere über Geschäftsgang, Beschlussfähigkeit und Beschlussfassung; sie kann weitere Mitwirkungsformen vorsehen.

d) Berufsschulbeirat

Art. 70
Berufsschulbeirat

(1) An jeder Berufsschule wird ein Berufsschulbeirat gebildet.

(2) Unterhält ein kommunaler Schulträger mehrere Berufsschulen, so ist außerdem ein gemeinsamer Berufsschulbeirat für alle Schulen zu bilden.

Art. 71
Aufgaben

(1) [1]Der Berufsschulbeirat hat die Aufgabe, die Beziehungen zwischen Schule, Schülerinnen und Schülern, Erziehungsberechtigten, Ausbildungsbetrieb, Arbeitswelt und Wirtschaft zu fördern. [2]Der Berufsschulbeirat wirkt außerdem mit soweit dies in der Schulordnung vorgesehen ist.

(2) Der gemeinsame Berufsschulbeirat wirkt bei den Angelegenheiten mit, die alle oder mehrere Berufsschulen des Schulträgers betreffen.

Art. 72
Durchführungsvorschriften

Das Staatsministerium wird ermächtigt, durch Rechtsverordnung insbesondere Zusammensetzung, Amtszeit, Mitgliedschaft, Auswahlverfahren, Geschäftsgang, Beschlussfähigkeit und Beschlussfassung zu regeln.

e) Landesschulbeirat

Art. 73

(1) Zur Beratung des Staatsministeriums auf dem Gebiet der Bildung und Erziehung wird ein Landesschulbeirat eingerichtet.

(2) [1]Der Landesschulbeirat wird zu wichtigen Vorhaben auf dem Gebiet der Bildung und Erziehung durch das Staatsministerium angehört. [2]Der Beratung im Landesschulbeirat bedürfen vor allem:

1. grundlegende Maßnahmen im Bereich der Lehrpläne, Stundentafeln und Richtlinien (Art. 45 Abs. 2 Satz 1) einschließlich der Richtlinien für Familien- und Sexualerziehung (Art. 48 Abs. 4),
2. der Erlass oder grundlegende Änderungen von
   a) Schulordnungen für die in Art. 7 bis 11, 14, 16 und 17 genannten Schularten (Art. 89 Abs. 1 Satz 1),
   b) Rechtsverordnungen über das Verfahren bei Zulassungsbeschränkungen (Art. 44 Abs. 4 Satz 2),
   c) Rechtsverordnungen über die Einrichtungen der Elternvertretungen (Art. 68),
3. Entwürfe von Gesetzen und sonstigen Verordnungen, soweit sie grundsätzliche schulische Fragen betreffen,
4. wichtige Schulversuche und deren Ergebnisse.

[3]Der Landesschulbeirat kann dazu Vorschläge einbringen und Empfehlungen aussprechen. [4]Den Vorsitz bei den Beratungen führt das den Geschäftsbereich Unterricht und Kultus leitende Mitglied der Staatsregierung oder seine Vertretung.

(3) [1]Die Mitglieder des Landesschulbeirats werden vom Staatsministerium berufen, und zwar

1. bis zu acht Mitglieder aus dem Kreis der Eltern,
2. acht Mitglieder aus dem Kreis der Lehrkräfte,
3. die sechs Landesschülersprecherinnen und Landesschülersprecher und die gemäß Art. 62a Abs. 2 Satz 5 gewählten Schülerinnen und Schüler,
4. je ein Mitglied auf Vorschlag
   a) der Katholischen Kirche,
   b) der Evangelisch-Lutherischen Kirche,
   c) des Bayerischen Städtetags,
   d) des Bayerischen Gemeindetags,
   e) des Bayerischen Landkreistags,
   f) des Verbands der Bayerischen Bezirke,
   g) der Industrie- und Handelskammern,
   h) der Handwerkskammern,
   i) des Deutschen Gewerkschaftsbunds und des Bayerischen Beamtenbunds,
   k) des Bayerischen Bauernverbands,
   l) des Bayerischen Jugendrings,

m) der Hochschulen,

n) der privaten Schulen,

5. fünf Mitglieder, die unter dem Gesichtspunkt der notwendigen Ergänzung des Beirats aus den Bereichen Frühpädagogik, Berufliche Bildung, Erwachsenenbildung, Kunst und Journalistik berufen werden.

[2]Die in Satz 1 Nrn. 1 und 2 genannten Verteter werden auf Vorschlag der auf Landesebene bestehenden Verbände berufen; die verschiedenen Schularten sind zu berücksichtigen. [3]Das Staatsministerium kann von sich aus oder auf Vorschlag des Landesschulbeirats weitere Sachverständige zu den Beratungen zuziehen.

(4) [1]Die Mitglieder nach Absatz 3 Satz 1 Nr. 1 können im Rahmen des Landesschulbeirats einen Landeselternrat bilden. [2]Dieser kann Vorschläge und Empfehlungen unmittelbar an das Staatsministerium richten.

(5) Das Staatsministerium regelt das Verfahren bei der Berufung und die Amtszeit der Mitglieder sowie die Geschäftsführung durch Rechtsverordnung. [2]Der Landesschulbeirat gibt sich eine Geschäftsordnung; er kann Fachausschüsse einsetzen.

Abschnitt X
Schule und Erziehungsberechtigte, Schule und Arbeitgeber

Art. 74
Zusammenarbeit der Schule mit den Erziehungsberechtigten

(1) [1]Die gemeinsame Erziehungsaufgabe, die Schule und Erziehungsberechtigte zu erfüllen haben, erfordert eine von gegenseitigem Vertrauen getragene Zusammenarbeit. [2]In einem schulspezifischen Konzept zur Erziehungspartnerschaft zwischen Schule und Erziehungsberechtigten erarbeitet die Schule die Ausgestaltung der Zusammenarbeit; hierbei kann von den Regelungen der Schulordnungen zur Zusammenarbeit der Schule mit den Erziehungsberechtigten abgewichen werden.

(2) [1]Erziehungsberechtigte bzw. Erziehungsberechtigter im Sinn dieses Gesetzes ist, wem nach dem bürgerlichen Recht die Sorge für die Person der minderjährigen Schülerin oder des minderjährigen Schülers obliegt. [2]Pflegepersonen und Heimerzieher, die nach den Bestimmungen des Achten Buchs Sozialgesetzbuch zur Vertretung in der Ausübung der elterlichen Sorge berechtigt sind, stehen im Rahmen ihrer Vertretungsmacht den Erziehungsberechtigten gleich.

Art. 75
Pflichten der Schule

(1) [1]Die Schule ist verpflichtet, die Erziehungsberechtigten, bei volljährigen Schülerinnen und Schülern vor Vollendung des 21. Lebensjahres auch die früheren Erziehungsberechtigten, möglichst frühzeitig über wesentliche, die Schülerin oder den Schüler betreffende Vorgänge, insbesondere ein auffallendes Absinken des Leistungsstands, schriftlich, aber nicht in elektronischer Form zu unterrichten. [2]Ist eine Benachrichtigung unterblieben, so kann daraus ein Recht auf Vorrücken nicht hergeleitet werden.

(2) Steht am Ende eines Schuljahres fest, dass eine Schülerin oder ein Schüler in die nächsthöhere Jahrgangsstufe nicht vorrücken darf oder die Abschlussprüfung nicht bestanden hat,

so ist die Schule verpflichtet, den Erziehungsberechtigten über den weiteren Bildungsweg der Schülerin oder des Schülers eine Beratung anzubieten.

Art. 76
Pflichten der Erziehungsberechtigten

[1]Die Erziehungsberechtigten sind verpflichtet, auf die gewissenhafte Erfüllung der schulischen Pflichten einschließlich der Verpflichtung nach Art. 56 Abs. 4 Satz 4 und der von der Schule gestellten Anforderungen durch die Schülerinnen und Schüler zu achten und die Erziehungsarbeit der Schule zu unterstützten. [2]Die Erziehungsberechtigten müssen insbesondere dafür sorgen, dass minderjährige Schulpflichtige am Unterricht regelmäßig teilnehmen und die sonstigen verbindlichen Schulveranstaltungen besuchen. [3]Nach Maßgabe des Art. 37a sind die Erziehungsberechtigten ferner verpflichtet dafür zu sorgen, dass ein Kind an der Sprachstandserhebung teilnimmt und regelmäßig eine Kindertageseinrichtung mit einem integrierten Vorkurs besucht.

Art. 77
Pflichten der Arbeitgeberinnen und Arbeitgeber

Ausbildende, Arbeitgeberinnen und Arbeitgeber, die Berufsschulpflichtige beschäftigen, haben ebenso wie die von ihnen Beauftragten die Berufsschulpflichtigen zur Teilnahme am Unterricht und zum Besuch der sonstigen verbindlichen Schulveranstaltungen anzuhalten.

Abschnitt XI
Besondere Einrichtungen und Schulgesundheit

Art. 78
Schulberatung

(1) [1]Jede Schule und jede Lehrkraft hat die Aufgabe, die Erziehungsberechtigten und die Schülerinnen und Schüler in Fragen der Schullaufbahn zu beraten und ihnen bei der Wahl der Bildungsmöglichkeiten entsprechend den Anlagen und Fähigkeiten des Einzelnen zu helfen. [2]Zur Unterstützung der Schulen bei der Schulberatung werden Beratungslehrkräfte und Schulpsychologen und Schulpsychologinnen bestellt.

(2) Die Aufgaben, die über den Bereich einer Schule hinausgehen, werden von staatlichen Schulberatungsstellen wahrgenommen.

(3) Das zuständige Staatsministerium erlässt Richtlinien für die Schulberatung und regelt deren Zusammenarbeit mit der Berufsberatung und anderen Beratungsdiensten.

Art. 79
Bildstellenwesen

Die von den Landkreisen und kreisfreien Gemeinden errichteten und unterhaltenen Kreis- und Stadtbildstellen (kommunale Medienzentren) versorgen die Schulen und die Träger außerschulischer Bildungs- und Erziehungsarbeit mit Medien und erfüllen die damit zusammenhängenden pädagogischen Aufgaben.

Art. 80
Schulgesundheit

[1]Kinder haben im Jahr vor der Aufnahme in die Jahrgangsstufe 1 an einer Schuleingangsuntersuchung teilzunehmen. [2]Schülerinnen und Schüler sind verpflichtet, sich den Untersuchungen im Rahmen der Schulgesundheitspflege nach Art. 14 Abs. 5 Sätze 1 und 2 des Gesundheitsdienst- und Verbraucherschutzgesetzes und sonstigen Untersuchungen, die in gesetzlichen Vorschriften vorgesehen sind, durch den öffentlichen Gesundheitsdienst zu unterziehen. [3]Das Grundrecht auf körperliche Unversehrtheit (Art. 2 Abs. 2 Satz 1 des Grundgesetzes) wird insoweit eingeschränkt.

Abschnitt XII
Schulversuche, MODUS-Schulen

Art. 81
Zweck

[1]Schulversuche und MODUS-Schulen dienen der Weiterentwicklung des Schulwesens. [2]Sie haben den Zweck, neue Organisationsformen für Unterricht und Erziehung einschließlich neuer Schularten und wesentliche inhaltliche Änderungen zu erproben.

Art. 82
Zulässigkeit

(1) [1]Schulversuche sind zulässig, wenn sichergestellt ist, dass die Schülerinnen und Schüler im Rahmen des Schulversuchs die gleichen oder gleichwertigen Abschlüsse oder Berechtigungen erwerben können wie an Schulen außerhalb des Schulversuchs. [2]Ferner müssen Schulversuche so gestaltet sein, dass während des Schulversuchs der Übertritt an Schulen außerhalb des Schulversuchs möglich bleibt.

(2) Die von der Durchführung eines Schulversuchs betroffenen Schülerinnen und Schüler haben keinen Anspruch darauf, dass die vor dem Schulversuch in der Schule bestehenden Organisationsformen für Unterricht und Erziehung fortgeführt werden.

(3) In Abweichung von Absatz 1 ist ein Schulversuch zulässig, soweit hierzu das Einverständnis der Erziehungsberechtigten oder der volljährigen Schülerinnen und Schüler vorliegt und den Schülerinnen und Schülern, die am Schulversuch nicht teilnehmen, am Wohnort oder in zumutbarer Entfernung hiervon der Besuch einer Schule der Art möglich ist, wie sie vor Einführung des Schulversuchs bestanden hat.

(4) Schulversuche bedürfen der vorherigen Zustimmung des zuständigen Staatsministeriums.

(5) [1]Zur Verbesserung der Qualität von Unterricht und Erziehung kann das zuständige Staatsministerium im Rahmen der verfügbaren Stellen und Mittel einer bestehenden Schule auf schriftlichen Antrag für einen Zeitraum von fünf Jahren den Status einer MODUS-Schule zuerkennen; auf Antrag kann die Verlängerung des Status um jeweils weitere fünf Jahre gewährt werden. [2]Der Status berechtigt die Schule, Weiterentwicklungsmaßnahmen, insbesondere in den Arbeitsfeldern Unterrichtsentwicklung, Personalentwicklung und Personalführung sowie inner- und außerschulische Partnerschaften, zu erproben. [3]Den MODUS-Schulen ist es gestattet, von den Schulordnungen abzuweichen, soweit sicherge-

stellt ist, dass die Lehrplanziele erreicht und die Maßgaben des Abs. 1 eingehalten werden. [4]Voraussetzung für die erstmalige Zuerkennung und Verlängerung des Status ist, dass im Rahmen einer externen Evaluation die Eignung der Schule hierfür festgestellt wird. [5]Art. 113c gilt entsprechend mit der Maßgabe, dass personenbezogene Daten, die im Rahmen der Eignungsprüfung erhoben werden, nur mit Zustimmung der betroffenen Personen an die Schulaufsichtsbehörden übermittelt werden. [6]Dem zuständigen Staatsministerium ist jede Weiterentwicklungsmaßnahme spätestens am 1. Juni vor Beginn des Schuljahres, in dem die Maßnahme begonnen werden soll, anzuzeigen. [7]Abs. 2 findet entsprechende Anwendung. [8]Die Ausübung der Schulaufsicht bleibt unberührt.

Art. 83
Organisation

(1) [1]Die Einführung eines Schulversuchs an staatlichen Schulen sowie die Antragstellung auf Zuerkennung des Status einer MODUS-Schule erfolgen im Benehmen mit dem Aufwandsträger, soweit dieses nicht bereits nach Art. 26 Abs. 2 herzustellen ist. [2]Die Antragstellung auf Zuerkennung des Status einer MODUS-Schule an kommunale Schulen erfolgt im Einvernehmen mit dem Schulträger.

(2) [1]Schulversuche sind vor ihrer Einführung, der Status einer MODUS-Schule unverzüglich nach der Zuerkennung, den Erziehungsberechtigten der vom Schulversuch betroffenen Schülerinnen und Schüler oder bei Volljährigkeit den Schülerinnen und Schülern selbst und außerdem im Amtsblatt des zuständigen Staatsministeriums bekannt zu machen. [2]Die Bekanntmachung muss bei einem Schulversuch Auskunft über Ziel, Inhalt und Dauer sowie über die im Rahmen des Schulversuchs möglichen Abschlüsse und Berechtigungen, bei der Zuerkennung des Status einer MODUS-Schule über den Akt der Zuerkennung und dessen Dauer geben. [3]Im Übrigen gelten für die zur Durchführung eines Schulversuchs notwendige Errichtung oder Auflösung von Schulen die für die betreffenden Schulen erlassenen Vorschriften.

(3) Das zuständige Staatsministerium kann durch Rechtsverordnung die Schul- und Dienst-aufsicht und die Zuständigkeiten hierfür abweichend von den geltenden Vorschriften regeln, soweit dies zur Durchführung des Schulversuchs und zur Aufsicht über die MODUS-Schulen notwendig ist.

Abschnitt XIII
Kommerzielle und politische Werbung, Erhebung und Verarbeitung von Daten

Art. 84
Kommerzielle und politische Werbung

(1) [1]Der Vertrieb von Gegenständen aller Art, Ankündigungen und Werbung hierzu, das Sammeln von Bestellungen sowie der Abschluss sonstiger Geschäfte sind in der Schule untersagt. [2]Ausnahmen im schulischen Interesse insbesondere für Sammelbestellungen regelt die Schulordnung.

(2) Politische Werbung im Rahmen von Schulveranstaltungen oder auf dem Schulgelände ist nicht zulässig.

(3) [1]Schülerinnen und Schüler dürfen Abzeichen, Anstecknadeln, Plaketten, Aufkleber und ähnliche Zeichen tragen, wenn dadurch nicht der Schulfriede, der geordnete Schul-

betrieb, die Erfüllung des Bildungs- und Erziehungsauftrags, das Recht der persönlichen Ehre oder die Erziehung zur Toleranz gefährdet wird. [2]Im Zweifelsfall entscheidet hierüber die Schulleiterin bzw. der Schulleiter. [3]Die bzw. der Betroffene kann die Behandlung im Schulforum verlangen.

Art. 85
Erhebung, Verarbeitung und Nutzung von Daten

(1) [1]Die Schulen dürfen die zur Erfüllung der ihnen durch Rechtsvorschriften zugewiesenen Aufgaben erforderlichen Daten erheben, verarbeiten und nutzen. [2]Dazu gehören personenbezogene Daten der Schülerinnen und Schüler und deren Erziehungsberechtigten, der Lehrkräfte und des nicht unterrichtenden Personals. [3]Es sind dies bei den Schülerinnen und Schülern insbesondere Name, Adressdaten, Staatsangehörigkeit, Religionszugehörigkeit (soweit für die Schulpraxis erforderlich), Migrationshintergrund (Geburtsland, Jahr des Zuzugs nach Deutschland, Muttersprache deutsch/nicht deutsch), Leistungsdaten, Daten zur schulischen und beruflichen Vorbildung sowie zur Berufsausbildung, bei den Lehrkräften insbesondere Name, Staatsangehörigkeit, Angaben zur Lehrbefähigung und zum Unterrichtseinsatz, bei den Erziehungsberechtigten Name und Adressdaten. [4]Die Betroffenen sind zur Angabe der Daten verpflichtet und sind bei der Datenerhebung auf diese Rechtsvorschrift hinzuweisen. [5]Die Schulen sind verpflichtet,

1. Daten gemäß Art. 85a Abs. 2 und Art. 113a Abs. 2 mittels des vom Staatsministerium bereitgestellten Schulverwaltungsprogramms zu verarbeiten,
2. Daten gemäß Art. 85a Abs. 2 laufend zu aktualisieren und zeitnah sowie plausibel an die gemäß Art. 85a Abs. 1 Satz 1 beauftragte Stelle weiterzugeben,
3. soweit erforderlich, Daten gemäß Art. 113a Abs. 2 zum 1. Oktober betreffend Lehrkräfte an allgemein bildenden Schulen bzw. zum 20. Oktober betreffend Lehrkräfte an beruflichen Schulen plausibel über die gemäß Art. 113a Abs. 1 Satz 1 beauftragte Stelle an die jeweils zuständige Schulaufsichtsbehörde zu übermitteln; staatliche Schulen sind darüber hinaus verpflichtet, im Zeitraum April bis Mai eine Übermittlung vorzunehmen.

[6]§ 50 des Beamtenstatusgesetzes (BeamtStG) und Art. 102 bis 111 des Bayerischen Beamtengesetzes (BayBG) bleiben unberührt.

(1a) [1]Für jede Schülerin und jeden Schüler führen die Schulen die für das Schulverhältnis wesentlichen Unterlagen als Schülerunterlagen. [2]Die Schülerunterlagen sind vertraulich zu behandeln und durch geeignete technische und organisatorische Maßnahmen vor unberechtigtem Zugriff zu sichern. [3]Das zuständige Staatsministerium regelt durch Rechtsverordnung insbesondere den Inhalt, die Verwendung, vor allem den Zugriff und die Weitergabe, sowie die Art und Dauer der Aufbewahrung der Schülerunterlagen.

(2) [1]Die Weitergabe von Daten und Unterlagen über Schülerinnen und Schüler und Erziehungsberechtigte an außerschulische Stellen ist im Übrigen untersagt, falls nicht ein rechtlicher Anspruch auf die Herausgabe der Daten nachgewiesen wird. [2]Das Recht, Straftaten oder Ordnungswidrigkeiten anzuzeigen, bleibt unberührt. [3]Werden Schulpflichtige, die nicht Bürgerinnen oder Bürger der Europäischen Union bzw. anderer Vertragsstaaten des Europäischen Wirtschaftsraums sind, erstmals an einer Grundschule angemeldet und stellt die Schule fest, dass sie nicht über hinreichende Deutschkenntnisse für einen erfolgreichen Schulbesuch verfügen, teilt sie dies der zuständigen Ausländerbehörde mit, damit integrationsfördernde Maßnahmen ergriffen werden können.

(3) Gibt eine Schule für die Schülerinnen und Schüler und Erziehungsberechtigten einen Jahresbericht heraus, so dürfen darin folgende personenbezogene Daten enthalten sein:

Name, Geburtsdatum, Jahrgangsstufe und Klasse der Schülerinnen und Schüler, Name, Fächerverbindung und Verwendung der einzelnen Lehrkräfte, Angaben über besondere schulische Tätigkeiten und Funktionen einzelner Lehrkräfte, Schülerinnen und Schüler und Erziehungsberechtigter.

Art. 85a
Automatisiertes Verfahren zur Unterstützung der Schulen

(1) [1]Das Staatsministerium kann für die Schulen eine öffentliche Stelle gemäß Art. 6 des Bayerischen Datenschutzgesetzes (BayDSG) beauftragen, personenbezogene Daten von Schülerinnen und Schülern und deren Erziehungsberechtigten zu den in Abs. 2 genannten schulübergreifenden Verwaltungszwecken zu verarbeiten; die Schulen werden von der Auftragserteilung unterrichtet; sie bleiben für diese Daten verantwortlich. [2]Die datenschutzrechtliche Gesamtverantwortung liegt beim Staatsministerium.

(2) Bei der gemäß Abs. 1 Satz 1 beauftragten Stelle können zur Unterstützung der Schulanmeldung, des Schulwechsels, der Kooperation von Schulen und zur Überwachung der Schulpflicht folgende personenbezogenen Daten verarbeitet werden:

1. Daten von Schülerinnen und Schülern:
   a) nicht schuljahresbezogene Daten:
   Name, Vornamen, Tag der Geburt, Geburtsort, Geschlecht, Staatsangehörigkeit, Migrationshintergrund (Geburtsland, Jahr des Zuzugs nach Deutschland, Muttersprache deutsch/nicht deutsch), Religionszugehörigkeit (soweit für die Schulpraxis erforderlich), Jahr der Ersteinschulung, erworbene Abschlüsse, Adressdaten;
   b) schuljahresbezogene Daten:
   Daten zur Förderung (sonderpädagogische Förderung, Teilleistungsstörungen, sonstige Fördermaßnahmen), ganztägige Betreuung, Schülerheim, Gastschulverhältnis, übertrittsrelevante Daten zur Schullaufbahn (aktuell besuchte Schule, Schulpflicht, Feststellung zur Übertrittseignung betreffend Mittelschule, Realschule und Gymnasium, Vorbildung, Austrittsdatum, Zielschule), Daten zum aktuellen Unterricht (Jahrgangsstufe, Bildungsgang, Fremdsprachen, Berufsausbildung, Erreichen des Ziels der Jahrgangsstufe [ja/nein], Art der Wiederholung, Art des Vorrückens);
2. Daten der Erziehungsberechtigten (an öffentlichen Schulen und staatlich anerkannten Ersatzschulen mit dem Charakter öffentlicher Schulen auch Daten früherer Erziehungsberechtigter bei volljährigen Schülerinnen und Schülern vor Vollendung des 21. Lebensjahres):
   Name, Adressdaten;
3. die unter Nr. 1 Buchst. a genannten Daten von externen Prüfungsteilnehmerinnen und Prüfungsteilnehmern ausgenommen die Religionszugehörigkeit.

(3) [1]Ausschließlich den Schulen und nur zur Erfüllung der in Abs. 2 genannten Dienstaufgaben dürfen von der gemäß Abs. 1 Satz 1 beauftragten Stelle die in Abs. 2 genannten Daten weitergegeben werden. [2]Dies ist durch organisatorische und technische Vorkehrungen dauerhaft zu gewährleisten. [3]Datenabrufe sind an den Schulen zu protokollieren. [4]Soweit zur Herstellung der landesweiten Eindeutigkeit Ordnungsmerkmale technisch erzeugt werden, dürfen diese weder bei der beauftragten Stelle noch bei den Schulen einsehbar sein.

(4) Die in Abs. 2 Nr. 1 Buchst. a und Nr. 2 genannten Daten werden sechs Jahre nach dem Ausscheiden der Schülerin oder des Schülers aus dem bayerischen Schulsystem gelöscht; die übrigen in Abs. 2 genannten Daten werden spätestens ein Jahr nach der Erhebung gelöscht.

Abschnitt XIV
Erziehungs-, Ordnungs- und Sicherungsmaßnahmen

Art. 86
Erziehungsmaßnahmen, Ordnungsmaßnahmen

(1) [1]Zur Sicherung des Bildungs- und Erziehungsauftrags oder zum Schutz von Personen und Sachen können Erziehungsmaßnahmen gegenüber Schülerinnen und Schülern getroffen werden. [2]Dazu zählt bei nicht hinreichender Beteiligung der Schülerin oder des Schülers am Unterricht auch eine Nacharbeit unter Aufsicht einer Lehrkraft. [3]Soweit andere Erziehungsmaßnahmen nicht ausreichen, können Ordnungs- und Sicherungsmaßnahmen ergriffen werden. [4]Maßnahmen des Hausrechts bleiben stets unberührt. [5]Alle Maßnahmen werden nach dem Grundsatz der Verhältnismäßigkeit ausgewählt.

(2) Ordnungsmaßnahmen sind:

1. der schriftliche Verweis,
2. der verschärfte Verweis,
3. die Versetzung in eine Parallelklasse der gleichen Schule,
4. der Ausschluss in einem Fach bei schwerer oder wiederholter Störung des Unterrichts in diesem Fach oder von einer sonstigen Schulveranstaltung für die Dauer von bis zu vier Wochen,
5. der Ausschluss vom Unterricht für bis zu sechs Unterrichtstage, bei Berufsschulen mit Teilzeitunterricht für höchstens zwei Unterrichtstage,
6. der Ausschluss vom Unterricht für zwei bis vier Wochen ab dem siebten Schulbesuchsjahr bei Gefährdung von Rechten Dritter oder der Aufgabenerfüllung der Schule durch schweres oder wiederholtes Fehlverhalten (schulische Gefährdung),
7. der Ausschluss vom Unterricht für mehr als vier Wochen, längstens bis zum Ablauf des laufenden Schuljahres, an Mittelschulen und Mittelschulstufen der Förderschulen ab dem siebten Schulbesuchsjahr bzw. an Berufsschulen sowie Berufsschulen zur sonderpädagogischen Förderung bei einer schulischen Gefährdung,
8. bei Pflichtschulen die Zuweisung an eine andere Schule der gleichen Schulart bei einer schulischen Gefährdung,
9. die Androhung der Entlassung von der Schule bei einer schulischen Gefährdung,
10. die Entlassung von der Schule bei einer schulischen Gefährdung,
11. der Ausschluss von allen Schulen einer Schulart, wenn bei einer Entlassung nach Nr. 10 Tatumstände gegeben sind, die die Ordnung oder die Sicherheit des Schulbetriebs oder die Verwirklichung des Bildungsziels der betreffenden Schulart besonders gefährden sowie
12. der Ausschluss von allen Schulen mehrerer Schularten unbeschadet der Erfüllung der Schulpflicht, wenn eine rechtskräftige Verurteilung wegen einer vorsätzlich begangenen Straftat zu einer Freiheitsstrafe von mindestens einem Jahr erfolgt ist, die Strafe noch der unbeschränkten Auskunft unterliegt und wenn nach der Art der begangenen Straftat die Ordnung oder die Sicherheit des Schulbetriebs oder die Verwirklichung der Bildungsziele der Schule erheblich gefährdet ist.

(3) Unzulässig sind:

1. körperliche Züchtigung,
2. die Verhängung von Ordnungsmaßnahmen gegenüber Klassen oder Gruppen als solche,
3. Ordnungsmaßnahmen nach Abs. 2 Nr. 6 und 7 gegenüber Schulpflichtigen in Berufsschulen und in Berufsschulen zur sonderpädagogischen Förderung, die in einem Ausbildungsverhältnis stehen,
4. Ordnungsmaßnahmen nach Abs. 2 Nr. 9 bis 12 gegenüber Schulpflichtigen in Pflichtschulen; gegenüber Schulpflichtigen in Berufsschulen, die in keinem Ausbildungsverhältnis stehen, sowie gegenüber Schulpflichtigen, die die Mittelschule nach Beendigung der Vollzeitschulpflicht besuchen, sind jedoch Ordnungsmaßnahmen nach Abs. 2 Nr. 9 und 10 zulässig,
5. Ordnungsmaßnahmen auf Grund außerschulischen Verhaltens, soweit es nicht die Verwirklichung der Aufgaben der Schule gefährdet und
6. andere als die in Abs. 2 aufgeführten Ordnungsmaßnahmen.

Art. 87
Sicherungsmaßnahmen

(1) [1]Eine Schülerin oder ein Schüler kann auch bei bestehender Schulpflicht vorläufig vom Besuch der Schule bzw. der praktischen Ausbildung ausgeschlossen werden, wenn ihr bzw. sein Verhalten das Leben oder in erheblicher Weise die Gesundheit gefährdet von

1. Schülerinnen bzw. Schülern,
2. Lehrkräften,
3. sonstigem an der Schule tätigem Personal oder
4. anderen Personen im Rahmen ihrer schulischen oder praktischen Ausbildung

und die Gefahr nicht anders abwendbar ist. [2]Der vorläufige Ausschluss endet spätestens mit der Vollziehbarkeit der Entscheidung über schulische Ordnungsmaßnahmen, über die Überweisung an eine Förderschule oder über eine Aufnahme in eine Schule für Kranke oder in eine andere Einrichtung, an der die Schulpflicht erfüllt werden kann. [3]Der vorläufige Ausschluss soll auf wegen desselben Sachverhalts später gegebenenfalls nach Art. 86 verhängte Ausschlussmaßnahmen angerechnet werden.

(2) Beeinträchtigt das Verhalten der Schülerin bzw. des Schülers den Bildungsanspruch der Mitschülerinnen und Mitschüler schwerwiegend und dauerhaft oder wäre eine solche Beeinträchtigung zu erwarten, kann bei einer Ordnungsmaßnahme nach Art. 86 Abs. 2 Nr. 7 auch entschieden werden, dass

1. die Vollzeitschulpflicht der Schülerin bzw. des Schülers mit Ablauf des achten Schulbesuchsjahres beendet wird,
2. nach Beendigung der Vollzeitschulpflicht nach Nr. 1 auch die Berufsschulpflicht beendet wird, wenn die Schülerin oder der Schüler noch nicht in die Berufsschule oder die Berufsschule zur sonderpädagogischen Förderung aufgenommen ist, oder
3. die Berufsschulpflicht beendet wird, wenn die Schülerin oder der Schüler bereits in die Berufsschule oder die Berufsschule zur sonderpädagogischen Förderung aufgenommen ist.

Art. 88
Zuständigkeit und Verfahren

(1) Über Ordnungsmaßnahmen entscheidet in den Fällen des Art. 86 Abs. 2

1. Nr. 1 die Lehrkraft oder Förderlehrkraft,
2. Nr. 2 bis 5 die Schulleiterin bzw. der Schulleiter,
3. Nr. 6, 7, 9 und 10 die Lehrerkonferenz; im Fall der Nr. 7 im Einvernehmen mit dem örtlichen Träger der öffentlichen Jugendhilfe im Hinblick auf mögliche Leistungen nach Maßgabe des Achten Buches Sozialgesetzbuch; im Fall der Nr. 10 im Einvernehmen mit der zuständigen Schulaufsichtsbehörde sofern sich der Elternbeirat mit einer Zwei-Drittel-Mehrheit gegen die Entlassung ausgesprochen hat,
4. Nr. 8 die zuständige Schulaufsichtsbehörde auf Antrag der Lehrerkonferenz und
5. Nr. 11 und 12 das zuständige Staatsministerium; im Fall der Nr. 11 auf unmittelbar nach dem Beschluss über die Entlassung gestellten Antrag der Lehrerkonferenz.

(2) Über Sicherungsmaßnahmen entscheidet in den Fällen des Art. 87

1. Abs. 1 die Schulleiterin bzw. der Schulleiter,
2. Abs. 2 die Schulaufsichtsbehörde im Einvernehmen mit dem örtlichen Träger der öffentlichen Jugendhilfe im Hinblick auf mögliche Leistungen nach Maßgabe des Achten Buches Sozialgesetzbuch; bei Maßnahmen nach Art. 87 Abs. 2 Nr. 1 und 3 ist ein Antrag der Lehrerkonferenz erforderlich.

(3) [1]Vor der jeweiligen Entscheidung sind anzuhören

1. die Schülerin bzw. der Schüler bei Ordnungsmaßnahmen und bei Sicherungsmaßnahmen nach Art. 87 Abs. 2,
2. die Erziehungsberechtigten bei Maßnahmen nach Art. 86 Abs. 2 Nr. 3 bis 12 und Art. 87 Abs. 2 sowie
3. die Beratungslehrkräfte oder Schulpsychologen, soweit es für die Entscheidung über Maßnahmen nach Art. 86 Abs. 2 Nr. 9 bis 12 und Art. 87 Abs. 2 erforderlich erscheint.

[2]Außerdem sind auf Antrag der Schülerin oder des Schülers oder der Erziehungsberechtigten anzuhören

1. Beratungslehrkräfte und Schulpsychologen bei Ordnungsmaßnahmen nach Art. 86 Abs. 2 Nr. 3 bis 8,
2. eine Lehrkraft ihres Vertrauens bei Ordnungsmaßnahmen nach Art. 86 Abs. 2 Nr. 3 bis 12,
3. der Elternbeirat bei Ordnungsmaßnahmen, welche der Entscheidung oder des Antrags der Lehrerkonferenz bedürfen.

[3]Vor jeder Entscheidung oder einem Antrag der Lehrerkonferenz über Ordnungs- und Sicherungsmaßnahmen können die Schülerin bzw. der Schüler sowie die Erziehungsberechtigten auf Antrag in der Konferenz persönlich vortragen. [4]Auf die Rechte nach Satz 2 sind die Betroffenen rechtzeitig hinzuweisen.

(4) [1]Über getroffene Ordnungs- und Sicherungsmaßnahmen sind zu unterrichten

1. die Schülerin oder der Schüler,

2. die Erziehungsberechtigten,
3. die früheren Erziehungsberechtigten bei Maßnahmen nach Art. 86 Abs. 2 Nr. 3 bis 12 und Art. 87, solange die Schülerin oder der Schüler noch nicht das 21. Lebensjahr vollendet hat,
4. das zuständige staatliche Schulamt bzw. die zuständige oder nächstgelegene Berufsschule bei Ordnungsmaßnahmen nach Art. 86 Abs. 2 Nr. 10, solange die Schulpflicht besteht,
5. die Schulaufsichtsbehörde, die Polizei, der örtliche Träger der Jugendhilfe und die Beratungslehrkräfte bzw. Schulpsychologen bei Sicherungsmaßnahmen nach Art. 87 Abs. 1.

[2]Die Erziehungsberechtigten sind in den Fällen des Art. 86 Abs. 2 Nr. 4 bis 12 vor dem Vollzug rechtzeitig und schriftlich unter Angabe des zugrunde liegenden Sachverhalts zu unterrichten; für Erziehungsmaßnahmen des Art. 86 Abs. 1 Satz 2 gilt dies entsprechend. [3]Im Übrigen kann die Unterrichtung nach Vollzug erfolgen.

(5) Das Einvernehmen des örtlichen Trägers der Jugendhilfe gilt als erteilt, wenn er im Fall des Art. 86 Abs. 2 Nr. 7 nicht binnen zwei, im Fall des Art. 87 Abs. 2 nicht binnen vier Wochen, nach Information über die beabsichtigte Maßnahme schriftlich widerspricht.

(6) [1]Eingeleitete Ausschluss- oder Entlassungsverfahren werden durch einen späteren Schulwechsel nicht berührt. [2]Bis zum Abschluss des Verfahrens gilt die Schülerin oder der Schüler in Bezug auf dieses Verfahren auch bei einem Schulwechsel als Angehöriger derjenigen Schule, die das Verfahren eingeleitet hat.

(7) Die Anordnung von Ordnungs- und Sicherungsmaßnahmen in elektronischer Form ist ausgeschlossen.

(8) Widerspruch und Anfechtungsklage gegen Ordnungs- und Sicherungsmaßnahmen nach den Art. 86 Abs. 2 sowie Art. 87 haben keine aufschiebende Wirkung.

Art. 88a
Wiederzulassung

[1]Eine entlassene Schülerin oder ein entlassener Schüler kann jederzeit an einer anderen Schule aufgenommen werden. [2]In die früher besuchte Schule kann sie bzw. er frühestens ein halbes Jahr nach Entlassung und nur zum Schuljahresbeginn wieder eintreten, wenn sie bzw. er sich inzwischen tadelfrei geführt hat und andere öffentliche Schulen der gleichen Schulart und Ausbildungsrichtung nicht in zumutbarer Entfernung besucht werden können. [3]In die zuständige Berufsschule ist sie bzw. er bei Neuaufnahme eines Ausbildungsverhältnisses jederzeit, im Übrigen auf Antrag frühestens drei Monate nach Entlassung wieder aufzunehmen, wenn ein regelmäßiger Schulbesuch zu erwarten ist. [4]Nach zweimaliger Entlassung bedarf die Wiederaufnahme der Genehmigung des zuständigen Staatsministeriums, welches auch die Schule bestimmt; die Wiederaufnahme kann nur an einer anderen Schule der gleichen Schulart und nur zum Schuljahresbeginn erfolgen.

Abschnitt XV
Schulordnung

Art. 89

(1) [1]Das zuständige Staatsministerium kann im Rahmen des in Art. 131 der Verfassung und in Art. 1 bestimmten Bildungs- und Erziehungsauftrags durch Rechtsverordnung Näheres zum Schulbetrieb an öffentlichen Schulen regeln. [2]Dabei ist der nötige erzieherische Freiraum für jede Lehrkraft zu gewährleisten. [3]Die Schulordnungen können insbesondere regeln:

1. den Aufbau der einzelnen Schularten, Ausbildungs- und Fachrichtungen, soweit dies über die Regelungen dieses Gesetzes hinaus erforderlich ist; zusätzliche Ausbildungs- und Fachrichtungen können aus besonderen pädagogischen, fachlichen oder beruflichen Gründen vorgesehen werden,
2. das Aufnahmeverfahren,
3. die Entscheidung über Durchführung und Verbindlichkeit von sonstigen schulinternen wie schulübergreifenden Schulveranstaltungen,
4. die Unterrichtszeit,
5. den Unterricht und das Vorrücken in der Schule, einschließlich der Wiederholung und des Überspringens einzelner Jahrgangsstufen oder Ausbildungsabschnitte, des Vorrückens auf Probe und der Nachprüfung; dabei sind das Verfahren und die für die Entscheidung maßgeblichen Fächer und Schülerleistungen sowie die hierfür geltenden Bewertungsgrundsätze zu regeln,
6. den Unterricht für Schülerinnen und Schüler mit nichtdeutscher Muttersprache, soweit dies über die Regelungen für deutsche Schülerinnen und Schüler hinaus erforderlich ist,
7. die während des Schulbesuchs und, soweit keine besonderen Prüfungen stattfinden, bei dessen Abschluss zu erteilenden Zeugnisse einschließlich der zu bewertenden Fächer, der Bewertungsgrundsätze und der mit einem erfolgreichen Abschluss verbundenen Berechtigungen,
8. Rechte und Pflichten der Schülerinnen und Schüler, insbesondere die Pflicht zur Teilnahme am Unterricht sowie der Vorlage ärztlicher und schulärztlicher Zeugnisse; für einzelne Schularten und Schulveranstaltungen, bei denen ein erhöhtes Haftungsrisiko besteht, kann der Abschluss einer Schülerhaftpflichtversicherung verlangt werden,
9. Rechte und Pflichten der Erziehungsberechtigten und der für die Berufsausbildung der Schülerinnen und Schüler Mitverantwortlichen gegenüber der Schule,
10. die Zulässigkeit von Erhebungen und Sammlungen sowie die Verteilung von Druckschriften in Schulen,
11. die finanzielle Abwicklung von Veranstaltungen im Rahmen der Schülermitverantwortung sowie von sonstigen schulischen Veranstaltungen,
12. die Abschlussprüfungen, insbesondere
    a) Zweck der Prüfung, Prüfungsgegenstände und Prüfungsanforderungen,
    b) das Prüfungsverfahren einschließlich der Zusammensetzung des Prüfungsausschusses, der Zulassungsvoraussetzungen, der Bewertungsgrundsätze und der Voraussetzungen des Bestehens der Prüfung,

c) die Erteilung von Prüfungszeugnissen und die mit einer erfolgreichen Prüfung verbundenen Berechtigungen sowie die Folgen des Nichtbestehens der Prüfung,

d) die Teilnahme von Bewerberinnen und Bewerbern, die an der von ihnen besuchten Schule die gewünschte Berechtigung nicht erlangen können; in Prüfungsvorschriften sind die Besonderheiten im Sinn des Art. 90 zu berücksichtigen; es ist sicherzustellen, dass bei den Prüfungen die Schülerinnen und Schüler genehmigter Ersatzschulen gegenüber den Schülerinnen und Schülern der entsprechenden öffentlichen Schulen nicht benachteiligt werden,

e) die Teilnahme von Bewerberinnen und Bewerbern, die keiner Schule angehören; die Abschlussprüfungen können auch in gesonderten Prüfungsordnungen geregelt werden,

13. die Voraussetzungen für den Erwerb eines qualifizierenden Abschlusses der Mittelschule.

(2) [1]Soweit für kommunale Schulen keine Schulordnungen nach Abs. 1 existieren, können diese vom Schulträger erlassen werden; sie bedürfen der Genehmigung des Staatsministeriums. [2]Schulordnungen für Fachakademien außerhalb des Geschäftsbereichs des Staatsministeriums bedürfen dessen Einvernehmens.

(3) In Rechtsverordnungen nach Abs. 2 können Abweichungen vorgesehen werden

1. von den Art. 5, 13, 52 bis 55, 62 und 86 bis 88a für Schulen des Gesundheitswesens, Schulen für sozialpflegerische und sozialpädagogische Berufe und Schulen mit künstlerischer Ausbildungsrichtung, soweit dies im Hinblick auf Bundesrecht über die Zulassung zu nicht ärztlichen Heilberufen oder wegen der Verbindung der Schule mit einer Einrichtung, die anderen als Unterrichtszwecken dient, oder zur Wahrung des Wohls von Patienten und anderen Pflegebefohlenen erforderlich ist,
2. von den Art. 5, 48, 56, 62 bis 69, 86 und 87 für Schulen, die überwiegend von Erwachsenen besucht werden, soweit dies wegen des erwachsenenspezifischen Charakters der Ausbildung erforderlich ist, und
3. von den Art. 49 bis 55, 62, 63 und 69 für Förderschulen und Schulen für Kranke, soweit dies wegen des sonderpädagogischen Förderbedarfs oder der Krankheit der Schülerinnen oder Schüler erforderlich ist.

Dritter Teil
Private Unterrichtseinrichtungen

Abschnitt I
Private Schulen (Schulen in freier Trägerschaft)

a) Aufgabe

Art. 90

[1]Private Schulen dienen der Aufgabe, das öffentliche Schulwesen zu vervollständigen und zu bereichern. [2]Sie sind im Rahmen der Gesetze frei in der Entscheidung über eine besondere pädagogische, religiöse oder weltanschauliche Prägung, über Lehr- und Erziehungsmethoden, über Lehrstoff und Formen der Unterrichtsorganisation. [3]Die Bestimmungen über die Schulpflicht gelten auch an Privatschulen. [4]Für die privaten Schulvorbereitenden Einrichtungen (Art. 22 Abs. 1) gelten die Bestimmungen dieses Gesetzes entsprechend.

b) Ersatzschulen

Art. 91
Begriffsbestimmung

Ersatzschulen sind private Schulen, die in ihren Bildungs- und Erziehungszielen öffentlichen im Freistaat Bayern vorhandenen oder vorgesehenen Schulen entsprechen.

Art. 92
Genehmigung

(1) [1]Ersatzschulen dürfen nur mit staatlicher Genehmigung errichtet und betrieben werden. [2]Der Antrag ist mit allen erforderlichen Unterlagen spätestens vier Monate vor Schuljahresbeginn bei der Schulaufsichtsbehörde einzureichen.

(2) Die Genehmigung ist zu erteilen, wenn

1. derjenige, der eine Ersatzschule errichten, betreiben oder leiten will, die Gewähr dafür bietet, dass er nicht gegen die verfassungsmäßige Ordnung verstößt,
2. die Ersatzschule in ihren Lehrzielen und Einrichtungen sowie in der wissenschaftlichen oder künstlerischen Ausbildung ihrer Lehrkräfte hinter den öffentlichen Schulen nicht zurücksteht (Art. 4, 93 und 94), insbesondere muss ein Mitglied der Schulleitung Lehrkraft der Schule sein,
3. eine Sonderung der Schülerinnen und Schüler nach den Besitzverhältnissen der Eltern nicht gefördert wird (Art. 96),
4. die wirtschaftliche und rechtliche Stellung der Lehrkräfte genügend gesichert ist (Art. 97).

(3) Eine Grundschule ist als Ersatzschule nur zuzulassen, wenn die zuständige Regierung als Schulaufsichtsbehörde ein besonderes pädagogisches Interesse anerkennt oder, auf Antrag von Erziehungsberechtigten, wenn sie als Gemeinschaftsschule, als Bekenntnis- oder Weltanschauungsschule errichtet werden soll und eine öffentliche Grundschule dieser Art in der betreffenden Gemeinde nicht besteht.

(4) In der Werkberufsschule übernimmt der Ausbildende sowohl die Berufsausbildung als auch die schulische Bildung der Schülerinnen und Schüler.

(5) [1]Auf staatlich genehmigte Ersatzschulen finden Art. 31 Abs. 1 Satz 2, Art. 45 Abs. 1 Satz 3, Art. 50, 52 Abs. 2 und 3, Art. 56 Abs. 4, Art. 80, 85, 85a und 113b Anwendung; Art. 90 bleibt unberührt. [2]Staatlich genehmigte Ersatzschulen können die Noten (Art. 52 Abs. 2) durch eine allgemeine Bewertung (z. B. Wortgutachten) ersetzen. [3]Staatlich genehmigten Ersatzschulen, die für Kinder nichtdeutscher Staatsangehöriger bestimmt sind, kann ein von Art. 5 Abs. 1 abweichendes Schuljahr genehmigt werden.

(6) [1]Ersatzschulen, die eine nicht nur vorläufige Genehmigung haben (Art. 98 Abs. 1), dürfen die zusätzliche Bezeichnung „staatlich genehmigt“ führen. [2]Art. 29 findet entsprechende Anwendung.

(7) [1]Private Berufsfachschulen, die am 1. August 1986 als genehmigte Ersatzschulen betrieben wurden, behalten auch dann ihren Status als Ersatzschule, wenn die Voraussetzungen des Art. 91 nicht gegeben sind. [2]Bei wesentlichen Änderungen, insbesondere bei einem Schulträgerwechsel, erlischt der Bestandsschutz der Berufsfachschule.

Art. 93
Mindestlehrpläne, Mindeststundentafeln, Prüfungsordnungen

[1]Das zuständige Staatsministerium kann Mindestlehrpläne und Mindeststundentafeln erlassen oder genehmigen, den Abschluss der Ausbildung von Prüfungen abhängig machen, Prüfungsordnungen erlassen oder genehmigen und Schulordnungen genehmigen. [2]Das zuständige Staatsministerium kann in Einzelfällen Ausnahmen genehmigen.

Art. 94
Voraussetzungen für die Unterrichtsgenehmigung, persönliche Eignung

(1) [1]Die Anforderungen an die Ausbildung der Lehrkräfte sind erfüllt, wenn eine fachliche und pädagogische Ausbildung sowie Prüfungen nachgewiesen werden, die der Ausbildung und den Prüfungen der Lehrkräfte an den entsprechenden öffentlichen Schulen gleichartig sind oder ihnen im Wert gleichkommen. [2]Die Anforderungen an die persönliche Eignung der Lehrkraft sind erfüllt, wenn in der Person der Lehrkraft keine schwerwiegenden Tatsachen vorliegen, die einer unterrichtlichen oder erzieherischen Tätigkeit (Art. 59 Abs. 1 Satz 1) entgegenstehen. [3]Die persönliche Eignung liegt insbesondere dann nicht vor, wenn die Lehrkraft rechtskräftig wegen einer Straftat nach §§ 171, 174 bis 174c, 176 bis 180a, 181a, 182 bis 184f, 225, 232 bis 233a, 234, 235 oder 236 des Strafgesetzbuchs verurteilt worden ist.

(2) Das zuständige Staatsministerium verzichtet auf den Nachweis gemäß Abs. 1 Satz 1, wenn die Eignung der Lehrkraft durch gleichwertige freie Leistungen nachgewiesen wird.

(3) [1]Der Nachweis der pädagogischen Eignung kann im Rahmen der Tätigkeit an der Privatschule innerhalb einer von der Schulaufsichtsbehörde zu bestimmenden Frist erbracht werden. [2]Eine Genehmigung ist zunächst unter Vorbehalt des Widerrufs für eine Probezeit zu erteilen, die bis zu drei Jahren dauern darf; nach Ablauf dieser Probezeit ist die Genehmigung entweder endgültig zu versagen oder zu erteilen.

(4) Wird die Verwendung einer Lehrkraft von der zuständigen Schulaufsichtsbehörde nicht genehmigt, so können die betroffenen Schulen eine mündliche Erörterung zwischen Vertretern der Schule und der Schulaufsichtsbehörde verlangen.

(5) Für die Anforderungen an die persönliche Eignung von Personen im Sinn des Art. 60 sowie von Beschäftigten oder sonstigen schulischen Mitarbeiterinnen und Mitarbeitern, die mit erzieherischen oder pflegerischen Aufgaben betraut sind, gelten Abs. 1 Sätze 2 und 3 entsprechend.

Art. 95
Untersagung der Tätigkeit

Die Schulaufsichtsbehörde kann Schulleiterinnen und Schulleitern, Lehrkräften und Beschäftigten oder sonstigen schulischen Mitarbeiterinnen und Mitarbeitern, die mit erzieherischen oder pflegerischen Aufgaben betraut sind, die Ausübung ihrer Tätigkeit untersagen, wenn Tatsachen vorliegen, die die Annahme rechtfertigen, dass sie die für die Tätigkeit erforderliche Eignung nicht besitzen, oder wenn die Schule ohne die erforderliche Genehmigung betrieben wird.

Art. 96
Keine Sonderung der Schülerinnen und Schüler

[1]Um eine Sonderung der Schülerinnen und Schüler nach den Besitzverhältnissen der Eltern zu vermeiden, sind, soweit notwendig, von den Trägern der Privatschulen Erleichterungen bezüglich des Schul- oder Heimgeldes oder Beihilfen in einem Umfang zu gewähren, der es

auch einer für die Größe der Schule oder des Schülerheims angemessenen Zahl finanziell bedürftiger Schülerinnen und Schüler ermöglicht, die Schule zu besuchen. [2]Erziehung, Unterricht und Heimleben sind so zu gestalten, dass keine Unterscheidungen nach Herkunft, Stand, Einkommen und Vermögen der Eltern gemacht werden.

Art. 97
Wirtschaftliche und rechtliche Stellung der Lehrkräfte

(1) Die wirtschaftliche und rechtliche Stellung der Lehrkräfte an einer Ersatzschule, die nicht einer kirchlichen Genossenschaft angehören, ist dann genügend gesichert, wenn

1. über das Anstellungsverhältnis ein schriftlicher oder (unter Verwendung einer dauerhaft überprüfbaren qualifizierten elektronischen Signatur) elektronischer Vertrag abgeschlossen ist, in dem klare Kündigungsbedingungen, der Anspruch auf Urlaub und die regelmäßige Pflichtstundenzahl festgelegt sind,
2. die Gehälter und Vergütungen bei entsprechenden Anforderungen hinter den Gehältern der Lehrkräfte an vergleichbaren öffentlichen Schulen nicht wesentlich zurückbleiben und in regelmäßigen Zeitabschnitten gezahlt werden,
3. für die Lehrkräfte eine Anwartschaft auf Versorgung erworben wird, die wenigstens den Bestimmungen der Angestelltenversicherung entspricht.

(2) [1]Ersatzschulen, die nicht nur vorläufig genehmigt sind (Art. 98 Abs. 1), können den an ihnen mit mindestens der Hälfte der Unterrichtspflichtzeit tätigen Lehrkräften nach Maßgabe des Arbeitsvertrags auf die Dauer der Verwendung das Recht einräumen, Berufsbezeichnungen zu führen, die das Staatsministerium für bestimmte Gruppen von Lehrkräften allgemein festsetzt. [2]Lehrkräfte, die wegen Alters oder Dienstunfähigkeit ausscheiden, sind berechtigt, ihre bisherige Berufsbezeichnung mit dem Zusatz „a.D.“ widerruflich weiterzuführen.

Art. 98
Bedingungen und Erlöschen der Genehmigung

(1) [1]Ersatzschulen, bei denen die Voraussetzungen für die Erteilung der Genehmigung noch nicht voll erfüllt sind, kann die Genehmigung nach Anhörung des Trägers unter der Bedingung erteilt werden, dass die noch fehlenden Voraussetzungen innerhalb einer von der Schulaufsichtsbehörde festzusetzenden Frist erfüllt werden. [2]Die Erteilung dieser Genehmigung ist nur zulässig, wenn das leibliche oder sittliche Wohl der Schülerinnen und Schüler nicht beeinträchtigt oder gefährdet wird und Erziehung und Ausbildung hinreichend gewährleistet sind.

(2) [1]Die Genehmigung für eine Schule erlischt, wenn die Schule nicht binnen eines Jahres seit Zustellung oder Eröffnung des Genehmigungsbescheids in Betrieb genommen wird oder wenn der Schulbetrieb ein Jahr geruht hat. [2]Dies gilt nicht, wenn sich aus dem Genehmigungsbescheid etwas anderes ergibt oder wenn die Frist verlängert worden ist.

Art. 99
Änderungen der Genehmigungsvoraussetzungen, Auflösung einer Schule

(1) [1]Wesentliche Änderungen in den Voraussetzungen für die Genehmigung bedürfen der Genehmigung. [2]Bei der Einstellung von Lehrkräften, die für die jeweilige Schulart voll ausgebildet sind (Art. 94 Abs. 1), genügt die Anzeige.

(2) Die Auflösung einer Schule ist nur zum Ende eines Schuljahres zulässig; sie ist spätestens drei Monate vorher der Schulaufsichtsbehörde anzuzeigen.

Art. 100
Staatlich anerkannte Ersatzschulen

(1) [1]Einer Ersatzschule, die die Gewähr dafür bietet, dass sie dauernd die an gleichartige oder verwandte öffentliche Schulen gestellten Anforderungen erfüllt, wird vom zuständigen Staatsministerium auf Antrag die Eigenschaft einer staatlich anerkannten Ersatzschule verliehen; Art. 92 Abs. 1 Satz 2 gilt entsprechend. [2]Förderschulen kann die Eigenschaft einer staatlich anerkannten Ersatzschule auch verliehen werden, wenn sie mit Rücksicht auf die aus dem sonderpädagogischen Förderbedarf herrührenden Ziele nicht voll ausgebaut sind.

(2) [1]Staatlich anerkannte Ersatzschulen sind im Rahmen des Art. 90 verpflichtet, bei der Aufnahme, beim Vorrücken und beim Schulwechsel von Schülerinnen und Schülern sowie bei der Abhaltung von Prüfungen die für öffentliche Schulen geltenden Regelungen anzuwenden. [2]Mit der Anerkennung erhält die Schule das Recht, Zeugnisse zu erteilen, die die gleiche Berechtigung verleihen wie die der öffentlichen Schulen. [3]Die Schülersprecherinnen und Schülersprecher staatlich anerkannter Ersatzschulen sind bei den Wahlen zu den in Art. 62 Abs. 2 Satz 1 Nrn. 5 bis 7 genannten Einrichtungen der Schülermitverantwortung sowohl aktiv als auch passiv wahlberechtigt.

(3) Einer staatlich anerkannten Hauptschule, die selbst nicht alle Voraussetzungen für eine Mittelschule nach Art. 7a Abs. 1 Satz 3 erfüllt, kann auf Antrag die Bezeichnung Mittelschule verliehen werden, wenn durch Zusammenarbeit mit einer staatlichen Mittelschule erreicht wird, dass für die Schülerinnen und Schüler der staatlich anerkannten Schule der Zugang zu den wesentlichen Bildungsangeboten der Mittelschule gewährleistet ist.

Art. 101
Ersatzschulen mit dem Charakter öffentlicher Schulen

(1) Einer staatlich anerkannten Ersatzschule wird vom zuständigen Staatsministerium auf Antrag der Charakter einer öffentlichen Schule verliehen.

(2) Eine Schule mit dem Charakter einer öffentlichen Schule ist verpflichtet, die für entsprechende öffentliche Schulen erlassene Schulordnung anzuwenden.

c) Ergänzungsschulen

Art. 102
Begriffsbestimmung, Anzeigepflicht

(1) Ergänzungsschulen sind private Schulen, die nicht Ersatzschulen im Sinn des Art. 91 sind.

(2) [1]Die Errichtung einer Ergänzungsschule ist der Schulaufsichtsbehörde drei Monate vor Aufnahme des Unterrichts anzuzeigen. [2]Der Anzeige sind der Lehrplan sowie Nachweise über den Schulträger, die Schuleinrichtungen und die Vorbildung sowie die persönliche Eignung der Leiterin oder des Leiters und der Lehrkräfte beizufügen.

(3) Nachträgliche wesentliche Änderungen sind unter Beigabe der Nachweise alsbald anzuzeigen.

(4) Auf angezeigte Ergänzungsschulen finden Art. 31 Abs. 1 Satz 2, Art. 85, 85a und 113b Anwendung; Art. 90 bleibt unberührt.

(5) Das Anzeigeverfahren nach Abs. 2 und 3 kann über eine einheitliche Stelle nach den Vorschriften des Bayerischen Verwaltungsverfahrensgesetzes abgewickelt werden.

Art. 103
Untersagung

[1]Errichtung und Betrieb einer Ergänzungsschule können von der Schulaufsichtsbehörde untersagt werden, wenn Schulträger, Leiterinnen oder Leiter, Lehrkräfte oder Einrichtungen der Ergänzungsschule den Anforderungen nicht entsprechen, die durch Gesetz oder auf Grund von Gesetzen vorgeschrieben oder die zum Schutz der Schülerinnen und Schüler an sie zu stellen sind, und wenn den Mängeln trotz Aufforderung der Schulaufsichtsbehörde innerhalb einer bestimmten Frist nicht abgeholfen worden ist. [2]Art. 95 gilt entsprechend.

Art. 104
Mindestlehrpläne, Prüfungen

Das zuständige Staatsministerium kann für Ergänzungsschulen Mindestlehrpläne genehmigen, den Abschluss der Ausbildungen von Prüfungen abhängig machen und Prüfungsordnungen genehmigen.

Abschnitt II
Lehrgänge und Privatunterricht

Art. 105

[1]Private Lehrgänge und Privatunterricht dürfen keine Bezeichnungen führen oder Zeugnisse erteilen, die mit Bezeichnungen oder Zeugnissen öffentlicher oder privater Schulen verwechselt werden können. [2]Art. 103 gilt entsprechend.

Vierter Teil
Schülerheime

Art. 106
Begriffsbestimmung

[1]Schülerheime sind Einrichtungen, deren Aufgabe es ist, Schülerinnen und Schüler erzieherisch zu betreuen sowie ihnen Unterkunft und Verpflegung zu gewähren. [2]Verbundene Schülerheime sind Schülerheime, die an einer Schule eingerichtet sind und mit dieser eine pädagogische und organisatorische Einheit bilden; Schulen im Sinn des Halbsatzes 1 sind Heimschulen. [3]In Einzelfällen kann die Verbindung auch mit mehreren Schulen bestehen. [4]Nicht verbundene Schülerheime sind Schülerheime, die ohne Anschluss an eine bestimmte Schule eingerichtet werden.

Art. 107
Errichtung und Änderungen

(1) Die Errichtung eines mit einer Grundschule, einer Mittelschule oder einer Förderschule verbundenen Schülerheims sowie eines nicht verbundenen Schülerheims unterliegt den Bestimmungen des Achten Buches Sozialgesetzbuch.

(2) [1]Für die Errichtung der übrigen verbundenen Schülerheime gelten die Vorschriften über die Errichtung einer Schule entsprechend. [2]Wesentliche Änderungen und die Auflösung nichtstaatlicher verbundener Schülerheime gemäß Satz 1 sind der Aufsichtsbehörde anzuzeigen.

Art. 108
Schülerheime bei Förderschulen

[1]Um den Besuch öffentlicher Förderschulen sicherzustellen, sind die erforderlichen Schülerheime oder ähnliche Einrichtungen zu schaffen. [2]Kommt der Träger des Schulaufwands dieser Verpflichtung nicht oder nicht hinreichend nach, so bestimmt die gemäß Art. 109 zuständige Aufsichtsbehörde nach Anhörung des Trägers die jeweils notwendige Art und Größe der Einrichtung. [3]Die Bestimmungen des Zwölften Buches Sozialgesetzbuch und des Achten Buches Sozialgesetzbuch bleiben unberührt. [4]Für die Errichtung von Schülerheimen bei Förderschulen gilt Art. 33 Abs. 2 entsprechend.

Art. 109
Aufsicht

[1]Mit einer Grundschule, einer Mittelschule oder einer Förderschule verbundene Schülerheime sowie nicht verbundene Schülerheime unterstehen der Aufsicht nach den Bestimmungen des Achten Buches Sozialgesetzbuch. [2]Die übrigen verbundenen Schülerheime unterstehen der Schulaufsicht. [3]Schülerheime, die gemäß Art. 106 Satz 3 mindestens mit einer Grundschule, einer Mittelschule oder einer Förderschule sowie mit einer Schule einer weiteren Schulart verbunden sind, unterstehen der Aufsicht nach den Bestimmungen des Achten Buches Sozialgesetzbuch.

Art. 110
Untersagung

Errichtung und Betrieb eines nichtstaatlichen verbundenen Schülerheims gemäß Art. 107 Abs. 2 können von der Schulaufsichtsbehörde untersagt werden, wenn Tatsachen festgestellt werden, die geeignet sind, das leibliche, geistige und seelische Wohl der in diesem Schülerheim betreuten Schülerinnen und Schüler zu gefährden, und eine unverzügliche Beseitigung der Gefährdung nicht zu erwarten ist.

Fünfter Teil
Schulaufsicht

Art. 111
Allgemeines, Leistungsvergleiche

(1) [1]Zur staatlichen Schulaufsicht gehören

1. die Planung und Ordnung des Unterrichtswesens,
2. die Sicherung der Qualität von Erziehung und Unterricht, insbesondere durch den Abschluss von Zielvereinbarungen mit den Schulen,
3. die Förderung und Beratung der Schulen, auch unter Einbeziehung der staatlichen Schulberatungsstellen,
4. die Aufsicht über die inneren und äußeren Schulverhältnisse sowie über die Schulleitung und das pädagogische Personal und

5. die Förderung der Zusammenarbeit der Schulen mit den Jugendämtern und den Trägern der freien Jugendhilfe sowie anderen Trägern und Einrichtungen der außerschulischen Erziehung und Bildung bei der Erfüllung ihrer gemeinsamen Aufgaben.

[2]Die Schulaufsichtsbehörden arbeiten schulartübergreifend zusammen.

(2) Die Grenzen der staatlichen Schulaufsicht über die privaten Schulen bestimmen sich nach Art. 7 des Grundgesetzes und Art. 134 der Verfassung.

(3) Bei öffentlichen Schulen und bei Ersatzschulen entscheidet in inneren Schulangelegenheiten das zuständige Organ der Schule, soweit nicht die Schulaufsichtsbehörde zuständig ist.

(4) Das zuständige Staatsministerium kann Schülerinnen, Schüler und Lehrkräfte verpflichten, an Leistungsvergleichen teilzunehmen, die Zwecken der Qualitätssicherung und -steigerung dienen.

Art. 112
Aufsicht über den Religionsunterricht

(1) [1]Die staatliche Schulaufsicht erstreckt sich auch auf den Religionsunterricht; die Kirchen und Religionsgemeinschaften bestimmen jedoch den Lehrinhalt und die Didaktik im Rahmen der geltenden Bestimmungen und kirchenvertraglichen Vereinbarungen. [2]Sie können durch Beauftragte den Religionsunterricht ihres Bekenntnisses besuchen lassen und sich dadurch von der Übereinstimmung des erteilten Unterrichts mit den Grundsätzen der Religionsgemeinschaft, vom Stand der Kenntnisse in der Religionslehre und von der religiös-sittlichen Erziehung der bekenntniszugehörigen Schülerinnen und Schüler unterrichten.

(2) [1]Die Kirchen und Religionsgemeinschaften und ihre Vertreterinnen oder Vertreter haben gegenüber den Lehrkräften, die Religionsunterricht erteilen, keine dienstaufsichtlichen Befugnisse. [2]Jedoch können sich die Beauftragten der Kirchen und Religionsgemeinschaften mit diesen Lehrkräften über die Abstellung wahrgenommener Mängel ins Benehmen setzen. [3]Sie können die Schulaufsichtsbehörden anrufen, wenn Beanstandungen zu erheben sind.

Art. 113
Befugnisse der Schulaufsichtsbehörden

(1) [1]Die Schulaufsichtsbehörden haben in Erfüllung ihrer Aufgaben insbesondere das Recht, die Unterrichtseinrichtungen, Schülerheime und Einrichtungen der Mittagsbetreuung zu besichtigen, Einblick in deren Betrieb zu nehmen sowie Berichte und Nachweise zu fordern. [2]Für Abschlussprüfungen können sie Prüfungskommissäre und beim Probeunterricht einen Vorsitzenden des Aufnahmeausschusses bestellen.

(2) Schulaufsichtliche Anordnungen können sowohl an den Träger als auch an die Leiterin oder den Leiter einer Unterrichtseinrichtung oder eines Schülerheims gerichtet werden.

Art. 113a
Automatisiertes Verfahren zur Unterstützung der Schulverwaltung

(1) [1]Das Staatsministerium kann für die Schulaufsichtsbehörden eine öffentliche Stelle gemäß Art. 6 BayDSG beauftragen, personenbezogene Daten der Lehrkräfte und des nicht unterrichtenden Personals zu den in Abs. 2 genannten schul-übergreifenden Verwaltungszwecken zu verarbeiten; die Schulaufsichtsbehörden werden von der Auftragserteilung unterrichtet; sie bleiben für diese Daten verantwortlich. [2]Die datenschutzrechtliche Gesamtverantwortung liegt beim Staatsministerium.

(2) Bei der gemäß Abs. 1 Satz 1 beauftragten Stelle können zur Unterstützung von Dienstaufgaben der Schulaufsichtsbehörden (Unterrichtsplanung der staatlichen Schulen, Prüfung der Unterrichtssituation, Bezuschussung nichtstaatlicher Schulen nach dem Bayerischen Schulfinanzierungsgesetz) folgende personenbezogenen Daten verarbeitet werden:

1. Daten des staatlichen und des nicht staatlichen Personals:
   a) nicht schuljahresbezogene Daten:

      Name, Vornamen, Geschlecht, Geburtsname, akademische Grade, Tag der Geburt, Arbeitgeber bzw. Dienstherr, Besoldungs- bzw. Entgeltgruppe, Rechtsverhältnis, Funktion in der Schulleitung, Beginn/Ende des Dienstverhältnisses, Personenkennzahl, Lehrbefähigung (Lehramt/abgelegte Prüfungen, Fächer der Lehrbefähigung, Unterrichtsgenehmigung);
   b) schuljahresbezogene Daten:

      Daten zur Beschäftigung und zum Einsatz (Schule[-n], Unterrichtspflichtzeit, Teilzeit [Stundenzahl, Grund, Arbeitszeitmodell], Mehrarbeit/Nebentätigkeit, Beschäftigungskategorie, Beurlaubung, außerschulische Abordnung, längerfristige Abwesenheit, Reduktionen [wegen Behinderung, Alter, Anrechnungen], Zugangsart, Abgangsart, erteilter Unterricht [Beziehung zu den Unterrichtseinheiten]);
2. von staatlichem Personal darüber hinaus:
   a) nicht schuljahresbezogene Daten:

      Adressdaten, Geburtsort, Amts- bzw. Dienstbezeichnung;
   b) schuljahresbezogene Daten:

      Ausbildungsabschnitt bei Lehrkräften im Vorbereitungsdienst, Einsatz als mobile Reserve, Arbeitszeitkonto.

(3) [1]Ausschließlich die jeweils zuständigen Schulaufsichtsbehörden dürfen zur Erfüllung der in Abs. 2 genannten Dienstaufgaben die in Abs. 2 genannten Daten verarbeiten und nutzen. [2]Dies ist durch entsprechende organisatorische und technische Vorkehrungen dauerhaft zu gewährleisten. [3]Die Schulaufsichtsbehörden können über die gemäß Abs. 1 Satz 1 beauftragte Stelle

1. den Schulen Daten gemäß Abs. 2 zur Unterstützung der Planung und Durchführung des Unterrichts an der jeweiligen Schule,
2. den Kirchen Daten gemäß Abs. 2 der Religionsunterricht erteilenden oder zur Erteilung befähigten Lehrkräfte (mit Ausnahme der Adressdaten) zur Ausübung der Fachaufsicht im Fach Religionslehre und zur Planung des Unterrichtseinsatzes des kirchlichen Personals

übermitteln.

(4) Die in Abs. 2 genannten Daten werden wie folgt gelöscht:

1. spätestens zum Ende des jeweils nächsten Schuljahres die in Abs. 2 Nr. 1 Buchst. b genannten Daten des nicht staatlichen Personals;
2. zum Ende des jeweils übernächsten Schuljahres die in Abs. 2 Nr. 1 Buchst. b und Nr. 2 Buchst. b genannten Daten des staatlichen Personals;
3. drei Jahre nach dem Ausscheiden aus dem Dienst- bzw. Arbeitsverhältnis die in Abs. 2 Nr. 1 Buchst. a und Nr. 2 Buchst. a genannten Daten.

(5) § 50 BeamtStG und Art. 102 bis 111 BayBG bleiben unberührt.

Art. 113b
Statistik

(1) Zu Zwecken der Bildungsplanung und der Organisation des Schulwesens werden die Amtliche Schulstatistik gemäß Abs. 6 und die Ergebnisstatistiken gemäß Abs. 7 als Landesstatistiken gemäß Art. 9 des Bayerischen Statistikgesetzes durchgeführt.

(2) Erhebungseinheiten sind:

1. die Schulen einschließlich der Schulvorbereitenden Einrichtungen,
2. das Telekolleg und die Staatsinstitute für die Ausbildung von Fach- bzw. Förderlehrern.

(3) [1]Bei den in Abs. 2 Nr. 1 genannten Stellen werden für die Amtliche Schulstatistik gemäß Abs. 6 folgende Erhebungsmerkmale erhoben:

1. Daten der Schülerinnen und Schüler und der externen Prüfungsteilnehmerinnen und Prüfungsteilnehmer:
   a) Daten der Schülerinnen und Schüler:

      Geburtsmonat und -jahr, Geschlecht, Wohnort (Gemeindekennzahl), Staatsangehörigkeit, Migrationshintergrund (Geburtsland, Jahr des Zuzugs nach Deutschland, Muttersprache deutsch/nicht deutsch), Religionszugehörigkeit (soweit für die Schulpraxis erforderlich), Jahr der Ersteinschulung, erworbene Abschlüsse, Daten zur Förderung (sonderpädagogische Förderung, Teilleistungsstörungen, sonstige Fördermaßnahmen), ganztägige Betreuung, Schülerheim, Gastschulverhältnis, übertrittsrelevante Daten zur Schullaufbahn (aktuell besuchte Schule, Schulpflicht, Feststellung zur Übertrittseignung betreffend Mittelschule, Realschule und Gymnasium, Vorbildung, Austrittsdatum, Zielschule), Daten zum aktuellen Unterricht (Jahrgangsstufe, Bildungsgang, Fremdsprachen, Berufsausbildung, Erreichen des Ziels der Jahrgangsstufe [ja/nein], Art der Wiederholung, Art des Vorrückens);
   b) Daten der externen Prüfungsteilnehmerinnen und Prüfungsteilnehmer:

      Geburtsmonat und -jahr, Geschlecht, Wohnort (Gemeindekennzahl), Staatsangehörigkeit, Migrationshintergrund (Geburtsland, Jahr des Zuzugs nach Deutschland, Muttersprache deutsch/nicht deutsch), Jahr der Ersteinschulung, erworbene Abschlüsse;
2. Daten der Lehrkräfte und des nicht unterrichtenden Personals:
   a) Daten des staatlichen und des nicht staatlichen Personals:

      Geschlecht, Geburtsmonat und -jahr, Staatsangehörigkeit, Arbeitgeber bzw. Dienstherr, Besoldungs- bzw. Entgeltgruppe, Rechtsverhältnis, Funktion in der Schulleitung, Beginn/Ende des Dienstverhältnisses, Lehrbefähigung (Lehramt/abgelegte Prüfungen, Fächer der Lehrbefähigung, Unterrichtsgenehmigung), Daten zur Beschäftigung und zum Einsatz (Schule[-n], Unterrichtspflichtzeit, Teilzeit [Stundenzahl, Grund, Arbeitszeitmodell], Mehrarbeit/Nebentätigkeit, Beschäftigungskategorie, Beurlaubung, außerschulische Abordnung, längerfristige Abwesenheit, Reduktionen [wegen Behinderung, Alter, Anrechnungen], Zugangsart, Abgangsart, erteilter Unterricht [Beziehung zu den Unterrichtseinheiten]);
   b) von staatlichem Personal darüber hinaus:

      Amts- bzw. Dienstbezeichnung, Ausbildungsabschnitt bei Lehrkräften im Vorbereitungsdienst, Einsatz als mobile Reserve, Arbeitszeitkonto;
3. die von Schülerinnen und Schülern im laufenden Schuljahr besuchten Unterrichtseinheiten;

4. Daten der Schule (Schulnummer, Schulbezeichnung, Adressdaten, Außenstellen, Ansprechpartner, zuständige Schulaufsicht, Schulträger, Schulaufwandsträger, organisatorische Verkettung mit anderer Schule, Schulart, Bildungsgänge [Ausbildungsrichtung, Fachrichtung, Fremdsprachenprofil], Angebot für ganztägige Betreuung, Unterbringungsangebot, sonstige Zusatzangebote, informationstechnische Ausstattung, sonstige Ausstattung);
5. Daten zum Unterricht und dessen Organisation:
   a) Daten der Klassen (Schule, Bezeichnung, Jahrgangsstufe, Klassenart, Bildungsgang, Fachklassengliederung, Blockunterricht, Förderschwerpunkt, Organisationsform, Auslagerung);
   b) Daten der Unterrichtseinheiten (Klassen/Klassengruppen, Fach, Art des Unterrichts, zeitlicher Umfang, Stundenkürzung/zusätzlicher Lehrerbedarf [Stunden, Grund]).

[2]Bei den in Abs. 2 Nr. 2 genannten Stellen werden folgende Daten der Absolventen, die schulische Abschlüsse erworben haben, erhoben:

Geburtsmonat und -jahr, Geschlecht, Staatsangehörigkeit, Migrationshintergrund (Geburtsland, Jahr des Zuzugs nach Deutschland, Muttersprache deutsch/nicht deutsch), Religionszugehörigkeit (soweit für die Schulpraxis erforderlich), Jahr der Ersteinschulung, erworbene Abschlüsse.

(4) [1]Hilfsmerkmale der Erhebungen gemäß Abs. 3 sind:

1. Name, Vornamen, Tag der Geburt sowie der Geburtsort der Schülerinnen und Schüler bzw. der externen Prüfungsteilnehmerinnen und Prüfungsteilnehmer sowie das in Art. 85a Abs. 3 Satz 4 genannte Ordnungsmerkmal;
2. Name, Vornamen, Geburtsname, Tag der Geburt, Geburtsort, akademischer Grad und die Personenkennzahl der Lehrkräfte und des nicht unterrichtenden Personals an öffentlichen und privaten Schulen.

[2]Es ist im Rahmen des für die statistische Auswertung genutzten Datenverarbeitungsvorgangs sicherzustellen, dass die Hilfsmerkmale von den Erhebungsmerkmalen schnellstmöglich, spätestens aber nach Plausibilisierung und Generierung des Pseudonyms (Abs. 9), getrennt und gelöscht werden.

(5) [1]Bei den in Abs. 2 Nr. 1 genannten Stellen werden für die Ergebnisstatistiken gemäß Abs. 7 folgende anonymisierte Leistungsdaten der Schülerinnen und Schüler erhoben:

1. Ergebnisse der Jahrgangsstufentests und der Orientierungsarbeiten (Schule, Klasse, Bildungsgang, Geschlecht, Geburtsmonat und -jahr, Staatsangehörigkeit, Migrationshintergrund [Geburtsland, Jahr des Zuzugs nach Deutschland, Muttersprache deutsch/nicht deutsch], Grund für Nichtteilnahme [sonderpädagogische Förderung, Lese-Rechtschreibschwäche], erreichte Punkte je Aufgabe);
2. Ergebnisse der zentralen Abschlussprüfungen (Schule, Klasse, Bildungsgang, Geschlecht, Geburtsmonat und -jahr, Staatsangehörigkeit, Migrationshintergrund [Geburtsland, Jahr des Zuzugs nach Deutschland, Muttersprache deutsch/nicht deutsch], Förderschwerpunkt, Prüfungsart, Prüfungsfach, Punkte/Note je Prüfungsfach und Prüfungsteil, Abschlusszeugnisnote, Teilnahme am Nachtermin, Herkunftsschule bei Externen).

[2]Die in Satz 1 genannten Daten werden ohne Verknüpfung mit personenbezogenen Daten und ohne Verknüpfung mit einem Pseudonym (Abs. 9) in den statistischen Auswertungsprozess eingespeist.

(6) [1]Die Amtliche Schulstatistik wird einmal jährlich durchgeführt. [2]Die Erhebungsmerkmale nach Abs. 3 werden für

1. die Beschreibung der Unterrichtssituation an allgemein bildenden Schulen zum 1. Oktober und an beruflichen Schulen zum 20. Oktober,
2. die Darstellung der Absolventen und Abgänger von Schulen sowie Absolventen von außerschulischen Einrichtungen, soweit diese schulische Abschlüsse erwerben, an allgemein bildenden Schulen vom 2. Oktober des Vorjahres bis 1. Oktober des laufenden Jahres und an beruflichen Schulen vom 21. Oktober des Vorjahres bis 20. Oktober des laufenden Jahres (Stichtag: 1. bzw. 20. Oktober)

erfasst.

(7) [1]Die Ergebnisstatistiken werden einmal jährlich auf gesonderte Anweisung des Staatsministeriums durchgeführt. [2]Die Erhebungsmerkmale gemäß Abs. 5 werden für

1. die Ergebnisse der Jahrgangsstufentests,
2. die Ergebnisse der Orientierungsarbeiten in der Grundschule,
3. die Ergebnisse der zentralen Abschlussprüfungen

jeweils im Anschluss an die Leistungsfeststellungen erfasst. [3]Satz 2 Nrn. 1 und 2 gelten nur für öffentliche Schulen; Satz 2 Nr. 3 gilt für öffentliche Schulen und staatlich anerkannte Ersatzschulen. [4]Die genauen Berichtszeitpunkte werden jeweils vom Staatsministerium bekannt gegeben.

(8) [1]Für die Erhebungen besteht Auskunftspflicht. [2]Auskunftspflichtig sind

1. für die Erhebungseinheiten nach Abs. 2 Nr. 1 die Schulleiterinnen und Schulleiter,
2. für die Erhebungseinheiten nach Abs. 2 Nr. 2 die Kolleggruppenleiter des Telekollegs und die Leitungen der Staatsinstitute für die Ausbildung von Fach- bzw. Förderlehrern.

[3]Die Auskünfte sind unter Verwendung des vom Staatsministerium bereitgestellten Schulverwaltungsprogramms an die in Abs. 10 genannten Stellen vollständig und rechtzeitig zu erteilen.

(9) [1]Um schuljahresübergreifende statistische Auswertungen zu ermöglichen, wird für jeden Datensatz auf Grundlage von Hilfsmerkmalen nach Abs. 4 ein Pseudonym erzeugt. [2]Das Pseudonym ist nach dem jeweils neuesten Stand der Technik so zu gestalten, dass ein Rückschluss auf Einzelpersonen ausgeschlossen ist.

(10) [1]Die Amtliche Schulstatistik gemäß Abs. 6 wird vom Landesamt für Statistik durchgeführt. [2]Die Ergebnisstatistiken nach Abs. 7 werden von den Statistikstellen des Staatsministeriums und des Staatsinstituts für Schulqualität und Bildungsforschung durchgeführt.

(11) Schulübergreifende Geschäftsstatistiken werden von den Statistikstellen des Staatsministeriums und des Staatsinstituts für Schulqualität und Bildungsforschung erstellt.

(12) § 50 BeamtStG und Art. 102 bis 111 BayBG bleiben unberührt.

Art. 113c
Evaluation

(1) [1]Die Schulen und die Schulaufsichtsbehörden verfolgen das Ziel, die Qualität schulischer Arbeit zu sichern und zu verbessern. [2]Zur Bewertung der Schul- und Unterrichtsqualität evaluieren sich die Schulen regelmäßig selbst (interne Evaluation) und evaluieren die Schulaufsichtsbehörden in angemessenen zeitlichen Abständen im Rahmen der verfügbaren

Stellen und Mittel die staatlichen Schulen und, soweit dies im Rahmen der Schulaufsicht notwendig ist, die Schulen in kommunaler Trägerschaft (externe Evaluation). [3]Die externe Evaluation kann als freiwillige Leistung auf der Grundlage einer Vereinbarung mit dem zuständigen Staatsministerium von den Schulen in kommunaler und freier Trägerschaft in Anspruch genommen werden.

(2) [1]Bei der Planung und Durchführung der externen Evaluation wirken die Schulaufsichtsbehörden mit der Qualitätsagentur im Staatsinstitut für Schulqualität und Bildungsforschung zusammen. [2]Die Schulaufsichtsbehörden setzen Evaluationsgruppen ein, die speziell für diese Aufgabe qualifiziert werden. [3]An diesen Gruppen können die Schulaufsichtsbehörden private Dritte beteiligen, die über die erforderliche Eignung und Fachkunde verfügen; die Zuerkennung der Eignung setzt voraus, dass die mit der Evaluation betrauten Personen nach dem Verpflichtungsgesetz verpflichtet werden.

(3) [1]Zur internen und externen Evaluation können die Schulen, die Schulaufsichtsbehörden sowie im Rahmen des Abs. 2 die Qualitätsagentur im Staatsinstitut für Schulqualität und Bildungsforschung personenbezogene Daten ohne Einwilligung der Betroffenen erheben, verarbeiten und nutzen. [2]Dabei stellen die in Satz 1 genannten Stellen sicher, dass nur insoweit personenbezogene Daten erhoben, verarbeitet und genutzt werden, als das öffentliche Interesse die schutzwürdigen Belange der Betroffenen erheblich überwiegt und der Zweck der Evaluation auf andere Weise nicht oder nur mit unverhältnismäßigem Aufwand erreicht werden kann. [3]Eine Verarbeitung und Nutzung der personenbezogenen Daten zu anderen Zwecken ist unzulässig. [4]Vor der Durchführung einer Evaluation werden die Betroffenen über das Ziel des Vorhabens, die Art ihrer Beteiligung an der Untersuchung, die Verarbeitung und Nutzung ihrer Daten sowie über die zur Einsichtnahme in die personenbezogenen Daten Berechtigten schriftlich informiert. [5]Die personenbezogenen Daten werden anonymisiert, sobald dies nach dem Zweck der Evaluation möglich ist. [6]Bis dahin werden die Merkmale, mit denen Einzelangaben über persönliche oder sachliche Verhältnisse einer bestimmten oder bestimmbaren Person zugeordnet werden können, gesondert gespeichert. [7]Sie werden mit den Einzelangaben nur zusammengeführt, soweit der Zweck der Evaluation dies erfordert. [8]Soweit Ergebnisse der Evaluation veröffentlicht werden, erfolgt dies ausschließlich in nicht personenbezogener Form. [9]Personenbezogene Daten werden spätestens ein Jahr nach ihrer Erhebung gelöscht, die entsprechenden Unterlagen nach dieser Frist vernichtet.

(4) [1]Auf Grundlage der Ergebnisse der externen Evaluation gemäß Abs. 1 Satz 2 treffen die Schulen und die Schulaufsichtsbehörden Zielvereinbarungen. [2]Die Schulaufsichtsbehörden unterstützen ihre Umsetzung und nehmen eine Überprüfung der vereinbarten Ziele vor. [3]Abs. 3 bleibt unberührt.

Art. 114
Sachliche Zuständigkeit

(1) Die unmittelbare staatliche Schulaufsicht obliegt

1. dem Staatsministerium bei Gymnasien, Fachoberschulen, Berufsoberschulen, Realschulen einschließlich der entsprechenden Schulen zur sonderpädagogischen Förderung und der Schulen, die ganz oder teilweise die Lernziele der vorgenannten Schulen verfolgen,
2. dem Staatsministerium für Ernährung, Landwirtschaft und Forsten bei Schulen in seinem Geschäftsbereich,
3. dem Staatsministerium der Justiz im Einvernehmen mit dem Staatsministerium bei Un-

terrichtseinrichtungen in Justizvollzugsanstalten sowie in haftersetzenden Maßnahmen nach §§ 71, 72 des Jugendgerichtsgesetzes,

4. den Regierungen
   a) bei öffentlichen Grundschulen und Mittelschulen für die schulaufsichtliche Genehmigung von Neu-, Um- und Erweiterungsbauten,
   b) bei privaten Grundschulen und Mittelschulen,
   c) bei Förderschulen (einschließlich der zugehörigen Einrichtungen der Mittagsbetreuung), soweit die Schulaufsicht nicht durch Nr. 1 oder 4 Buchst. d geregelt ist,
   d) bei Berufsschulen, Berufsfachschulen, Wirtschaftsschulen, Fachschulen und Fachakademien einschließlich der entsprechenden Schulen zur sonderpädagogischen Förderung,
   e) bei Schulen für Kranke,
   f) bei Ergänzungsschulen unbeschadet der Regelung in Nr. 1,
   g) bei Sing- und Musikschulen,
   h) bei Lehrgängen in Verbindung mit dem Bayerischen Rundfunk (Telekolleg),
   i) bei Lehrgängen, wenn diese von kommunalen Trägern oder von staatlich verwalteten Stiftungen errichtet oder betrieben werden,
5. den Schulämtern
   a) bei öffentlichen Grundschulen und Mittelschulen,
   b) bei Einrichtungen der Mittagsbetreuung, soweit nicht in Nr. 4 Buchst. c geregelt,
6. den Kreisverwaltungsbehörden bei Lehrgängen, soweit sie nicht in Nr. 4 Buchst. g, h und i und Abs. 2 genannt sind.

(2) Wird ein Lehrgang an einer öffentlichen Schule eingerichtet, so obliegt der für die Schule zuständigen Aufsichtsbehörde auch die Aufsicht über den Lehrgang.

(3) Soweit Schulen mit einem Schülerheim gemäß Art. 107 Abs. 2 verbunden sind, erstreckt sich die Zuständigkeit der nach Abs. 1 für die Schule zuständigen Schulaufsichtsbehörde auch auf das Schülerheim.

(4) [1]Im Zweifelsfall entscheidet die höhere der beteiligten Schulaufsichtsbehörden über die sachliche Zuständigkeit. [2]Ist die Zuständigkeit bei einer Schulart zweifelhaft, so können die beteiligten Staatsministerien die sachliche Zuständigkeit durch Rechtsverordnung feststellen.

Art. 115
Schulämter

(1) Für jeden Landkreis und für jede kreisfreie Gemeinde besteht ein Schulamt (Staatliches Schulamt).

(2) [1]Das Schulamt wird gemeinsam von der Landrätin oder dem Landrat oder der Oberbürgermeisterin oder dem Oberbürgermeister (rechtlicher Leiter) und einem Schulaufsichtsbeamten für Grundschulen und Mittelschulen (fachlicher Leiter) geleitet. [2]Die Vertretung der Landrätin oder des Landrats und der Oberbürgermeisterin oder des Oberbürgermeisters richtet sich nach den Vorschriften der Landkreisordnung und der Gemeindeordnung. [3]Die Landrätin oder der Landrat und die Oberbürgermeisterin oder der Oberbürgermeister können sich in der Leitung des Schulamts durch einen Beamten vertreten lassen, der

die Befähigung für das Richteramt hat. [4]Wo es die örtlichen Verhältnisse nahe legen, soll einem fachlichen Leiter die Leitung von zwei, in besonderen Fällen auch mehr als zwei Schulämtern übertragen werden.

(3) [1]Dem Schulamt oder den unter gemeinsamer fachlicher Leitung stehenden Schulämtern können für den fachlichen Aufgabenbereich nach Bedarf weitere Schulaufsichtsbeamte und Mitarbeiter zugeteilt werden. [2]Die Landrätin oder der Landrat oder die Oberbürgermeisterin oder der Oberbürgermeister kann den Bediensteten des Landratsamts oder der kreisfreien Gemeinde Aufgabengebiete und Befugnisse aus seinem Aufgabenbereich übertragen und entsprechende Vollmacht erteilen.

(4) [1]Zum Aufgabenbereich der Landrätin oder des Landrats und der Oberbürgermeisterin oder des Oberbürgermeisters gehören die Angelegenheiten vorwiegend rechtlicher Natur, zum Aufgabenbereich des fachlichen Leiters die Angelegenheiten vorwiegend fachlicher Natur. [2]Das Staatsministerium regelt im Einvernehmen mit dem Staatsministerium des Innern, für Bau und Verkehr durch Rechtsverordnung die Aufgabenbereiche im Schulamt, das Zusammenwirken in der Leitung des Schulamts und die Grundsätze für die Vertretungsbefugnis.

Art. 116
Beteiligung an der Schulaufsicht

(1) Das Staatsministerium kann kommunale Schulträger, die eine geeignete hauptamtlich tätige, fachlich vorgebildete Sachbearbeiterin bzw. einen geeigneten hauptamtlich tätigen, fachlich vorgebildeten Sachbearbeiter für eine Schulart haben, insoweit an der Schulaufsicht beteiligen.

(2) Einem berufsmäßigen Gemeinderatsmitglied, dem die Leitung des Schulwesens einer kreisfreien Gemeinde obliegt, kann für die Dauer seiner Amtszeit auf Antrag der kreisfreien Gemeinde in widerruflicher Weise die fachliche Leitung des Schulamts übertragen werden, wenn es die Voraussetzungen für den Erwerb der Qualifikation für den Schulaufsichtsdienst der Grundschulen und Mittelschulen erfüllt.

(3) [1]Die Vorschriften der Gemeindeordnung, der Landkreisordnung, der Bezirksordnung und des Gesetzes über die kommunale Zusammenarbeit hinsichtlich der Rechtsaufsicht bleiben unberührt. [2]Die Rechtsaufsicht bezieht sich auch auf die räumlichen Schulverhältnisse sowie auf die wirtschaftliche und rechtliche Stellung der Lehrkräfte.

(4) Die Schulaufsichtsbehörden können zur Ausübung der Aufsicht die ihnen nachgeordneten Behörden und besondere Beauftragte heranziehen.

Art. 117
Übertragung der Zuständigkeit

[1]Die beteiligten Staatsministerien können durch Rechtsverordnung Zuständigkeiten auf nachgeordnete Behörden übertragen, wenn dies zur Anpassung an geänderte Verhältnisse oder zum Zweck der Verwaltungsvereinfachung geboten ist. [2]Aus den gleichen Gründen kann die Übertragung im Einzelfall erfolgen; dies gilt für die Regierungen entsprechend.

Sechster Teil
Maßnahmen zur Durchsetzung der Schulpflicht, Ordnungswidrigkeiten

Art. 118
Schulzwang

(1) [1]Nimmt eine Schulpflichtige oder ein Schulpflichtiger ohne berechtigten Grund am Unterricht oder an den sonstigen verbindlichen Schulveranstaltungen (Art. 56 Abs. 4 Satz 2) nicht teil, so kann die Schule bei der Kreisverwaltungsbehörde die Durchführung des Schulzwangs beantragen. [2]Die Kreisverwaltungsbehörde kann durch ihre Beauftragten die Schulpflichtige oder den Schulpflichtigen der Schule zwangsweise zuführen. [3]Eine Vorladung der oder des Schulpflichtigen ist nicht erforderlich.

(2) Zur Durchführung des Schulzwangs dürfen die Beauftragten der Kreisverwaltungsbehörde Wohnungen, Geschäftsräume und befriedetes Besitztum betreten und unmittelbaren Zwang ausüben.

(3) [1]Eine Schulpflichtige oder ein Schulpflichtiger, aus deren oder dessen Verhalten sich Hinweise auf eine mögliche Erkrankung ergeben, die die Schulbesuchsfähigkeit beeinträchtigt, ist nach Aufforderung durch die Schule verpflichtet, sich durch den öffentlichen Gesundheitsdienst untersuchen zu lassen, soweit sie oder er nicht der Schule nachweist, dass sie bzw. er von einem Facharzt, insbesondere von einem Facharzt für Kinder- und Jugendmedizin oder Facharzt für (Kinder- und Jugend-)Psychiatrie und Psychotherapie, hinsichtlich dieser Verhaltensauffälligkeiten untersucht worden ist bzw. behandelt wird; Art. 80 Sätze 2 und 3 gelten entsprechend. [2]Vor der Aufforderung sind die zuständigen schulischen Beratungsfachkräfte zu hören.

(4) [1]Soweit in diesem Gesetz eine Beteiligung des öffentlichen Gesundheitsdienstes vorgeschrieben ist, sind die Erziehungsberechtigten verpflichtet, die minderjährige Schulpflichtige oder den minderjährigen Schulpflichtigen zur Durchführung der Untersuchungen dem Gesundheitsamt zuzuführen; volljährige Schulpflichtige sind verpflichtet, sich am Gesundheitsamt untersuchen zu lassen. [2]Kommen Erziehungsberechtigte und Schulpflichtige diesen Verpflichtungen ohne berechtigten Grund nicht nach, so kann die Kreisverwaltungsbehörde auf Antrag der Schulaufsichtsbehörde Schulpflichtige durch ihre Beauftragten dem Gesundheitsamt zwangsweise zuführen. [3]Absatz 2 findet entsprechende Anwendung.

Art. 119
Ordnungswidrigkeiten

(1) Mit Geldbuße kann belegt werden, wer

1. vorsätzlich oder fahrlässig die ihm obliegende Anmeldung einer oder eines Schulpflichtigen zum Besuch der Grundschule, der Mittelschule, der Berufsschule oder der Förderschule unterlässt (Art. 35 Abs. 4),
2. entgegen Art. 76 Satz 2 nicht dafür sorgt, dass minderjährige Schulpflichtige am Unterricht regelmäßig teilnehmen und die sonstigen verbindlichen Schulveranstaltungen besuchen, oder entgegen einer vollziehbaren Anordnung nach Art. 37a Abs. 3 in Verbindung mit Art. 76 Satz 3 nicht dafür sorgt, dass ein Kind eine Kindertageseinrichtung mit integriertem Vorkurs besucht; das Gleiche gilt für Personen, denen die Erziehung minderjähriger Schulpflichtiger durch Rechtsvorschrift oder Vertrag ganz oder teilweise übertragen ist,

3. entgegen Art. 77 Berufsschulpflichtige nicht zur Teilnahme am Unterricht und zum Besuch der sonstigen verbindlichen Schulveranstaltungen anhält; das Gleiche gilt für Personen, denen die Erziehung minderjähriger Schulpflichtiger durch Rechtsvorschrift oder Vertrag ganz oder teilweise übertragen ist,
4. als Schulpflichtige oder Schulpflichtiger am Unterricht oder an den sonstigen verbindlichen Schulveranstaltungen (Art. 56 Abs. 4) vorsätzlich nicht teilnimmt,
5. eine Schule, ein Schülerheim oder eine Einrichtung der Mittagsbetreuung
   a) ohne die erforderliche Genehmigung oder die vorgeschriebene Anzeige oder
   b) nach vollziehbarer Rücknahme oder vollziehbarem Widerruf der Genehmigung oder nach vollziehbarer Untersagung der Errichtung oder Fortführung errichtet oder leitet,
6. eine mit der Genehmigung verbundene vollziehbare Auflage nicht erfüllt,
7. einer auf Grund von Art. 3 Abs. 2 Satz 2, Art. 95 oder 100 Abs. 2 Satz 1 erlassenen vollziehbaren Anordnung zuwiderhandelt,
8. unbefugt eine nach Art. 97 Abs. 2 festgesetzte Berufsbezeichnung führt,
9. als Schulleiterin oder Schulleiter, Lehrkraft oder Erzieherin oder Erzieher an einer Schule tätig ist, obwohl ihm dies untersagt worden ist,
10. als Unternehmerin, Unternehmer, Leiterin, Leiter oder Lehrkraft den Vorschriften des Art. 105 Satz 1 zuwiderhandelt,
11. entgegen Art. 118 Abs. 4 Satz 1 Halbsatz 1 in Verbindung mit Abs. 3 einen minderjährigen Schulpflichtigen oder eine minderjährige Schulpflichtige nicht dem Gesundheitsamt zuführt oder entgegen Art. 118 Abs. 4 Satz 1 Halbsatz 2 in Verbindung mit Abs. 3 sich nicht am Gesundheitsamt untersuchen lässt.

(2) [1]Will die Kreisverwaltungsbehörde das Verfahren wegen einer Ordnungswidrigkeit nach Abs. 1 Nrn. 2 bis 4 einstellen, so hat sie vorher die Schule zu hören. [2]Der Erlass eines Bußgeldbescheides ist der Schule mitzuteilen.

Art. 120
Einschränkung von Grundrechten

Auf Grund dieses Gesetzes können im Vollzug der Bestimmungen über die Schulpflicht die Grundrechte auf körperliche Unversehrtheit, Freiheit der Person und Unverletzlichkeit der Wohnung eingeschränkt werden (Art. 102 Abs. 1, Art. 106 Abs. 3 der Verfassung, Art. 2 Abs. 2, Art. 13 Abs. 1 des Grundgesetzes).

Siebter Teil
Übergangs- und Schlussbestimmungen

Art. 121
Übergangsvorschriften

(1) [1]Als Schulen besonderer Art können folgende Schulen geführt werden:

1. die Städtische schulartunabhängige Orientierungsstufe München-Neuperlach in den Jahrgangsstufen 5 und 6, die Städtische Willy-Brandt-Gesamtschule München und die Staatliche Gesamtschule Hollfeld. Die Schülerinnen und Schüler werden entsprechend ihrer Leistungsfähigkeit den gebildeten Klassen und Kursen zugewiesen. Die Schulen

führen nach der Jahrgangsstufe 9 zum Haupt- bzw. Mittelschulabschluss und nach der Jahrgangsstufe 10 zum Realschulabschluss oder zur Berechtigung zum Übergang in die Jahrgangsstufe 11 des Gymnasiums. An diesen Schulen kann die Vollzeitschulpflicht erfüllt werden,

2. die Staatliche kooperative Gesamtschule Senefelder-Schule Treuchtlingen und – soweit die Voraussetzungen des folgenden Satzes erfüllt werden – die Evangelische kooperative Gesamtschule Wilhelm-Löhe-Schule Nürnberg. Diese Schulen werden als Zusammenschluss einer Hauptschule, einer Realschule und eines Gymnasiums, bei der Evangelischen kooperativen Gesamtschule Wilhelm-Löhe-Schule Nürnberg zusätzlich einer Fachoberschule, geführt, die unter einer Leitung stehen sollen.

[2]Das Staatsministerium regelt den Schulbetrieb und die inneren Schulverhältnisse in einer Schulordnung nach Art. 89, vor deren Erlass der Landesschulbeirat zu hören ist. [3]In dieser Schulordnung sind insbesondere Umfang und Zeitpunkt der Differenzierung in Leistungsstufen festzulegen; ab Jahrgangsstufe 9 müssen abschlussbezogene Klassen gebildet werden. [4]Die unmittelbare staatliche Schulaufsicht über die Schulen besonderer Art obliegt dem Staatsministerium. [5]Dieses kann zur Ausübung der Aufsicht ihm nachgeordnete Behörden und besondere Beauftragte heranziehen.

(2) [1]Eine Ersatzschule, die bis einschließlich 31. Juli 2012 als Hauptschule staatlich genehmigt wurde, kann als private Hauptschule fortgeführt werden. [2]Entsprechendes gilt für private Grund- und Hauptschulen und für private Volksschulen. [3]Private Hauptschulen, die die Voraussetzungen des Art. 7a Abs. 1 Satz 3 in der ab 1. August 2012 geltenden Fassung erfüllen, erhalten auf Antrag des Schulträgers die Bezeichnung Mittelschule.

(3) Ausbildungsrichtungen an Wirtschaftsschulen, die gemäß Art. 14 Abs. 3 in der bis zum 31. Juli 2015 geltenden Fassung eingerichtet waren, können bis zum Ende des Schuljahres 2016/17 fortgeführt werden.

(4) [1]In der Zeit vom 1. Juni 2014 bis 31. Juli 2019 gilt für Schularten, bei denen die Auskunftserteilung gemäß Art. 113b Abs. 8 Satz 3 noch nicht vollumfänglich umgesetzt ist, Art. 113 Abs. 1 Satz 1 in der bis zum Ablauf des 31. Mai 2014 geltenden Fassung; das Staatsministerium gibt jedes Schuljahr bekannt, auf welcher Rechtsgrundlage die Erhebungen zu erfolgen haben. [2]Die Staatsregierung berichtet dem Landtag bis spätestens 31. Dezember 2017, ob sich das neue Verfahren insbesondere aus datenschutzrechtlicher Sicht und im Hinblick auf den Verwaltungsaufwand bewährt hat.

Art. 122
Rechts- und Verwaltungsvorschriften, elektronische Verwaltungsinfrastrukturen

(1) Rechtsverordnungen auf Grund dieses Gesetzes erlässt das zuständige Staatsministerium, soweit nichts anderes bestimmt ist.

(2) [1]Das Staatsministerium kann durch Rechtsverordnung aus Gründen der Sicherheit und Gesundheit für Sportlehrerinnen und Sportlehrer den Nachweis einer staatlichen Fachprüfung verlangen. [2]Das Staatsministerium kann durch Rechtsverordnung regeln, unter welchen fachlichen, personellen und organisatorischen Voraussetzungen ein Lehrgang die Bezeichnung Singschule und Musikschule führen darf; damit soll der besondere Wert dieser Lehrgänge für die musikalische Erziehung der Jugend gesichert werden.

(3) [1]Das zuständige Staatsministerium kann für Bildungseinrichtungen, die außerhalb der Ausbildung an öffentlichen oder privaten Schulen bestehen oder vorgesehen sind,

Prüfungen einführen und Prüfungsordnungen erlassen. [2]Soweit die Bildungseinrichtungen in ihren Bildungszielen mit denen bestehender öffentlicher oder privater Schulen übereinstimmen, müssen die Prüfungen inhaltlich den entsprechenden Abschlussprüfungen der schulischen Bildungsgänge gleichwertig sein.

(4) Für die Studienkollegs bei den Universitäten des Freistaates Bayern und Studienkollegs bei den Fachhochschulen des Freistaates Bayern sowie für die Sonderlehrgänge für Aussiedlerinnen bzw. Aussiedler, Spätaussiedlerinnen bzw. Spätaussiedler zum Erwerb der Hochschulreife kann das Staatsministerium außerdem in entsprechender Anwendung des Art. 89 Studienordnungen erlassen.

(5) Art. 9 Abs. 2 und 3 sowie Art. 10 Abs. 1 des Bayerischen E-Government-Gesetzes finden auf Schulen entsprechende Anwendung.

Art. 123
Inkrafttreten, Außerkrafttreten

[1]Dieses Gesetz tritt am 1. Januar 1983 in Kraft.*) [2]Außer Kraft treten:

1. Art. 52 Abs. 5 Satz 6 und Art. 121 Abs. 3 mit Ablauf des 31. Juli 2017 und
2. Art. 121 Abs. 4 mit Ablauf des 31. Juli 2019.

*) Diese Vorschrift betrifft das Inkrafttreten des Gesetzes in der ursprünglichen Fassung vom 10. September 1982 (GVBl S. 743, ber. S. 1032; BayRS 2230-1-1-UK). Der Zeitpunkt des Inkrafttretens der späteren Änderungen ergibt sich aus den jeweiligen Änderungsgesetzen.

Für Ihre Notizen

Für Ihre Notizen

Schulordnung für schulartübergreifende Regelungen an Schulen in Bayern (Bayerische Schulordnung – BaySchO)

vom 1. Juli 2016 (GVBl S. 164, ber. S. 241)

2230-1-1-1-K

Auf Grund des Art. 46 Abs. 4 Satz 3, des Art. 52 Abs. 2 Satz 3, Abs. 4 und 5 Satz 5, des Art. 53 Abs. 4 Satz 2 und Abs. 6, des Art. 54 Abs. 1 bis 3, des Art. 56 Abs. 2 Nr. 2, des Art. 58 Abs. 1 und 6, des Art. 62 Abs. 9, des Art. 65 Abs. 1 Satz 4, des Art. 68, des Art. 69 Abs. 8, des Art. 84 Abs. 1, des Art. 85 Abs. 1a Satz 3, des Art. 89 Abs. 1, des Art. 100 Abs. 2, des Art. 116 Abs. 4 und des Art. 122 Abs. 1 des Bayerischen Gesetzes über das Erziehungs- und Unterrichtswesen (BayEUG) in der Fassung der Bekanntmachung vom 31. Mai 2000 (GVBl. S. 414, 632, BayRS 2230-1-1-K), das zuletzt durch § 1 des Gesetzes vom 23. Juni 2016 (GVBl. S. 102) geändert worden ist, verordnet das Bayerische Staatsministerium für Bildung und Kultus, Wissenschaft und Kunst:

Inhaltsübersicht

Teil 1
Allgemeines

§ 1
Geltungsbereich

[1]Diese Schulordnung gilt, soweit sie der Aufsicht des Staatsministeriums für Bildung und Kultus, Wissenschaft und Kunst (Staatsministerium) unterliegen, für alle öffentlichen Schulen und die staatlich anerkannten Ersatzschulen mit dem Charakter einer öffentlichen Schule. [2]Für staatlich genehmigte und staatlich anerkannte Ersatzschulen gilt diese Schulordnung im Rahmen der Art. 90, 92 Abs. 2 Nr. 2 und Abs. 5 und Art. 93 des Bayerischen Gesetzes über das Erziehungs- und Unterrichtswesen (BayEUG), für letztere darüber hinaus im Rahmen des Art. 100 Abs. 2 BayEUG.

Teil 2
Schulgemeinschaft

Kapitel 1
Schulleiterin und Schulleiter
(vergleiche Art. 57, 84 und 85 BayEUG)

§ 2
Schulleiterin und Schulleiter

(1) Die Schulleiterin oder der Schulleiter trägt die pädagogische, organisatorische und rechtliche Gesamtverantwortung.

(2) [1]Vorbehaltlich anderweitiger Regelungen entscheidet die Schulleiterin oder der Schulleiter insbesondere

1. über die Durchführung und Verbindlichkeit von sonstigen Schulveranstaltungen,
2. über den Erlass einer Hausordnung,
3. über Sammelbestellungen im schulischen Interesse,
4. über die Verbreitung von gedruckten oder digitalen Schriften und Plakaten im schulischen Interesse und
5. im Einvernehmen mit dem Aufwandsträger über die Zulässigkeit von Bild-, Film-, Fernseh- und Tonaufnahmen in der Schule.

[2]Bei schulübergreifenden sonstigen Schulveranstaltungen treffen die unmittelbar zuständigen Schulaufsichtsbehörden die Entscheidung im Einvernehmen. [3]Anderweitige Mitwirkungsrechte, wie etwa nach dem Bayerischen Erziehungs- und Unterrichtsgesetz, dem Bayerischen Personalvertretungsgesetz oder den Schulordnungen, bleiben unberührt.

Kapitel 2
Lehrkräfte, Lehrerkonferenz, Ausschüsse
(vergleiche Art. 51, 53, 58 und 59 BayEUG)

§ 3
Aufgaben

(1) Die Lehrerkonferenz beschließt im Rahmen ihrer Aufgaben nach Art. 58 Abs. 3 und 4 BayEUG auch über

1. Widersprüche gegen Verwaltungsakte mit Ausnahme von Widersprüchen gegen Verwaltungsakte an Grundschulen, Mittelschulen und Förderschulen;
2. Beschwerden von grundsätzlicher Bedeutung gegen allgemeine Unterrichts- und Erziehungsmaßnahmen der Schule mit Ausnahme von Aufsichtsbeschwerden gegen die Schule und von Dienstaufsichtsbeschwerden,
3. sonstige Schulveranstaltungen, die die gesamte Schule betreffen.

(2) [1]Die Lehrerkonferenz entscheidet über die Durchführung von Modus-Maßnahmen nach der Anlage sowie die hierfür erforderlichenfalls nötigen Abweichungen von den Schulordnungen. [2]Die Maßnahmen können an die Besonderheiten der jeweiligen Schulart angepasst werden. [3]Die Entscheidung ist zuvor innerhalb der Schulgemeinschaft zu erörtern und das Einvernehmen des Aufwandsträgers oder des Aufgabenträgers im Sinne des Art. 1 des Schulwegkostenfreiheitsgesetzes (SchKfrG) herzustellen, wenn dessen Belange berührt werden.

§ 4
Sitzungen

(1) [1]Die Sitzungen der Lehrerkonferenz sind nicht öffentlich. [2]Sie sind außerhalb der regelmäßigen Unterrichtszeit, in Ausnahmefällen an Nachmittagen mit wenig Unterricht, durchzuführen.

(2) [1]Die Mitglieder der Lehrerkonferenz sind verpflichtet, an den Sitzungen teilzunehmen. [2]Das vorsitzende Mitglied kann Lehrkräfte von der Teilnahme an einzelnen Sitzungen ganz oder teilweise befreien, insbesondere wenn diese

1. zur Unterrichtserteilung an mehreren Schulen eingesetzt werden oder
2. mit weniger als der Hälfte der Unterrichtspflichtzeit tätig sind.

(3) [1]Das vorsitzende Mitglied kann Dritte zur Beratung einzelner Tagesordnungspunkte in der Lehrerkonferenz hinzuziehen. [2]In Angelegenheiten, die in die Zuständigkeit des Elternbeirats fallen, ist der Elternbeirat anzuhören. [3]Auf die Rechte nach Art. 88 Abs. 3 Satz 2 und 3 BayEUG sind die Betroffenen rechtzeitig hinzuweisen.

(4) [1]Über jede Sitzung ist eine Niederschrift zu erstellen. [2]Die Mitglieder der Lehrerkonferenz haben das Recht, die Niederschrift einzusehen, die nach Abs. 3 Hinzugezogenen nur hinsichtlich der Tagesordnungspunkte, zu denen sie hinzugezogen wurden. [3]Die Niederschrift ist acht Jahre aufzubewahren.

§ 5
Einberufung

(1) [1]Die Lehrerkonferenz wird bei Bedarf, mindestens jedoch zweimal im Schuljahr, einberufen. [2]Sie muss innerhalb von 14 Tagen einberufen werden, wenn mindestens ein Viertel der Mitglieder oder die Schulaufsichtsbehörde unter Angabe der zu beratenden Gegenstände dies verlangt.

(2) [1]Ort, Zeit und Tagesordnung der Sitzung sind den Mitgliedern sowie dem Elternbeirat mindestens eine Woche vor Beginn schriftlich oder durch Aushang in der an der Schule üblichen Weise bekannt zu geben. [2]In dringenden Fällen kann die Frist unterschritten werden.

(3) [1]Jedes Mitglied kann die Behandlung zusätzlicher Tagesordnungspunkte beantragen. [2]Die zusätzlichen Tagesordnungspunkte werden in die Tagesordnung aufgenommen, wenn das vorsitzende Mitglied oder mindestens ein Viertel der Mitglieder der Lehrerkonferenz dem zustimmen.

§ 6
Beschlussfassung

(1) [1]Die Lehrerkonferenz ist beschlussfähig, wenn sämtliche Mitglieder ordnungsgemäß geladen sind und die Mehrheit der zur Teilnahme verpflichteten Mitglieder anwesend ist. [2]Wird die Lehrerkonferenz zum zweiten Mal zur Behandlung desselben Gegenstands zusammengerufen, so ist sie insoweit ohne Rücksicht auf die Zahl der Anwesenden beschlussfähig.

(2) [1]Stimmberechtigt sind alle Mitglieder der Lehrerkonferenz. [2]Bei Besorgnis der Befangenheit gilt Art. 21 des Bayerischen Verwaltungsverfahrensgesetzes entsprechend.

(3) [1]Die anwesenden stimmberechtigten Mitglieder sind mit Ausnahme der nach Art. 88 Abs. 3 Satz 2 Nr. 2 BayEUG eingeschalteten Mitglieder bei den Abstimmungen zur Stimmabgabe verpflichtet. [2]Beschlüsse werden in offener Abstimmung mit einfacher Mehrheit der abgegebenen Stimmen gefasst. [3]Bei Stimmengleichheit gibt die Stimme des vorsitzenden Mitglieds den Ausschlag. [4]Besteht an beruflichen Schulen mehr als die Hälfte der Mitglieder der Lehrerkonferenz aus nebenamtlich tätigen oder mit weniger als der Hälfte der regelmäßigen Unterrichtspflichtzeit beschäftigten Lehrkräften, sind Beschlüsse nur wirksam, wenn sie auch von der Mehrheit der abgegebenen Stimmen der hauptamtlich tätigen oder der mit mindestens der Hälfte der regelmäßigen Unterrichtspflichtzeit beschäftigten Lehrkräfte unterstützt werden.

§ 7
Ausschüsse, Klassenkonferenz
(vergleiche Art. 53 Abs. 4 und Art. 58 Abs. 1 Satz 3 BayEUG)

(1) [1]Die Lehrerkonferenz kann Ausschüsse bilden. [2]Stets gebildet werden die Ausschüsse nach den Abs. 2 und 3, unter den Voraussetzungen des Art. 58 Abs. 1 Satz 3 BayEUG auch nach den Abs. 4 und 5.

(2) [1]Die Klassenkonferenz hat auch über die pädagogische Situation der Klasse und einzelner Schülerinnen und Schüler sowie über größere Veranstaltungen und Projekte der jeweiligen Klasse zu beraten. [2]An Abendgymnasien, Kollegs und Abendrealschulen nimmt die Lehrerkonferenz die Aufgaben der Klassenkonferenz wahr.

(3) Dem Kassenprüfungsausschuss gehören drei Mitglieder der Lehrerkonferenz an.

(4) Dem Lehr- und Lernmittelausschuss gehören die Schulleiterin oder der Schulleiter als vorsitzendes Mitglied sowie für jedes an der Schule erteilte Fach die Fachbetreuerin oder der Fachbetreuer oder eine von der Lehrerkonferenz gewählte Lehrkraft an.

(5) Dem Disziplinarausschuss gehören neben der Schulleiterin oder dem Schulleiter als vorsitzendem Mitglied und dem ständigen Vertreter sieben weitere Mitglieder an, die zusammen mit einer ausreichenden Zahl von Ersatzmitgliedern von der Lehrerkonferenz gewählt werden.

(6) [1]Für das Verfahren gelten die Bestimmungen für die Lehrerkonferenz entsprechend. [2]Der Disziplinarausschuss berät und entscheidet stets mit der vollen Zahl seiner Mitglieder.

Kapitel 3
Schülerinnen und Schüler
(vergleiche Art. 62 und 63 BayEUG)

§ 8
Klassensprecherinnen und Klassensprecher

(1) [1]Über das Wahlverfahren von Klassensprecherinnen und Klassensprechern entscheidet der Schülerausschuss im Einvernehmen mit der Schulleiterin oder dem Schulleiter. [2]Die Wahl findet innerhalb von vier Wochen nach Unterrichtsbeginn statt.

(2) [1]Ein Mitglied der Schülervertretung scheidet bei Verlust der Wählbarkeitsvoraussetzungen, bei schriftlichem Verlangen seiner Erziehungsberechtigten oder bei Rücktritt aus seinem Amt aus. [2]In diesem Fall findet für den Rest des Schuljahres eine Neuwahl statt.

(3) Für Jahrgangsstufensprecherinnen und Jahrgangsstufensprecher an Gymnasien sowie an Berufsfachschulen für Musik gelten die Abs. 1 und 2 entsprechend.

(4) [1]Soweit der sonderpädagogische Förderbedarf der Schülerinnen und Schüler dies erfordert, sind diese bei der Festlegung der Verfahrensfragen durch die Schule zu unterstützen. [2]An Förderschulen für den Förderschwerpunkt geistige Entwicklung kann die Lehrerkonferenz mit Zustimmung des Elternbeirats beschließen, dass auf Grund der Schwere des sonderpädagogischen Förderbedarfs der Schülerinnen und Schüler auf die Wahl von Klassensprecherinnen und Klassensprechern verzichtet wird.

(5) [1]An Berufsschulen und diesen entsprechenden Schulen zur sonderpädagogischen Förderung bilden die Klassensprecherinnen und Klassensprecher der an den einzelnen Tagen anwesenden Klassen eine Klassensprecherversammlung. [2]Die Klassensprecherinnen und Klassensprecher von Klassen, die an mehreren Tagen in der Woche anwesend sind, gehören der Klassensprecherversammlung des Wochentags an, den die Schulleiterin oder der Schulleiter unter Berücksichtigung einer gleichmäßigen Aufteilung bestimmt.

(6) An beruflichen Schulen sind die Klassensprecherversammlungen so zu legen, dass alle Klassensprecherinnen und Klassensprecher teilnehmen können, ohne dass der praktische Teil der Ausbildung mehr als notwendig unterbrochen werden muss.

§ 9
Schülersprecherinnen und Schülersprecher, Schülerausschuss

(1) [1]Die Schülersprecherinnen und Schülersprecher werden jeweils für ein Schuljahr gewählt. [2]Die Wahl findet innerhalb von zwei Wochen nach der Wahl der Klassensprecherinnen und Klassensprecher statt. [3]Die Schülersprecherinnen und Schülersprecher führen die Geschäfte bis zur Wahl der neuen Schülersprecherinnen und Schülersprecher weiter.

(2) [1]An zweijährigen Fachschulen und den Berufsfachschulen für Fremdsprachenberufe werden die Schülersprecherin oder der Schülersprecher, an Fachakademien die Sprecherin oder der Sprecher der Studierenden und jeweils ein Stellvertreter gewählt. [2]Sie nehmen die Aufgaben des Schülerausschusses wahr. [3]Abs. 1 gilt entsprechend.

(3) [1]An Berufsschulen und diesen entsprechenden Schulen zur sonderpädagogischen Förderung wählt die Klassensprecherversammlung für jeden Schultag die Tagessprecherinnen oder Tagessprecher. [2]Diese bilden den Tagessprecherausschuss. [3]An Außenstellen werden

eigene Einrichtungen der Schülervertretung eingerichtet. [4]§ 8 Abs. 1 gilt entsprechend. [5]Die Tagessprecherausschüsse können einen Schülerausschuss bilden; Abs. 1 gilt entsprechend. [6]Wird ein solcher nicht gebildet, nimmt der Tagessprecherausschuss die Aufgaben und Rechte des Schülerausschusses wahr.

(4) § 8 Abs. 1 Satz 1 und Abs. 2 bis 4 gilt entsprechend.

§ 10
Verbindungslehrkräfte, Schülermitverantwortung

(1) [1]Über das Wahlverfahren von Verbindungslehrkräften entscheidet der Schülerausschuss im Einvernehmen mit der Schulleiterin oder dem Schulleiter. [2]Im Fall des § 8 Abs. 4 erfolgt die Wahl durch die Lehrerkonferenz.

(2) [1]Die Durchführung von sonstigen Schulveranstaltungen und die Bildung von Arbeitsgruppen im Rahmen der Schülermitverantwortung sind der Schulleiterin oder dem Schulleiter unter Angabe des Zwecks, der Beteiligten und der Leitung rechtzeitig anzuzeigen. [2]Sie unterliegen der Aufsicht der Schule.

(3) Die Verbreitung schriftlicher Mitteilungen im Rahmen der Schülermitverantwortung an die Schülerinnen und Schüler ist nach Genehmigung nur dem Schülerausschuss gestattet.

(4) [1]Aufwendungen der Schülermitverantwortung können durch Zuwendungen Dritter oder durch Einnahmen aus sonstigen Schulveranstaltungen finanziert werden, sofern sie nicht mit Bedingungen verknüpft sind, die der Aufgabe der Schülermitverantwortung widersprechen. [2]Die Schülerzeitung wird aus dem Verkaufserlös, aus Anzeigenwerbung und aus Zuwendungen Dritter finanziert. [3]Über die Zuwendungen und Einnahmen sowie deren Verwendung ist ein geeigneter Nachweis zu führen.

(5) Die Aufgaben und Rechte der Schülermitverantwortung erstrecken sich auf Angelegenheiten der Schülerinnen und Schüler in der praktischen Ausbildung nur insoweit, als die Schule dafür Verantwortung trägt und § 21 Abs. 2 Satz 1 und 2 nicht entgegensteht.

§ 11
Schülermitverantwortung auf Stadt-, Landkreis- und Bezirksebene, schulübergreifende Zusammenarbeit

(1) [1]Die Schülersprecherinnen und Schülersprecher an Mittelschulen wählen spätestens drei Wochen nach ihrer Wahl aus ihrer Mitte für die jeweilige Stadt bzw. den jeweiligen Landkreis je eine Stadt- bzw. Landkreisschülersprecherin oder einen Stadt- bzw. Landkreisschülersprecher und jeweils einen Stellvertreter. [2]Die Amtszeit beträgt jeweils ein Jahr. [3]Über das Wahlverfahren entscheiden die jeweiligen Schülersprecherinnen und Schülersprecher im Einvernehmen mit der Schulaufsichtsbehörde.

(2) [1]Die Wahl der Bezirksschülersprecherinnen und Bezirksschülersprecher nach Art. 62 Abs. 6 BayEUG findet statt

1. im Bereich der Mittelschulen spätestens drei Wochen nach der Wahl der Stadt- und Landkreisschülersprecherinnen und der Stadt- und Landkreisschülersprecher nach Abs. 1,
2. im Bereich der Gymnasien, Realschulen, Förderschulen und beruflichen Schulen spätestens einen Monat nach der Wahl der Schülersprecherinnen und Schülersprecher.

[2]Abs. 1 Satz 2 und 3 sowie § 8 Abs. 4 Satz 1 gelten entsprechend.

(3) [1]Für die Durchführung der Wahlen, den Erfahrungsaustausch und die Erörterung von Wünschen und Anregungen richten die Schulaufsichtsbehörden für ihren jeweiligen

Zuständigkeitsbereich – mit Ausnahme auf Schulamtsebene im Bereich der Förderschulen – jeweils Aussprachetagungen für die jeweiligen Schülervertretungen nach den Abs. 1 und 2 ein, an welchen die Verbindungslehrkräfte teilnehmen sollen, soweit dies erforderlich ist. [2]Die jeweiligen Schülervertretungen nach den Abs. 1 und 2 übernehmen unbeschadet der Gesamtleitung durch die Schulaufsichtsbehörde den Vorsitz und geben Informationen an die nachgeordneten Schülervertretungen mit Zustimmung der Schulaufsichtsbehörde weiter. [3]Aussprachetagungen können auch zum Erfahrungsaustausch für Mitglieder von Schülerzeitungen durchgeführt werden.

(4) [1]Die Schülervertretungen mehrerer Schulen können gemeinsame sonstige Schulveranstaltungen durchführen oder auf andere Weise zusammenarbeiten. [2]Soweit Berufsfachschulen für Ernährung und Versorgung oder für Kinderpflege und Sozialpflege organisatorisch und räumlich miteinander verbunden sind, kann auf Antrag der Schule mit Genehmigung der Schulaufsichtsbehörde eine gemeinsame Schülermitverantwortung gebildet werden. [3]Im Übrigen sind Zusammenschlüsse von Schülervertretungen mehrerer Schulen unzulässig.

Kapitel 4
Erziehungsberechtigte
(vergleiche Art. 64 bis 68, 74 und 76 BayEUG)

§ 12
Zusammenarbeit der Schule mit den Erziehungsberechtigten

(1) [1]Der Zusammenarbeit der Schule mit den Erziehungsberechtigten dienen insbesondere Elternsprechstunden, Elternsprechtage, Klassenelternversammlungen und Elternversammlungen. [2]Die Durchführung von allgemeinen Veranstaltungen, die die Zusammenarbeit von Schule und Erziehungsberechtigten betreffen, bedarf des Einvernehmens des Elternbeirats.

(2) [1]Die Erziehungsberechtigten haben das Recht auf eine angemessene Beratung in Elternsprechstunden und mindestens einen Elternsprechtag, an dem alle Lehrkräfte den Erziehungsberechtigten zur Verfügung stehen. [2]Elternsprechtage und Elternversammlungen sind außerhalb der regelmäßigen Unterrichtszeit so anzusetzen, dass berufstätigen Erziehungsberechtigten der Besuch in der Regel möglich ist.

(3) Eine Klassenelternversammlung ist einzuberufen, wenn dies ein Viertel der Erziehungsberechtigten einer Klasse beantragt.

§ 13
Wahl der Klassenelternsprecherin oder des Klassenelternsprechers

(1) Wenn nach Art. 64 Abs. 2 Satz 1 BayEUG Klassenelternsprecher gewählt werden, dann wählen die Erziehungsberechtigten der Schülerinnen und Schüler einer Klasse aus ihrer Mitte die Klassenelternsprecherin oder den Klassenelternsprecher sowie einen Stellvertreter.

(2) [1]Über Ort, Zeit und Verfahren der Wahl entscheidet der Elternbeirat. [2]Die Entscheidung nach Satz 1 erfolgt im Einvernehmen mit der Schulleiterin oder dem Schulleiter. [3]Besteht an der Schule kein Elternbeirat, entscheidet die Schulleiterin oder der Schulleiter. [4]Das Wahlverfahren wird in einer Wahlordnung geregelt, die den allgemeinen demokratischen Grundsätzen entsprechen muss. [5]Die Wahlen sollen innerhalb von zwei Wochen nach Unterrichtsbeginn durchgeführt werden.

(3) [1]Wahlberechtigt sind alle Erziehungsberechtigten. [2]Für jedes Kind der Klasse kann nur eine Stimme abgegeben werden. [3]Dies kann durch jeden der Erziehungsberechtigten erfolgen. [4]Wählbar sind die Wahlberechtigten mit Ausnahme der Mitglieder der Lehrer-

konferenz. [5]Eine Erziehungsberechtigte oder ein Erziehungsberechtigter kann nur in einer Klasse Klassenelternsprecherin oder Klassenelternsprecher sein.

(4) [1]Die Erziehungsberechtigten einer Schülerin oder eines Schülers können eine andere volljährige Person, die die Schülerin oder den Schüler tatsächlich erzieht, ermächtigen, an der Wahl teilzunehmen. [2]In diesem Fall steht diese für die Dauer der Ermächtigung einer oder einem Erziehungsberechtigten gleich. [3]Die Ermächtigung muss der Schule vor der Wahl in schriftlicher Form vorliegen. [4]Diese gilt für die Dauer einer Amtszeit.

(5) [1]Über die Wahl wird eine Niederschrift angefertigt. [2]Diese enthält den wesentlichen Gang der Wahl und die Feststellung des Wahlergebnisses.

(6) [1]An Gymnasien, Realschulen und Wirtschaftsschulen kann von Abs. 1 abgewichen werden. [2]Abs. 2 Satz 2, 3 und 5 findet keine Anwendung.

§ 14
Wahl des Elternbeirats und des gemeinsamen Elternbeirats

(1) [1]Wahlberechtigt für die Wahl zum Elternbeirat sind alle Erziehungsberechtigten, die wenigstens ein Kind haben, das die betreffende Schule besucht, die früheren Erziehungsberechtigten volljähriger Schülerinnen und Schüler sowie die in Art. 66 Abs. 2 Satz 3 BayEUG genannte Leitung eines Schülerheims oder einer ähnlichen Einrichtung. [2]An Förderschulen sind auch die Erziehungsberechtigten von Kindern, die die Schulvorbereitende Einrichtung der Schule besuchen, wahlberechtigt. [3]§ 13 Abs. 3 Satz 2 bis 4 sowie Abs. 4 gilt entsprechend.

(2) [1]Für die Wahlen zum Elternbeirat gilt § 13 Abs. 2 Satz 1 bis 4 sowie Abs. 5 entsprechend. [2]Diese sollen spätestens sechs Wochen nach Unterrichtsbeginn durchgeführt werden.

(3) Für die Wahl zum gemeinsamen Elternbeirat gilt § 13 Abs. 2 Satz 1 bis 4 sowie Abs. 5 mit der Maßgabe, dass das Einvernehmen mit der zuständigen Schulaufsichtsbehörde nötig ist.

§ 15
Aufgaben und Geschäftsgang der Elternvertretungen

(1) [1]Unbeschadet der weiteren durch Gesetz und Schulordnungen zugewiesenen Aufgaben ist die Zustimmung des Elternbeirats auch erforderlich für

1. die Zusammenstellung der Schülerfahrten sowie die Durchführung der Fahrten im Rahmen des internationalen Schüleraustauschs,
2. die Festlegung der Grundsätze zur Durchführung von sonstigen Schulveranstaltungen der ganzen Schule, von Unterrichtszeiten oder zur Durchführung von Veranstaltungen in der unterrichtsfreien Zeit; § 19 Abs. 2 bleibt unberührt,
3. die Durchführung der Maßnahmen in Anlage Nr. 1, 2, 5, 9, 12, 15 bis 17, 20 bis 23, 25, 33, 35, 44, 48, 50, 55, 56 und 58.

[2]Die Aufgaben der Klassenelternsprecherinnen und -sprecher an Realschulen, Wirtschaftsschulen und Gymnasien legt der Elternbeirat fest. [3]Bei den Grundschulen übernimmt der Elternbeirat die Aufgaben des Schulforums, soweit nach den Schulordnungen das Schulforum zu beschließen hat oder zu beteiligen ist.

(2) Die Sitzungen der Elternvertretungen sind nicht öffentlich.

(3) In der ersten Sitzung wählt der Elternbeirat bzw. der gemeinsame Elternbeirat aus seiner Mitte ein vorsitzendes Mitglied sowie einen Stellvertreter.

(4) [1]Der Aufwandsträger und die Schulleiterin oder der Schulleiter müssen zu den von

ihnen genannten Angelegenheiten in der Sitzung des Elternbeirats bzw. des gemeinsamen Elternbeirats gehört werden. [2]Auf Verlangen der Mehrheit sind sie zum Erscheinen verpflichtet. [3]Zur Beratung einzelner Angelegenheiten können weitere Personen eingeladen werden.

(5) [1]Über die bei der Tätigkeit als Elternvertreter bekannt gewordenen Angelegenheiten ist während und auch nach Beendigung der Mitgliedschaft Verschwiegenheit zu bewahren. [2]Dies gilt nicht für Tatsachen, die offenkundig sind oder ihrer Natur nach keiner Geheimhaltung bedürfen.

§ 16
Amtszeit und Mitgliedschaft der Elternvertretungen

(1) [1]Die Amtszeit der Klassenelternsprecherinnen und -sprecher an Grundschulen und Mittelschulen beträgt ein Schuljahr. [2]Sie beginnt mit der Feststellung des Wahlergebnisses und endet mit dem Ablauf des Schuljahres. [3]An Realschulen, Wirtschaftsschulen und Gymnasien legt der Elternbeirat die Amtszeit fest.

(2) [1]Die Amtszeit des Elternbeirats an Grundschulen und Mittelschulen beträgt ein Jahr, an den anderen Schularten zwei Jahre. [2]Die Amtszeit des gemeinsamen Elternbeirats für Grundschulen und Mittelschulen beträgt ein Jahr, für Förderzentren zwei Jahre. [3]Sie beginnt mit der Feststellung des Wahlergebnisses und endet mit der Wahl des neuen Elternbeirats.

(3) [1]Das Amt und die Mitgliedschaft enden mit dem Ablauf der Amtszeit, dem Ausscheiden des Kindes aus der Schule, der Niederlegung des Amtes oder dem Verlust der Wählbarkeit, an Grundschulen und Mittelschulen überdies mit dem Ausscheiden des Kindes aus der Klasse sowie der Auflösung der Klasse. [2]An die Stelle ausgeschiedener Klassenelternsprecherinnen oder -sprecher an Grundschulen und Mittelschulen bzw. Elternbeiratsmitglieder rücken für die restliche Dauer der Amtszeit die Ersatzpersonen in der Reihenfolge ihrer Stimmenzahlen nach.

(4) Die Tätigkeiten als Elternvertretung sind ehrenamtlich.

Kapitel 5
Schulforum und Verbundausschuss
(vergleiche Art. 69 und 32a BayEUG)

§ 17
Schulforum

(1) [1]Die Sitzungen des Schulforums sind nicht öffentlich. [2]Sie sind außerhalb der regelmäßigen Unterrichtszeit durchzuführen. [3]Für die Pflicht zur Verschwiegenheit gilt § 15 Abs. 5 entsprechend. [4]Das Schulforum kann zur Behandlung einzelner Tagesordnungspunkte Dritte hinzuziehen.

(2) [1]Das Schulforum wird von der Schulleiterin oder vom Schulleiter mindestens einmal in jedem Halbjahr, spätestens bis zum 30. November des jeweiligen Kalenderjahres, einberufen. [2]Es entscheidet über den Sitzungsturnus. [3]Es ist einzuberufen, wenn mindestens vier Mitglieder dies verlangen. [4]Es ist beschlussfähig, wenn alle Mitglieder ordnungsgemäß geladen sind und mindestens die Hälfte der Mitglieder anwesend ist. [5]Die Beschlüsse werden in offener Abstimmung mit einfacher Mehrheit gefasst. [6]Wird einem Beschluss des Schulforums von der für die Entscheidung zuständigen Stelle nicht entsprochen, so ist dies gegenüber dem Schulforum – auf dessen Antrag schriftlich – zu begründen. [7]Über jede Sitzung ist eine Niederschrift zu erstellen.

(3) Jedes Mitglied hat das Recht, einen Antrag einzubringen, über den zu beraten und zu entscheiden ist.

(4) [1]Die Lehrerkonferenz bestimmt die Amtsdauer der in das Schulforum gewählten Lehrkräfte. [2]Elternbeirat, Lehrerkonferenz und Klassensprecherversammlung können für den Fall der Verhinderung eine Regelung zur Vertretung der von ihnen gewählten Mitglieder des Schulforums bzw. der Mitglieder des Schülerausschusses treffen.

(5) [1]Ein Schulforum wird an Förderschulen ab Jahrgangsstufe 5 eingerichtet, in den Fällen des § 8 Abs. 4 Satz 2 allerdings nur, soweit Schülersprecherinnen und -sprecher gewählt wurden. [2]An Förderschulen soll bei der Behandlung einzelner Tagesordnungspunkte auch Personal für heilpädagogische Unterrichtshilfe hinzugezogen werden. [3]Zur Teilnahme berechtigt sind zudem die ausschließlich an einer allgemeinen Schule mit dem Schulprofil „Inklusion“ eingesetzten Lehrkräfte der Förderschule.

§ 18
Verbundausschuss

[1]Der Verbundausschuss an Grundschulen und Mittelschulen wird von der Verbundkoordinatorin oder dem Verbundkoordinator einberufen und geleitet. [2]Der Verbundausschuss ist vor der Klassenbildung im Schulverbund zu beteiligen. [3]Die Verbundkoordinatorin oder der Verbundkoordinator strebt bei der Klassenbildung das Benehmen mit dem Verbundausschuss an.

Teil 3
Allgemeiner Schulbetrieb

§ 19
Stundenplan, Unterrichtszeit

(1) [1]An Grundschulen und Mittelschulen wird der Hauptstundenplan von der Schulleiterin oder vom Schulleiter, der Klassenstundenplan von der Klassenleiterin oder vom Klassenleiter im Einvernehmen mit der Schulleiterin oder dem Schulleiter festgesetzt und der Schulaufsichtsbehörde vorgelegt. [2]An den übrigen Schularten wird der Stundenplan von der Schulleiterin oder dem Schulleiter festgesetzt. [3]Die Stundenpläne werden den jeweils betroffenen Schülerinnen und Schülern zur Unterrichtung der Erziehungsberechtigten rechtzeitig bekannt gegeben.

(2) [1]Der Unterricht wird in der Regel von Montag bis Freitag erteilt. [2]Die Unterrichtszeit wird im Benehmen mit dem Aufgabenträger im Sinne des Art. 1 SchKfrG und dem Schulforum festgesetzt. [3]Aus besonderen Gründen und im Einvernehmen mit dem Elternbeirat, dem Schulaufwandsträger sowie dem Aufgabenträger im Sinne des Art. 1 SchKfrG kann bis zu ein Tag im Schuljahr, an dem ein geregelter Unterrichtsbetrieb nicht mehr gesichert ist, für unterrichtsfrei erklärt werden, wenn gleichzeitig festgelegt wird, wann der entfallene Unterricht zeitnah nachzuholen ist.

(3) [1]Eine Unterrichtsstunde dauert 45 Minuten. [2]Im Rahmen der praktischen und fachpraktischen Ausbildung an beruflichen Schulen kann sie 60 Minuten dauern. [3]Ausreichende Pausen sind vorzusehen, über welche die Lehrerkonferenz nach Anhörung des Schulforums entscheidet. [4]An Förderschulen können im Rahmen der Gesamtunterrichtszeit Abweichungen vorgenommen werden.

§ 20
Teilnahme, Befreiung, Beurlaubung

(1) [1]Ist eine Schülerin oder ein Schüler aus zwingenden Gründen verhindert am Unterricht oder an einer sonstigen verbindlichen Schulveranstaltung teilzunehmen, so ist die Schule unverzüglich unter Angabe des Grundes zu verständigen. [2]Im Fall fernmündlicher Verständigung ist eine schriftliche Mitteilung innerhalb von zwei Tagen nachzureichen. [3]Außerschulische Einrichtungen der praktischen bzw. fachpraktischen Ausbildung sind darüber hinaus in der von der Schule festgelegten Weise zu unterrichten.

(2) [1]Die Schule kann die Vorlage eines ärztlichen Zeugnisses verlangen

1. bei Erkrankung von mehr als drei Unterrichtstagen oder am Tag eines angekündigten Leistungsnachweises und
2. wenn sich krankheitsbedingte Schulversäumnisse einer Schülerin oder eines Schülers häufen oder Zweifel an der Erkrankung bestehen.

[2]In den Fällen von Satz 1 Nr. 2 kann die Schule auch die Vorlage eines schulärztlichen Zeugnisses verlangen. [3]Ein Zeugnis nach den Sätzen 1 und 2 ist der Schule innerhalb von zehn Tagen, nachdem es verlangt wurde, vorzulegen; wird es nicht oder nicht rechtzeitig vorgelegt, gilt das Fernbleiben als unentschuldigt. [4]Ein Zeugnis kann in der Regel nur dann als genügender Nachweis für die geltend gemachte Erkrankung anerkannt werden, wenn es auf Feststellungen beruht, die die Ärztin oder der Arzt während der Zeit der Erkrankung getroffen hat.

(3) [1]Schülerinnen und Schüler können auf schriftlichen Antrag in begründeten Ausnahmefällen vom Unterricht in einzelnen Fächern befreit oder vom Schulbesuch beurlaubt werden. [2]Es ist ihnen ausreichende Gelegenheit zur Erfüllung ihrer religiösen Pflichten und zur Wahrnehmung religiöser Veranstaltungen auch außerhalb der Schule zu geben.

§ 21
Schülerfirmen, Betriebspraktika und sonstige Praxismaßnahmen

(1) [1]Minderjährige Schülerinnen und Schüler dürfen nur mit dem schriftlichen Einverständnis ihrer Erziehungsberechtigten an einer Schülerfirma, einem verpflichtenden Betriebspraktikum, der fachpraktischen Ausbildung in außerschulischen Einrichtungen oder sonstigen Praxismaßnahmen teilnehmen. [2]Für die Zeit der Teilnahme ist eine Schülerhaftpflichtversicherung abzuschließen. [3]Die Schulleiterin oder der Schulleiter oder die von ihnen damit beauftragten Bediensteten schließen die Versicherung im Namen der Erziehungsberechtigten bzw. bei volljährigen Schülerinnen und Schülern in deren Namen ab, welche die Beiträge für die Versicherung zu entrichten haben.

(2) [1]Die Schülerinnen und Schüler haben im Rahmen der praktischen bzw. fachpraktischen Ausbildung das Wohl der zu pflegenden, zu betreuenden oder zu behandelnden Personen besonders zu beachten. [2]Die Schülerinnen und Schüler haben Stillschweigen über alle ihnen im Rahmen der Ausbildung zur Kenntnis gelangenden Tatsachen zu wahren, die der Geheimhaltung unterliegen. [3]An Beruflichen Oberschulen dürfen sie für die fachpraktische Ausbildung kein Entgelt fordern oder entgegennehmen.

§ 22
Beaufsichtigung

(1) [1]Die Aufsichtspflicht der Schule erstreckt sich auf die Zeit, in der die Schülerinnen und Schüler am Unterricht oder an sonstigen Schulveranstaltungen teilnehmen, einschließ-

lich einer angemessenen Zeit vor Beginn und nach Beendigung des Unterrichts oder der Schulveranstaltungen. [2]An Grundschulen sowie Grundschulstufen an Förderschulen gelten als angemessene Zeit vor Beginn des Unterrichts 15 Minuten, als angemessene Zeit nach Beendigung des Unterrichts gilt die Zeit bis zum Verlassen des Schulgeländes. [3]Bei Bedarf erfolgt eine Beaufsichtigung an diesen Schulen eine halbe Stunde vor dem regelmäßigen Unterrichtsbeginn.

(2) [1]Der Umfang der Aufsichtspflicht richtet sich nach der geistigen und charakterlichen Reife der zu beaufsichtigenden Schülerinnen und Schüler. [2]Schülerinnen und Schülern kann gestattet werden, während der unterrichtsfreien Zeit die Schulanlage zu verlassen, ausgenommen an Grundschulen und Grundschulstufen an Förderschulen. [3]Die Grundsätze werden mit dem Schulforum abgestimmt.

(3) [1]Während der Teilnahme an der praktischen und fachpraktischen Ausbildung an beruflichen Schulen obliegt die Aufsicht den Praxisanleiterinnen und -anleitern bzw. den Ausbilderinnen und Ausbildern. [2]Deren Anordnungen ist Folge zu leisten.

§ 23
Verbot von Rauschmitteln, Sicherstellung von Gegenständen

(1) [1]Der Konsum alkoholischer Getränke und sonstiger Rauschmittel ist Schülerinnen und Schülern innerhalb der Schulanlage sowie bei schulischen Veranstaltungen untersagt. [2]Über Ausnahmen vom Verbot des Konsums alkoholischer Getränke ist im Einvernehmen mit dem Schulforum zu entscheiden.

(2) [1]Das Mitbringen und Mitführen von gefährlichen Gegenständen sowie von sonstigen Gegenständen, die den Unterricht oder die Ordnung der Schule stören, ist den Schülerinnen und Schülern untersagt. [2]Derartige Gegenstände können weggenommen und sichergestellt werden. [3]Die Rückgabe gefährlicher Gegenstände darf bei minderjährigen Schülerinnen und Schülern nur an die Erziehungsberechtigten erfolgen.

§ 24
Erhebungen
(vergleiche Art. 85 BayEUG)

(1) [1]Erhebungen einschließlich Umfragen und wissenschaftlichen Untersuchungen sind nur nach Genehmigung der zuständigen Schulaufsichtsbehörde zulässig. [2]Die Genehmigung kann erteilt werden, wenn an der Erhebung ein erhebliches pädagogisch-wissenschaftliches Interesse anzuerkennen ist und sich die Belastung der Schulen in zumutbarem Rahmen hält. [3]Sind mehrere Schulaufsichtsbehörden betroffen, obliegt die Entscheidung der niedrigsten gemeinsamen Schulaufsichtsbehörde. [4]Über die Durchführung einer genehmigten Erhebung entscheidet die Schulleiterin oder der Schulleiter im Einvernehmen mit dem Elternbeirat oder – sofern an Schulen ein solcher nicht eingerichtet ist – dem Schülerausschuss, es sei denn, die Schülerinnen und Schüler bzw. die Erziehungsberechtigten sind zur Angabe der Daten verpflichtet. [5]Über schulinterne Erhebungen entscheidet die Schulleiterin oder der Schulleiter.

(2) Keiner Genehmigung bedürfen Erhebungen der Schulaufsichtsbehörden, des Landesamts für Statistik und des jeweiligen Sachaufwandsträgers im Rahmen seiner schulbezogenen Aufgaben.

(3) Datenschutzrechtliche Bestimmungen bleiben unberührt.

§ 25
Finanzielle Abwicklung sonstiger Schulveranstaltungen

(1) [1]Fallen für die Durchführung von Schülerfahrten sowie von ähnlichen sonstigen Schulveranstaltungen der Schule Kosten an, so können die von den Erziehungsberechtigten bzw. volljährigen Schülerinnen und Schülern zu entrichtenden Kostenbeiträge auf ein Konto der Schule eingezahlt werden. [2]In besonderen Fällen kann eine Zahlung an die Schule auch in bar erfolgen. [3]Die Schule hat den Erziehungsberechtigten bzw. volljährigen Schülerinnen und Schülern auf Wunsch des Elternbeirats oder an Schulen, an denen ein solcher nicht eingerichtet ist, des Schülerausschusses über die Verwendung ihrer Kostenbeiträge zu berichten. [4]Haushaltsmittel dürfen über das Konto nach Satz 1 nicht abgewickelt werden. [5]Die Verwaltung des Kontos oder der Barbeträge obliegt der Schulleiterin oder dem Schulleiter oder den von ihr bzw. ihm damit beauftragten Bediensteten. [6]Im Schuljahr findet mindestens eine Kassenprüfung durch einen Kassenprüfungsausschuss statt. [7]Die Kontounterlagen sind sechs Jahre lang aufzubewahren.

(2) [1]Auch für Schülerfirmen kann ein Konto der Schule eingerichtet werden. [2]Hierfür gilt Abs. 1 Satz 4 bis 7 mit der Maßgabe entsprechend, dass die Verwaltung gemeinsam mit einer an der Schülerfirma mitwirkenden Schülerin oder einem an der Schülerfirma mitwirkenden Schüler erfolgt.

(3) [1]Für Gelder im Rahmen der Schülermitverantwortung nach § 10 Abs. 4 Satz 1 sowie für Gelder einer Schülerzeitung nach § 10 Abs. 4 Satz 2, die als Einrichtung der Schule im Rahmen der Schülermitverantwortung erscheint, kann ein Konto der Schule eingerichtet werden. [2]Für die Verwaltung und die Führung des Nachweises nach § 10 Abs. 4 Satz 3 gilt Abs. 1 Satz 4 bis 7 mit der Maßgabe entsprechend, dass die Verwaltung gemeinsam mit einer aus der Mitte des Schülerausschusses gewählten Schülersprecherin bzw. einem aus der Mitte des Schülerausschusses gewählten Schülersprecher und die Kassenprüfung gemeinsam mit einem Mitglied der Klassensprecherversammlung erfolgt. [3]Im Fall des § 8 Abs. 4 Satz 2 gilt Abs. 1 Satz 5 entsprechend. [4]Bei getrennter Verwaltung der Gelder der Schülerzeitung tritt an die Stelle der Schülersprecherin bzw. des Schülersprechers ein von der Redaktion der Schülerzeitung gewähltes Mitglied.

§ 26
Sammlungen und Spenden
(vergleiche Art. 84 BayEUG)

(1) [1]In der Schule sind Sammlungen für außerschulische Zwecke und die Aufforderung an die Schülerinnen und Schüler, sich an Sammlungen in der Öffentlichkeit zu beteiligen, unzulässig. [2]Ausnahmen können im Einvernehmen mit dem Schulforum genehmigt werden. [3]Unterrichtszeit darf für Sammlungstätigkeiten nicht verwendet werden.

(2) Spenden der Erziehungsberechtigten sowie der Schülerinnen und Schüler für schulische Zwecke dürfen von der Schulleiterin oder dem Schulleiter und von Lehrkräften und Förderlehrerinnen und Förderlehrern nicht angeregt oder beeinflusst werden.

(3) [1]Wird durch erhebliche Zuwendungen Dritter die Schule bei der Erfüllung ihrer Aufgaben unterstützt oder die Herstellung oder Anschaffung für Erziehung und Unterricht förderlicher Gegenstände ermöglicht, kann auf Antrag der oder des Dritten hierauf in geeigneter Weise hingewiesen werden. [2]Unzulässig ist eine über die Nennung der zuwendenden Person oder Einrichtung, der Art und des Umfangs der Zuwendung hinausgehende Produktwerbung. [3]Die Entscheidung wird nach Anhörung des Schulforums getroffen.

§ 27
Religiöse Erziehung, Religions- und Ethikunterricht

(1) [1]Die Schule unterstützt die Erziehungsberechtigten bei der religiösen Erziehung der Kinder. [2]Schulgebet, Schulgottesdienst und Schulandacht sind Möglichkeiten dieser Unterstützung. [3]Die Teilnahme der Schülerinnen und Schüler ist zu ermöglichen und zu fördern. [4]Die Mitglieder der Schulgemeinschaft sind verpflichtet, die religiösen Empfindungen aller zu achten.

(2) [1]Religionsunterricht ist auch an Berufsfachschulen für Ernährung und Versorgung, für Sozialpflege, für technische Assistenten, für Informatik, für Kinderpflege, für Assistenten für Hotel- und Tourismusmanagement sowie für Musik ordentliches Lehrfach. [2]Für den Religionsunterricht ist eine Mindestteilnehmerzahl von fünf Schülerinnen und Schülern erforderlich.

(3) [1]Die Abmeldung vom Religionsunterricht bedarf der Schriftform. [2]Sie muss

1. an allgemein bildenden Schulen, diesen entsprechenden Förderschulen und Wirtschaftsschulen spätestens am letzten Unterrichtstag des Schuljahres mit Wirkung ab dem folgenden Schuljahr und
2. im Übrigen innerhalb der ersten zwei Wochen nach Unterrichtsbeginn für das laufende Schuljahr

erfolgen. [3]Eine spätere Abmeldung ist nur aus wichtigem Grund zulässig.

(4) [1]Auf schriftlichen Antrag der Erziehungsberechtigten bzw. der volljährigen Schülerinnen und Schüler lässt die Schule Schülerinnen und Schüler, die keiner Religionsgemeinschaft angehören, zur Teilnahme am Religionsunterricht eines Bekenntnisses als Pflichtfach zu, wenn die Religionsgemeinschaft, für deren Bekenntnis der betreffende Religionsunterricht eingerichtet ist, zustimmt und zwingende schulorganisatorische Gründe nicht entgegenstehen. [2]Dies gilt entsprechend für Schülerinnen und Schüler, für deren Religionsgemeinschaft Religionsunterricht als ordentliches Lehrfach für die betreffende Schulart an öffentlichen Schulen in Bayern nicht eingerichtet ist; in diesem Fall ist dem Antrag die Zustimmung dieser Religionsgemeinschaft beizufügen. [3]Für den Zeitpunkt des Antrags und für die Abmeldung gilt Abs. 3 entsprechend.

(5) [1]Treten Schülerinnen und Schüler während des Schuljahres aus dem Religionsunterricht aus, so haben sie binnen angemessener Frist eine Prüfung über den bis zum Zeitpunkt des Austritts im Unterrichtsfach Ethik behandelten Stoff des Schuljahres abzulegen. [2]Erfolgt der Austritt während der letzten drei Monate des Schuljahres, so ist die Prüfung spätestens in der ersten Unterrichtswoche des folgenden Schuljahres abzulegen. [3]Ihr Ergebnis gilt als Jahresfortgangsnote im Fach Ethik.

(6) [1]In den Jahrgangsstufen 11 und 12 an Gymnasien gilt Abs. 5 mit der Maßgabe, dass an die Stelle des Schuljahres der Ausbildungsabschnitt tritt. [2]Die Prüfung ist innerhalb von sechs Wochen abzulegen. [3]Bei Austritt während der letzten vier Wochen des Ausbildungsabschnitts 11/2 ist die Prüfung spätestens in der ersten Unterrichtswoche des folgenden Ausbildungsabschnitts abzulegen.

(7) Für den Ethikunterricht gilt Abs. 2 Satz 2, bei Wiedereintritt in den Religionsunterricht gelten darüber hinaus die Abs. 5 und 6 entsprechend.

§ 28
Hausaufgaben

(1) [1]Um den Lehrstoff einzuüben und die Schülerinnen und Schüler zu eigener Tätigkeit anzuregen, werden Hausaufgaben gestellt, die bei durchschnittlichem Leistungsvermögen in angemessener Zeit unter Berücksichtigung der Anforderungen des Nachmittagsunterrichts bearbeitet werden können. [2]Die Lehrerkonferenz legt vor Unterrichtsbeginn des Schuljahres die Grundsätze für die Hausaufgaben fest. [3]Sonntage, Feiertage und Ferien sind von Hausaufgaben freizuhalten.

(2) [1]An Grundschulen und Grundschulstufen der Förderschulen gilt eine Zeit von bis zu einer Stunde als angemessen. [2]An Förderschulen ist auch die individuelle Leistungsfähigkeit der einzelnen Schülerin oder des einzelnen Schülers zu berücksichtigen. [3]An Tagen mit verpflichtendem Nachmittagsunterricht werden an Grundschulen und Förderschulen keine schriftlichen Hausaufgaben für den nächsten Tag gestellt; hiervon kann im Einvernehmen mit dem Elternbeirat abgewichen werden.

§ 29
Schülerinnen und Schüler ohne ständigen festen Aufenthalt

Vollzeitschulpflichtige Kinder von beruflich Reisenden und von Personen ohne ständigen festen Aufenthalt führen ein Schultagebuch mit sich, in das die Zeit des Schulbesuchs und die behandelten Lernziele und Lerninhalte von der jeweils besuchten Schule eingetragen werden.

§ 30
Beendigung des Schulbesuchs

(1) [1]Die Erklärung über den Schulaustritt nach Art. 55 BayEUG bedarf der Schriftform. [2]Sie erfolgt nach Eintritt der Volljährigkeit durch die Schülerin oder den Schüler selbst, im Übrigen durch einen Erziehungsberechtigten.

(2) [1]Der Austritt lässt das einmal erworbene Recht zum Vorrücken unberührt. [2]Ein späterer Eintritt in die nächsthöhere Jahrgangsstufe ist nur unter entsprechender Beachtung der Bestimmungen über die Altersgrenze möglich. [3]Dies gilt mit Ausnahme der Wirtschaftsschulen nicht für berufliche Schulen.

(3) Bei den Schülerinnen und Schülern öffentlicher Heimschulen, die nicht als Externe aufgenommen sind, endet der Schulbesuch unbeschadet des Art. 55 BayEUG mit der Beendigung ihrer Zugehörigkeit zum Heim, es sei denn, die Schulleiterin oder der Schulleiter gestattet die Fortsetzung des Schulverhältnisses.

(4) Die Leitung der zuletzt besuchten Schule hat die Erfüllung der Schulpflicht zu überprüfen und bei Vorliegen der Vollzeitschulpflicht das zuständige Staatliche Schulamt, bei Vorliegen der Berufsschulpflicht die zuständige oder nächstgelegene Berufsschule zu verständigen.

Teil 4
Individuelle Unterstützung, Nachteilsausgleich und Notenschutz

§ 31
Grundsatz

[1]Individuelle Unterstützung, Nachteilsausgleich und Notenschutz dienen dazu, die Schülerinnen und Schüler mit Beeinträchtigungen in ihrer schulischen Entwicklung zu fördern, und sollen diese darin unterstützen, allgemein bildende und berufsbildende Abschlüsse zu erreichen. [2]Die konkreten Maßnahmen im Einzelfall richten sich nach der Eigenart und Schwere der jeweiligen Beeinträchtigung.

§ 32
Individuelle Unterstützung

(1) [1]Individuelle Unterstützung wird durch pädagogische, didaktisch-methodische und schulorganisatorische Maßnahmen sowie die Verwendung technischer Hilfen gewährt, soweit nicht die Leistungsfeststellung berührt wird. [2]Sie ist insbesondere bei Entwicklungsstörungen in Bezug auf schulische Fertigkeiten, Behinderungen sowie in allen sonderpädagogischen Förderschwerpunkten und bei chronischer und anderer schwerer Erkrankung möglich.

(2) Zulässig ist es insbesondere

1. besondere Arbeitsmittel zuzulassen oder bereitzustellen,
2. geeignete Räumlichkeiten auszuwählen und auszustatten,
3. Pausenregelungen individuell für die Betroffenen zu gestalten,
4. Hand- und Lautzeichen sowie feste Symbole einzusetzen,
5. Arbeitsanweisungen den Betroffenen individuell zu erläutern,
6. bei den Hausaufgaben unter Berücksichtigung der schulartspezifischen Anforderung zu differenzieren und
7. verstärkt Formen der Visualisierung und Verbalisierung zu nutzen.

§ 33
Nachteilsausgleich

(1) [1]Nachteilsausgleich im Sinne des Art. 52 Abs. 5 Satz 1 BayEUG muss die für alle Prüflinge geltenden wesentlichen Leistungsanforderungen wahren, die sich aus den allgemeinen Lernzielen und zu erwerbenden Kompetenzen der jeweils besuchten Schulart und Jahrgangsstufe ergeben, und ist auf die Leistungsfeststellung begrenzt. [2]An beruflichen Schulen kann ein Nachteilsausgleich nicht gewährt werden, soweit ein Leistungsnachweis in einem sachlichen Zusammenhang mit der durch die Prüfung zu ermittelnden Eignung für einen bestimmten Beruf oder eine bestimmte Ausbildung steht.

(2) [1]Nachteilsausgleich kann nur Schülerinnen oder Schülern gewährt werden, die nach den lehrplanmäßigen Anforderungen einer allgemein bildenden oder beruflichen Schule unterrichtet werden. [2]Bei nicht dauernd vorliegenden Beeinträchtigungen, insbesondere vorübergehender Krankheit, sind Schülerinnen und Schüler regelmäßig auf einen Nachtermin zu verweisen.

(3) [1]Zulässig ist es insbesondere

1. die Arbeitszeit um bis zu ein Viertel, in Ausnahmefällen bis zur Hälfte der normalen Arbeitszeit zu verlängern,
2. methodisch-didaktische Hilfen einschließlich Strukturierungshilfen einzusetzen, einzelne schriftliche Aufgabenstellungen zusätzlich vorzulesen und die Aufgaben differenziert zu stellen und zu gestalten,
3. einzelne mündliche durch schriftliche Leistungsfeststellungen und umgekehrt zu ersetzen, mündliche Prüfungsteile durch schriftliche Ausarbeitungen zu ergänzen sowie mündliche und schriftliche Arbeitsformen individuell zu gewichten, sofern keine bestimmte Form der Leistungserhebung und Gewichtung in den Schulordnungen vorgegeben ist,
4. praktische Leistungsnachweise entsprechend der Beeinträchtigung auszuwählen,
5. spezielle Arbeitsmittel zuzulassen,
6. Leistungsnachweise und Prüfungen in gesonderten Räumen abzuhalten,
7. zusätzliche Pausen zu gewähren,
8. größere Exaktheitstoleranz, beispielsweise in Geometrie, beim Schriftbild oder in zeichnerischen Aufgabenstellungen, zu gewähren,
9. in Fällen besonders schwerer Beeinträchtigung eine Schreibkraft zuzulassen sowie
10. bestimmte Formen der Unterstützung, die der Schülerin oder dem Schüler durch eine Begleitperson gewährt werden, zuzulassen.

[2]In den Fällen der Nrn. 9 und 10 gilt eine inhaltliche Unterstützung als Unterschleif.

(4) [1]Vor allem in den Förderschwerpunkten Lernen und geistige Entwicklung kann entsprechend den gesetzlichen Vorgaben darauf verzichtet werden, die Leistungen der Schülerinnen und Schüler mit sonderpädagogischem Förderbedarf nach den allgemeinen Leistungsanforderungen mit Ziffernnoten zu bewerten, wenn dies eine Überforderung vermeiden kann. [2]Stattdessen wird das individuelle Leistungsvermögen der Schülerinnen und Schüler verbal umschrieben. [3]Diese Maßnahme ist kein Nachteilsausgleich. [4]Schulartspezifische Voraussetzungen für die Schulaufnahme oder für das Erreichen eines allgemein gültigen Schulabschlusses können mit der verbalen individuellen Leistungsbeschreibung nicht erreicht werden.

§ 34
Notenschutz

(1) [1]Notenschutz wird ausschließlich bei den in den Abs. 2 bis 7 genannten Beeinträchtigungen und Formen und nur unter den weiteren Voraussetzungen des Art. 52 Abs. 5 Satz 2 bis 4 BayEUG gewährt. [2]Er erstreckt sich auf die Bewertung von einzelnen Leistungsnachweisen, die Bildung von Noten in Zeugnissen, die Bewertung der Leistungen in Abschlussprüfungen und die Festsetzung der Gesamtnote. [3]§ 33 Abs. 2 und 4 gilt entsprechend.

(2) Bei körperlich-motorischer Beeinträchtigung ist es zulässig,

1. in allen Fächern auf Prüfungsteile, die auf Grund der Beeinträchtigung nicht erbracht werden können, und
2. an beruflichen Schulen auf die Bewertung der Anschlag- und Schreibgeschwindigkeit

zu verzichten.

(3) Bei Mutismus und vergleichbarer Sprachbehinderung sowie Autismus mit kommu-

nikativer Sprachstörung ist es zulässig, in allen Fächern auf mündliche Leistungen oder Prüfungsteile, die ein Sprechen voraussetzen, zu verzichten.

(4) [1]Bei Hörschädigung ist es zulässig,

1. auf mündliche Präsentationen zu verzichten oder diese geringer zu gewichten,
2. auf die Bewertung des Diktats sowie der Rechtschreibung und der Grammatik zu verzichten, soweit sie bei Leistungsnachweisen Bewertungsgegenstand sind,
3. bei Fremdsprachen auf Prüfungen zum Hörverstehen und zur Sprechfertigkeit zu verzichten und
4. in musischen Fächern auf Prüfungsteile, die ein Hören voraussetzen, zu verzichten.

[2]Sofern Lehrkräfte mit Gebärdensprachkompetenz oder Gebärdensprachdolmetscher einbezogen sind, ist es außerdem zulässig,

1. dass sie bei schriftlichen Arbeiten Aufgabentexte gebärden und
2. dass die Betroffenen vollständig oder überwiegend mündlichen Beitrag durch Gebärdensprache erbringen.

[3]Abs. 3 bleibt unberührt.

(5) Bei Blindheit oder sonstiger Sehschädigung ist es zulässig, in allen Fächern auf Prüfungsteile, die ein Sehen voraussetzen, zu verzichten.

(6) Bei Lesestörung ist es zulässig, in den Fächern Deutsch, Deutsch als Zweitsprache und in Fremdsprachen auf die Bewertung des Vorlesens zu verzichten.

(7) Bei Rechtschreibstörung ist es zulässig,

1. auf die Bewertung der Rechtschreibleistung zu verzichten und
2. in den Fremdsprachen mit Ausnahme der Abschlussprüfungen abweichend von den Schulordnungen mündliche Leistungen stärker zu gewichten.

§ 35
Zuständigkeit

(1) Individuelle Unterstützung gewährt die Lehrkraft.

(2) [1]Nachteilsausgleich oder Notenschutz bei Lese-Rechtschreib-Störung gewähren die Schulleiterinnen und Schulleiter. [2]In den übrigen Fällen sind zuständig:

1. bei Grundschulen und Mittelschulen, Förderzentren sowie Berufsschulen zur sonderpädagogischen Förderung die Schulleiterin oder der Schulleiter bzw. die für die Prüfung eingesetzte Kommission,
2. bei Realschulen und Gymnasien, sonstigen beruflichen Schulen sowie in den entsprechenden Schulen zur sonderpädagogischen Förderung die Schulaufsicht für die jeweilige Schulart.

§ 36
Verfahren

(1) [1]Individuelle Unterstützung wird im Rahmen des pädagogischen und organisatorischen Ermessens gewährt. [2]Die Erziehungsberechtigten sind angemessen einzubinden.

(2) [1]Nachteilsausgleich und Notenschutz setzen einen schriftlichen Antrag und die Vorlage eines fachärztlichen Zeugnisses bei der Schule über Art, Umfang und Dauer der Beeinträchtigung oder der chronischen Erkrankung durch die Erziehungsberechtigten

bzw. volljährigen Schülerinnen und Schüler voraus. [2]Wenn begründete Zweifel an der Beeinträchtigung bestehen, kann zusätzlich die Vorlage eines amtsärztlichen Zeugnisses verlangt werden. [3]Abweichend von Satz 1 ist die Vorlage eines Schwerbehindertenausweises einschließlich der zugrunde liegenden Bescheide, von Bescheiden der Eingliederungshilfe, förderdiagnostischen Berichten oder sonderpädagogischen Gutachten ausreichend, wenn aus ihnen Art, Umfang und Dauer der Beeinträchtigung hervorgehen. [4]Für den Nachweis einer Lese-Rechtschreib-Störung ist abweichend von Satz 1 die Vorlage einer schulpsychologischen Stellungnahme stets erforderlich und ausreichend.

(3) [1]Nachteilsausgleich kann bei offensichtlichen Beeinträchtigungen auch ohne Antrag oder Vorlage eines ärztlichen Zeugnisses gewährt werden. [2]Die Erziehungsberechtigten bzw. die volljährige Schülerin oder der volljährige Schüler werden über die beabsichtigte Maßnahme informiert und können widersprechen.

(4) [1]Die Erziehungsberechtigten oder volljährigen Schülerinnen und Schüler können schriftlich beantragen, dass ein bewilligter Nachteilsausgleich oder Notenschutz nicht mehr gewährt wird. [2]Ein Verzicht auf Notenschutz ist spätestens innerhalb der ersten Woche nach Unterrichtsbeginn zu erklären.

(5) Bei der Prüfung der Erforderlichkeit, des Umfangs, der Dauer und der Form des Nachteilsausgleichs oder eines etwaigen Notenschutzes können je nach Einschränkung und bei Bedarf die unterrichtenden Lehrkräfte, die Lehrkräfte der Mobilen Sonderpädagogischen Dienste oder Lehrkräfte für Sonderpädagogik nach Art. 30b Abs. 4 Satz 3 BayEUG, Beratungslehrkräfte, Schulpsychologinnen bzw. Schulpsychologen oder Lehrkräfte der zuvor besuchten Schule für Kranke sowie ärztliche Stellungnahmen oder solche der Jugendhilfe einbezogen werden.

(6) Nach einem Schulwechsel prüft die aufnehmende Schule in eigener Verantwortung, welche Formen der individuellen Unterstützung, des Nachteilsausgleichs oder Notenschutzes zu gewähren sind.

(7) [1]Der Nachteilsausgleich wird nicht im Zeugnis aufgeführt. [2]Bei einem auch nur für Teile des Zeugniszeitraums gewährten Notenschutz ist ein Hinweis in die Zeugnisbemerkung aufzunehmen, der die nicht erbrachte oder nicht bewertete fachliche Leistung benennt. [3]Dies gilt auch für Zeugnisse, in denen Leistungen von Fächern aus früheren Jahrgangsstufen einbezogen werden. [4]Ein Hinweis auf die Beeinträchtigung, die chronische Erkrankung oder den sonderpädagogischen Förderbedarf unterbleibt.

Teil 5

Schülerunterlagen

(vergleiche Art. 85 Abs. 1a BayEUG)

§ 37

Schülerunterlagen

[1]Die Schülerunterlagen umfassen die für das Schulverhältnis jeder Schülerin und jedes Schülers wesentlichen Unterlagen. [2]Zu den Schülerunterlagen gehören

1. die in Papierform zu führende Schülerakte, welche je nach Schulart folgende Unterlagen enthält:

   a) das Schülerstammblatt, welches Angaben über die Schülerin oder den Schüler, die

Erziehungsberechtigten, die Personen, welchen die Erziehung anvertraut ist, die Berufsausbildung und die Schullaufbahn enthält, nach dem vom Staatsministerium herausgegebenen Muster,

b) die Abschlusszeugnisse oder – soweit kein Abschluss erzielt wurde – die diese ersetzenden Zeugnisse in Abschrift,

c) die Zeugnisse, die wichtige schulische Berechtigungen verleihen, in Abschrift,

d) die Urkunden, die zum Führen einer Berufsbezeichnung berechtigen, in Abschrift,

e) die sonstigen Zeugnisse in Abschrift und Übertrittszeugnisse in Abschrift oder im Original,

f) den Schullaufbahnbogen, in welchen die für den schulischen Bildungsweg wesentlichen Feststellungen, Beobachtungen und Empfehlungen aufgenommen werden, einschließlich einer Übersicht über die ausgesprochenen Ordnungsmaßnahmen nach Art. 86 Abs. 2 Nr. 6 bis 12 BayEUG, nach dem vom Staatsministerium herausgegebenen Muster,

g) die Notenbögen, in welche insbesondere die Ergebnisse der schriftlichen, mündlichen und praktischen Leistungsnachweise der einzelnen Schülerin oder des einzelnen Schülers sowie damit zusammenhängende Bemerkungen aufgenommen werden,

h) die Zwischenberichte, soweit diese nach den Vorschriften der Schulordnungen die Halbjahreszeugnisse ersetzen,

i) die schriftlichen Angaben über bereits erfolgte Maßnahmen und diagnostische Grundlagen bei Schülerinnen und Schülern mit besonderem Förderbedarf sowie Unterlagen zum Nachteilsausgleich und Notenschutz,

k) die schriftlichen Stellungnahmen zum sonderpädagogischen Förderbedarf, insbesondere das sonderpädagogische Gutachten und den förderdiagnostischen Bericht,

l) die Förderpläne,

m) die schriftlichen Äußerungen der beruflichen Ausbildungseinrichtungen über Leistung und Verhalten der Schülerin oder des Schülers in Form eines Abschlussberichts,

n) die Schülerlisten an Grundschulen und Mittelschulen,

o) alle sonstigen schriftlichen, die einzelne Schülerin oder den einzelnen Schüler betreffenden wesentlichen Vorgänge, die zur nachvollziehbaren und transparenten Dokumentation der Schullaufbahn zwingend notwendig sind, und

2. die Leistungsnachweise, welche sich zusammensetzen aus

a) den schriftlichen Leistungsnachweisen einschließlich der Abschlussprüfungen, Orientierungsarbeiten, Vergleichsarbeiten, Seminararbeiten, Praktikumsberichte und Grundwissens- und Jahrgangsstufentests und

b) den praktischen Leistungsnachweisen, insbesondere Werkstücken und Zeichnungen.

[3]Schülerunterlagen, welche der Schweigepflicht unterliegen, verbleiben bei den jeweiligen Schweigeverpflichteten; die Verpflichtung zur Wahrung der in § 203 Abs. 1 des Strafgesetzbuchs genannten Geheimnisse bleibt unberührt.

§ 38
Verwendung

(1) Die Schülerunterlagen dürfen ohne Einwilligung nur verwendet werden, soweit dies zur Erfüllung der den Schulen durch Rechtsvorschriften zugewiesenen Aufgaben erforderlich ist.

(2) [1]Der Zugriff auf die Schülerunterlagen ist jeweils auf den konkreten Einzelfall zu beschränken. [2]Zugriff dürfen insbesondere erhalten:

1. Lehrkräfte für die jeweils von ihnen unterrichteten Schülerinnen und Schüler, soweit dies zur Erfüllung ihrer Aufgaben erforderlich ist,
2. die Schulleitung, soweit dies zur Erfüllung ihrer pädagogischen, organisatorischen und rechtlichen Aufgaben erforderlich ist,
3. Beratungslehrkräfte und Schulpsychologen, soweit dies zur Erfüllung ihrer pädagogisch-psychologischen und rechtlichen Aufgaben im Rahmen der Schulberatung erforderlich ist.

[3]Nach Beendigung des Schulbesuchs darf Zugriff auf die Schülerunterlagen nur die Schulleitung im konkreten Einzelfall erhalten, soweit dies zur Erfüllung ihrer rechtlichen Aufgaben erforderlich ist oder die Betroffenen eingewilligt haben.

(3) Die Einwilligung ist von der volljährigen Schülerin oder dem volljährigen Schüler, bei minderjährigen Schülerinnen und Schülern von deren Erziehungsberechtigten sowie – ab Vollendung des 14. Lebensjahres – zusätzlich von der Schülerin oder dem Schüler schriftlich zu erteilen und muss sich auf einen konkret benannten Zweck, wie etwa den Nachweis beruflicher Qualifikationen oder die Belegung sozialversicherungsrechtlicher Ansprüche, beziehen.

§ 39
Weitergabe

(1) [1]Bei einem Schulwechsel zwischen öffentlichen Schulen sind das Schülerstammblatt sowie der Schullaufbahnbogen im Original weiterzugeben. [2]Weitere Schülerunterlagen sind im Original oder – soweit nicht mehr im Original vorhanden – als Abschrift weiterzugeben, soweit diese für die weitere Schulausbildung erforderlich sind. [3]Ein sonderpädagogisches Gutachten der Förderschule oder ein förderdiagnostischer Bericht wird nur mit Einwilligung weitergegeben oder sofern eine erhebliche Beeinträchtigung von Mitgliedern der Schulgemeinschaft (Art. 41 Abs. 5 Nr. 2 BayEUG) zu besorgen ist. [4]An der abgebenden Schule verbleiben Abschriften der Schülerunterlagen nach Satz 1.

(2) [1]Bei einem Schulwechsel an eine staatlich anerkannte Ersatzschule sind das Schülerstammblatt und der Schullaufbahnbogen als Abschrift weiterzugeben, andere Schülerunterlagen dürfen nur mit Einwilligung in Abschrift weitergegeben werden. [2]Bei einem Schulwechsel an andere Schulen dürfen Schülerunterlagen nur mit Einwilligung in Abschrift weitergegeben werden.

(3) Eine Weitergabe von Schülerunterlagen an andere Stellen ist nicht ohne Einwilligung zulässig; Art. 85 BayEUG bleibt unberührt.

(4) § 38 Abs. 3 gilt entsprechend.

§ 40
Aufbewahrung

[1]Die Aufbewahrungsfrist beträgt für Schülerunterlagen nach

1. § 37 Satz 2 Nr. 1 Buchst. a bis d 50 Jahre,
2. § 37 Satz 2 Nr. 1 Buchst. e bis o ein Jahr und
3. § 37 Satz 2 Nr. 2 zwei Jahre.

[2]Die Fristen des Satzes 1 Nr. 1 und 2 beginnen mit Ablauf desjenigen Schuljahres, in dem die Schülerin oder der Schüler die Schule verlässt, die Frist des Satzes 1 Nr. 3 beginnt mit Ablauf des Schuljahres, in dem die Leistungsnachweise angefertigt wurden. [3]Schülerunterlagen nach § 37 Satz 2 Nr. 2 Buchst. b sollen abweichend von Satz 1 Nr. 3 nach der Bewertung an die Schülerinnen und Schüler zurückgegeben werden, Schülerunterlagen im Rahmen von Abschlussprüfungen oder vergleichbaren Prüfungen nicht vor deren Rechts- oder Bestandskraft. [4]Abweichend von Satz 1 können die Unterlagen länger aufbewahrt werden, sofern dies im Einzelfall erforderlich ist,

1. um die den Schulen durch Rechtsvorschriften zugewiesenen Aufgaben zu erfüllen,
2. bei staatlichen Schulen außerdem zum Zweck der vollständigen Übergabe der Schülerunterlagen an das Staatsarchiv.

[5]Die Gründe gemäß Satz 4 sind nachvollziehbar zu dokumentieren.

§ 41
Einsichtnahme

(1) Ein Recht auf Einsicht in die eigene Schülerakte nach § 37 Satz 2 Nr. 1 sowie – nach Abschluss des Aufnahmeverfahrens, der Abschlussprüfung oder anderer schulischer Leistungsfeststellungen – in die Leistungsnachweise nach § 37 Satz 2 Nr. 2 haben

1. die jeweiligen Schülerinnen und Schüler ab Vollendung des 14. Lebensjahres, auch wenn sie die Schule verlassen haben,
2. die Erziehungsberechtigten der jeweiligen Schülerinnen und Schüler und
3. die früheren Erziehungsberechtigten bei Schülerinnen und Schülern bis zur Vollendung des 21. Lebensjahres, soweit Vorschriften des Bayerischen Gesetzes über das Erziehungs- und Unterrichtswesen oder der Schulordnungen ihre Unterrichtung vorschreiben.

(2) [1]Die Einsichtnahme ist unzulässig, soweit Daten der betreffenden Schülerinnen und Schüler mit Daten Dritter derart verbunden sind, dass eine Trennung nicht oder nur mit unverhältnismäßig hohem Aufwand möglich ist. [2]Insoweit ist den Berechtigten über die zu den betreffenden Schülerinnen und Schülern vorhandenen Daten Auskunft zu erteilen. [3]Die Einsichtnahme und die Auskunft können eingeschränkt oder versagt werden, wenn dies zum Schutz der betreffenden aktuellen bzw. ehemaligen Schülerinnen und Schüler oder der aktuellen bzw. früheren Erziehungsberechtigten erforderlich ist.

(3) Andere ein Recht auf Einsicht oder Auskunft gewährende Vorschriften bleiben unberührt.

§ 42
Auflösung, Zusammenlegung oder Teilung einer Schule

Im Fall der Auflösung, Zusammenlegung oder Teilung einer Schule bestimmt die Schulaufsichtsbehörde den Ort der weiteren Aufbewahrung der Schülerunterlagen nach Maßgabe des § 40.

Teil 6
Schulaufsicht

§ 43
Schulaufsicht
(vergleiche Art. 111 bis 117 BayEUG)

(1) [1]Im Bereich der Grundschulen und Mittelschulen ist die rechtliche Leitung des Staatlichen Schulamts zuständig für Angelegenheiten vorwiegend rechtlicher Natur, bei deren Erledigung der Hauptzweck in der Gestaltung oder Feststellung von Rechtsbeziehungen besteht, wie etwa Rechtsbehelfsverfahren, Verwaltungszwangs- und Ordnungswidrigkeitsverfahren oder dem Vollzug sicherheits- und gesundheitsrechtlicher Vorschriften. [2]Die fachliche Leitung ist zuständig für Angelegenheiten vorwiegend fachlicher Natur, welche nicht unter Satz 1 fallen. [3]Jede Leitung erledigt die zu dem Aufgabenbereich gehörenden Angelegenheiten grundsätzlich in eigener Verantwortung und ist befugt, im Rahmen des Aufgabenbereichs das Staatliche Schulamt nach außen zu vertreten. [4]Die Leitungen sind zur vertrauensvollen Zusammenarbeit verpflichtet. [5]Betrifft eine Angelegenheit beide Aufgabenbereiche, sollen Entscheidungen einvernehmlich getroffen werden. [6]Kommt eine Einigung nicht zustande, ist die Angelegenheit der Regierung vorzulegen. [7]Als Stellvertreter der fachlichen Leitung bestellt die Regierung eine Schulrätin oder einen Schulrat des betroffenen Staatlichen Schulamts.

(2) [1]Im Bereich der Realschulen, Gymnasien und der beruflichen Oberschulen einschließlich der entsprechenden Schulen zur sonderpädagogischen Förderung, der Abendrealschulen, Abendgymnasien sowie Kollegs werden nach Maßgabe der Schulordnungen und besonderer Dienstanweisungen besondere Beauftragte (Ministerialbeauftragte) mit der Wahrnehmung bestimmter Aufgaben im Namen des Staatsministeriums betraut. [2]Zu den Aufgaben der Ministerialbeauftragten zählt es insbesondere

1. die Schule bei der Erfüllung ihrer Aufgaben zu beraten und zu unterstützen, deren Eigenverantwortung zu stärken und in Konfliktfällen angerufen werden zu können,
2. über Aufsichtsbeschwerden zu entscheiden, soweit ihnen die Schule nicht abgeholfen hat, und
3. die Aufgaben der Schulaufsichtsbehörde nach Art. 58 Abs. 5 BayEUG sowie nach § 11 Abs. 1 bis 3 wahrzunehmen.

§ 44
Härtefallklausel

Das Staatsministerium oder die vom ihm beauftragte Stelle kann von einzelnen Bestimmungen der Schulordnungen Ausnahmen gewähren, wenn die Anwendung der Bestimmung im Einzelfall zu einer unbilligen Härte führen würde und die Abweichung auch unter dem Gesichtspunkt der Gleichbehandlung unbedenklich erscheint.

Teil 7
Schlussbestimmungen

§ 44a
Übergangsvorschriften

(1) [1]Schülerunterlagen, welche bis einschließlich zum Schuljahr 2015/16 angelegt wurden, können fortgeführt werden. [2]Für diese gelten die §§ 37 bis 42 mit der Maßgabe, dass der Schülerbogen nach der Bekanntmachung des Bayerischen Staatsministeriums für Unterricht und Kultus über den Schülerbogen (§ 24 Allgemeine Schulordnung) vom 30. Mai 1975 (KMBl. I S. 1474), die durch Bekanntmachung vom 12. Januar 1976 (KMBl. I S. 32) geändert worden ist, das Schülerstammblatt und den Schullaufbahnbogen ersetzt und sich die Aufbewahrung des Schülerbogens nach der des Schülerstammblattes bestimmt.

(2) Abweichend von § 1 gilt diese Verordnung mit Ausnahme von Abs. 1, § 17 Abs. 2 Satz 1, 2 und 6, Abs. 3, § 19 Abs. 2 Satz 3 und den Teilen 4 und 5 bis 31. Juli 2018 nur für die Schularten nach Art. 6 Abs. 2 Nr. 1 und 2 Buchst. a BayEUG.

§ 45
Inkrafttreten, Außerkrafttreten

(1) Diese Verordnung tritt am 1. August 2016 in Kraft.

(2) Es treten außer Kraft:

1. die Schülerunterlagenverordnung (SchUntV) vom 11. September 2015 (GVBl. S. 349, BayRS 2230-1-1-7-K), die durch Verordnung vom 10. November 2015 (GVBl. S. 413) geändert worden ist, mit Ablauf des 31. Juli 2016,
2. § 44a Abs. 2 mit Ablauf des 31. Juli 2018.

Anlage
(zu § 3)

Modus - Maßnahmen

1. Teil: Maßnahmen Nrn. 1 bis 30:

a) Schulorganisation

Nr.	Titel	Kurzerläuterung
1	Flexibilisierung der Stundentafel	Die Schule weicht zeitlich begrenzt von der Stundentafel ab, um Defizite in der Klasse auszugleichen; zusätzliche Stunden werden durch vorübergehende Reduzierung in anderen Fächern gewonnen.
2	Jahrgangs- und klassenübergreifender Unterricht	Das Unterrichtsangebot wird erweitert; durch eine an der Leistungsfähigkeit orientierte Gruppenzusammenstellung kann die einzelne Schülerin oder der einzelne Schüler gezielter gefördert werden.
3	Organisation des Unterrichts in Doppelstunden	Schule gewinnt Zeit und Ruhe im Unterrichtstag.
4	Themenbezogene Projektwochen	Schülerinnen und Schüler gewinnen Einblick in übergeordnete Zusammenhänge; Schlüsselqualifikationen werden gefördert.
5	Einbeziehung externer Partner	Praxisbezug wird verstärkt durch Partner aus dem Kreis der Erziehungsberechtigten, der Hochschule, der Kirchen und der Wirtschaft.
6	Pädagogischer Tag statt Wandertag	Wandertage haben ihre ursprüngliche Zielsetzung weitgehend verloren; die Schule setzt selbst das Thema eines Pädagogischen Tags fest.
7	Jahrgangsstufenversammlungen	Durch themen- oder anlassbezogene Versammlungen der Klassen eines Jahrgangs wird der Zusammenhalt der gesamten Altersgruppe gestärkt; der Informationsfluss in der Schule wird verbessert.
8	Jahrgangsstufensprecherinnen und -sprecher	Alle Klassen eines Jahrgangs wählen eine Sprecherin oder einen Sprecher; die Identifikation mit schulischen Entscheidungen wird gestärkt.
9	Einrichtung einer „Klassenstunde"	Schule verkürzt rollierend an einem Tag in der Woche alle Stunden um fünf Minuten: Gewinn einer Klassleiterstunde zur Besprechung klasseninterner Probleme, Vorbereitung von Klassenfahrten, Einsammeln von Geldern etc.
10	Schülerinnen und Schüler gestalten eigenverantwortlich Unterricht	Schülerinnen und Schüler dürfen in festgelegten Abständen eine Stunde zu selbst gewählten Themen gestalten; sie trainieren Präsentation und Moderation.

b) Förderung jeder einzelnen Schülerin oder jedes einzelnen Schülers (Individualförderung)

11	Förderunterricht nach dem Zwischenzeugnis	Durch gezielten Förderunterricht kann die Wiederholerquote gesenkt werden. Die Schule gewinnt die erforderlichen Stunden durch geeignete andere Modus-Maßnahme wie z.B. Vorlesungsunterricht.

Red. Anmerkung: Veraltete Bezeichnungen wurden bewusst so belassen.

Nr.	Titel	Kurzerläuterung
12	Vorlesungsbetrieb	Die Lehrkräfte arbeiten verstärkt in Teams, entwickeln gemeinsam die Grundlagen für die Vorlesungen und vermitteln ausgewählte Inhalte einer Gruppe aus mehreren Klassen im Vorlesungsbetrieb. Die Schule gewinnt Stunden für zusätzliche pädagogische Maßnahmen.
13	Schülerinnen und Schüler lehren Schülerinnen und Schüler	Leistungsstarke Schülerinnen und Schüler fördern während der Unterrichtszeit in kleinen Gruppen außerhalb des Klassenverbandes leistungsschwächere Schülerinnen und Schüler.
14	Selbsteinschätzung der Schülerinnen und Schüler	Die Schülerinnen und Schüler bearbeiten Auswertungsbogen, mit denen sie die eigene Vorbereitung und Leistung einschätzen können, und übernehmen Verantwortung für ihre Leistung.

c) Leistungserhebungen

15	Schulaufgabe mit Gruppenarbeitsphase	Die Schülerinnen und Schüler erarbeiten z.B. in Deutsch im Team eine Rahmengeschichte, die die oder der Einzelne anschließend ausgestaltet; die individuelle Leistung der Teammitglieder in der Gruppenarbeitsphase wird erfasst und geht in die Note ein.
16	Angesagte „Tests" im Turnus von sechs Wochen statt Schulaufgaben	Gleichmäßige Verteilung angesagter Leistungserhebungen über das Schuljahr gewährleistet gleich bleibend hohes Leistungsniveau, reduziert Wissenslücken und Prüfungsangst.
17	Debatte ersetzt je eine Schulaufgabe (Aufsatz) in Deutsch und bzw. oder Fremdsprachen	Die Schülerinnen und Schüler müssen ihren Standpunkt zu einem vorgegebenen Thema vorbereiten, überzeugend vertreten, Toleranz gegenüber anderen Meinungen üben; sprachliche und argumentative Kompetenzen werden gestärkt.
18	Präsentation ersetzt eine Aufsatzschulaufgabe	Durch die Erarbeitung und Darstellung eines komplexen Themas werden eigenständiges Arbeiten, Umgang mit neuen Medien und mündliche Sprachkompetenz gefördert.
19	Test aus formalsprachlichen und Sprachverständnisanteilen in Deutsch ersetzt eine Aufsatzschulaufgabe	Klassen mit Schwächen in der formalen Sprachbeherrschung werden gezielt gefördert.
20	Schwerpunkte des Jahresstoffs in letzter schriftlicher Leistungserhebung	Vor den Sommerferien wird der Jahresstoff in seinen Schwerpunkten abgesichert; die Nachhaltigkeit des Lernens wird gefördert.
21	Leistungserhebungen (auch nicht angekündigte) über die Lerninhalte mehrerer Unterrichtsstunden	Das Grundwissen wird gesichert, kleinschrittiges Lernen wird verhindert, Nachhaltigkeit des Lernens wird gefördert.
22	Schulinterne Jahrgangsstufentests zum Grundwissen	Die Nachhaltigkeit des Lernens wird gefördert; die Klassen einer Jahrgangsstufe können verglichen werden.

Nr.	Titel	Kurzerläuterung
23	Neugewichtung schriftlicher und mündlicher Leistungen in den Fremdsprachen	Durch andere Gewichtung (z.B. 1:1 statt 2:1) wird bei Bedarf die mündliche Sprachkompetenz gefördert.
24	Verstärkte Einbeziehung von Grundwissen in schriftliche Leistungserhebungen	Schriftliche Leistungserhebungen prüfen immer auch die Verfügbarkeit von Grundwissen und Kernkompetenzen; die Nachhaltigkeit des Lernens wird gefördert.
25	Trennung von Unterrichts- und Prüfungsphasen	Zum Beispiel angekündigte Prüfungsphasen statt permanenten Abfragens; die Klasse gewinnt Ruhe im Unterrichtsalltag.
26	Ganz- und Halbjahresprojekte in der Klasse	Die Schülerinnen und Schüler arbeiten über längeren Zeitraum fächerübergreifend und eigenverantwortlich an ausgewählten Themen; Ausdauer, Teamfähigkeit und Kreativität werden gestärkt.

d) Personalmanagement und Personalführung

27	Bildung von jahrgangs- und stufenbezogenen pädagogischen Lehrkräfteteams	Lehrkräfte arbeiten im Team; pädagogische Beobachtungen und Maßnahmen werden zielführender abgestimmt.
28	Unterrichtsplanung im Lehrkräfteteam	Lehrkräfte arbeiten im Team; der Gesamtaufwand für die Unterrichtsvorbereitung wird verringert.
29	Planung und Durchführung von schriftlichen Leistungserhebungen im Lehrkräfteteam	Lehrkräfte arbeiten im Team; der Gesamtaufwand wird verringert; die Ergebnisse dienen der internen Evaluation.
30	„Mitarbeitergespräche“ mit Zielvereinbarungen der Lehrkraft mit allen Schülerinnen und Schülern	Lehrkräfte leisten gezielte Hilfestellung; Schülerinnen und Schüler übernehmen Verantwortung für ihre Leistungsentwicklung; Schülerinnen und Schüler erfahren individuelle Unterstützung bei persönlichen Problemen.

2. Teil: Maßnahmen Nrn. 31 bis 60:

a) Schulorganisation

Nr.	Titel	Kurzerläuterung
31	Innerschulischer Praxistag	Die Schule führt an einem Tag fächer- und klassenübergreifenden Kursunterricht als Orientierungshilfe für die Schülerinnen und Schüler bei der Berufsfindung durch.
32	Pflichtwahlfach „Business-English“ an der Hauptschule/Mittelschule	Die Schülerinnen und Schüler der Regelklasse 9 nehmen fakultativ, die Schülerinnen und Schüler der M-Zweige obligatorisch am Wahlfach „Business English“ teil, das nach zwei Jahren zum Erwerb eines Zusatzzertifikates führt.
33	Rhythmisierung des Schultags	Durch Neustrukturierung und Rhythmisierung des Schulvormittags mit integrierter Mittagsbetreuung wird der Schultag dem Biorhythmus der Kinder entsprechend entzerrt. Ein Schultag dauert bis 15.30 Uhr, Hausaufgaben werden durch individuelles Üben ersetzt.

Nr.	Titel	Kurzerläuterung
34	Zeitungslektüre zur Förderung der Allgemeinbildung	Die Maßnahme, die auf der regelmäßigen Lektüre von Tageszeitungen beruht, wird den Fächern Deutsch und GSE (Geschichte/Sozialkunde/Erdkunde) zugeordnet und in den Jahrgangsstufen 7 und 8 durchgeführt.
35	Zwischenberichte statt Halbjahreszeugnisse	Die Eltern erhalten zu zwei Zeitpunkten innerhalb des Schuljahres (Dezember und April) einen detaillierten schriftlichen Überblick über die Leistungen ihres Kindes.
36	Neues Lernkonzept in der Berufsfachschule für Kinderpflege	Der Lehrstoff der Jahrgangsstufe 11 wird in Modulen („Lernbausteinen") aufbereitet und von den Schülerinnen und Schülern selbstständig und eigenverantwortlich an verschiedenen Lernorten erarbeitet. Der Abschluss eines Lernbausteins erfolgt in Form eines schriftlichen Tests, einer Einzel- oder einer Gruppenpräsentation.

b) Individualförderung

37	Einrichtung von Partnerklassen zwischen Unter- und Oberstufe	Die Schülerinnen und Schüler der 5. bis 9. Jahrgangsstufe der Förderschule unterstützen die Schülerinnen und Schüler der ersten und zweiten Klasse. Je nach Klassengröße sind die Patinnen und Paten ca. alle drei Wochen für eine Stunde im Einsatz.
38	Erweitertes Screening zur Einschulung	Die Schule erweitert das bestehende Screeningverfahren: Sprachstandserhebungen werden bei allen Schülerinnen und Schülern durchgeführt und um den mathematischen Bereich erweitert.
39	Förderung besonders begabter Grundschülerinnen und Grundschüler	Die Schule bietet in Kooperation mit Erziehungsberechtigten und externen Partnern ein qualitativ hochwertiges Zusatzangebot, das begabte Schülerinnen und Schüler besonders fördert.
40	Förderung von Vorschulkindern mit Entwicklungsverzögerung	Vorschulkinder mit Entwicklungsverzögerungen werden auf den Unterricht der Regelklasse vorbereitet. Durch die intensive Zusammenarbeit der Schule mit verschiedenen Einrichtungen werden die Kinder im Bereich Sprach-, Merk- und Denkfähigkeit, aber auch in ihrem Spiel- und Sozialverhalten gefördert.
41	„Freiwilliges Soziales Jahr" an der Schule	An der Schule leistet ein Freiwilliger oder eine Freiwillige das „Freiwillige Soziale Jahr" ab. Der oder die Freiwillige unterstützt die Lehrkräfte im Unterricht (z.B. bei Differenzierungsmaßnahmen und bei der Planung und Organisation des Schulalltags).
42	Zeugnisergänzung basierend auf einer Schülerberatungsstunde	Mehrmals im Schuljahr findet eine Schülerberatungsstunde als Einzelgespräch statt, in der individuelle Probleme der Schülerin oder des Schülers besprochen und Ziele für die nächste Lern- und Entwicklungsphase formuliert werden.

Nr.	Titel	Kurzerläuterung
43	„Unterricht Plus“	In den Nachmittagsstunden werden semesterweise in den Fächern Deutsch, Mathematik und Englisch (Grund- und Haupt-/Mittelschule) projektorientierte Kurse angeboten. In leistungsheterogenen Gruppen werden Unterrichtsinhalte thematisiert, vertieft und geübt.
44	Lernen in Kleingruppen	Einmal wöchentlich werden in den Fächern Deutsch, Englisch und Mathematik die Klassen gedrittelt; die Schülerinnen und Schüler arbeiten in Kleingruppen. Begleitet werden sie dabei durch Erziehungsberechtigte, Praktikantinnen und Praktikanten (Exercitium Paedagogicum) oder in Seminarschulen durch Referendarinnen und Referendare.
45	Module zur Stärkung der Selbst- und Sozialkompetenz	Auf der Grundlage eines Curriculums, das aus sechs aufeinander aufbauenden Modulen besteht (z.B. Kommunikations- und Kooperationsbereitschaft, Verantwortungsfähigkeit, Problemlösungs- und Konfliktfähigkeit), wird Selbst- und Sozialkompetenz vermittelt.
46	Teamtraining im Schullandheim	Der fünftägige Aufenthalt in einem speziell ausgestatteten Schullandheim wird für ein ca. 25-stündiges Trainingsprogramm kooperativer Kompetenzen genutzt.
47	Erstellung einer Referenzmappe für Schülerinnen und Schüler	Alle sozialen und fachlichen Kompetenzen, die eine Schülerin oder ein Schüler im Laufe seiner Gymnasiallaufbahn erwirbt, werden in einer Mappe dokumentiert. Die Schülerinnen und Schüler erhalten dadurch die Möglichkeit, ihren eigenen Lernprozess zu reflektieren.
48	Unterricht in Notebookklassen	Das mobile Lernen in der Schule, im Betrieb und zu Hause und die hochindividuelle Förderung durch interaktive Unterrichtsprogramme qualifizieren die Schülerinnen und Schüler, um so ihre Chancen im Berufsleben zu erhöhen.
49	Ausbildungsvereinbarung mit Schülerinnen und Schülern und Erziehungsberechtigten	Die Schule vereinbart gemeinsam mit Eltern und Schülerinnen und Schülern individuelle Ziele der Ausbildung. Stärken und Schwächen der Schülerinnen und Schüler können frühzeitig diagnostiziert, entsprechende Maßnahmen ergriffen werden.

c) Leistungserhebungen

50	Besondere mündliche Prüfung in den Grund- und Leistungskursen Englisch	Zusätzlich zu den herkömmlichen mündlichen Noten wird am Ende des Semesters eine „Besondere mündliche Prüfung“ durchgeführt. Sie gibt den Schülerinnen und Schülern Gelegenheit, in einem längeren Prüfungsgespräch ihr sprachliches Können unter Beweis zu stellen.

d) Personalmanagement und Personalführung

51	Methoden- und Teamtraining	Das gesamte Kollegium wird nach dem Methodentraining von Klippert geschult und das Methodenrepertoire aufbauend in allen Jahrgangsstufen umgesetzt.
52	Begleitung neuer Lehrkräfte im ersten Jahr	Den neuen Lehrkräften werden durch Fachkollegen und Schulleiterin bzw. Schulleiter, Unterrichtsbesuche, Feedback und Beratung konkrete Hilfestellungen gegeben.
53	„Runder Tisch“ für Lehrkräfte einer Schule	Zu vom Kollegium gewünschten Themen wird ein offenes Fortbildungsangebot erarbeitet, z.B. Handhabung des mobilen Laptopklassenzimmers, Prävention und Krisenintervention, Schulung im EFQM-Modell und Zeitmanagement.

e) Inner- und außerschulische Partnerschaften

54	Lehrkräftepraktikum	Die Lehrkräfte leisten an zwei bis drei Tagen pro Jahr ein Praktikum in einem Unternehmen vor Ort ab. Sie gewinnen dadurch fundierte Einblicke in die Berufsanforderungen und knüpfen intensive Kontakte zu den Betrieben der Region.
55	Neigungsorientiertes Lernen mit externen Fachleuten	Angeleitet durch externe Fachkräfte lernen die Schülerinnen und Schüler der zweiten und dritten Klassen einmal im Monat in interessensgeleiteten und jahrgangsübergreifenden Lerngruppen. Externe Kräfte arbeiten ehrenamtlich.
56	Berufsorientierung „Brückenschlag“	Unternehmerinnen und Unternehmer aus der Region, die Ausbildungsplätze anbieten, begleiten Schülerinnen und Schüler von der 7. bis zur 9. Jahrgangsstufe. Ein Expertenteam von Pädagoginnen und Pädagogen, Psychologinnen und Psychologen sowie Unternehmerinnen und Unternehmern bereitet die Schülerinnen und Schüler drei Jahre lang auf den Sprung ins Berufsleben vor.
57	„Economy Tutorial“	Das „Economy Tutorial“ ist ein Forum für den Ideenaustausch zwischen Schule und Wirtschaft. Dazu gehört die direkte Umsetzung eines gemeinsam erarbeiteten Maßnahmenkatalogs mit jährlichem Feedback der Schule an die Unternehmen.
58	Arbeit im Alten- und Pflegeheim als Praxismodul des Unterrichts	Die Schülerinnen und Schüler besuchen in einem Zeitraum von drei Monaten wöchentlich die Bewohnerinnen und Bewohner eines Pflegeheims und leisten Hilfestellung im Alltag der pflegebedürftigen Menschen. Die Erfahrungen werden mit Lehrplanthemen verknüpft.
59	Integration des Programms „Erwachsen werden“ in die Erziehungs- und Unterrichtsarbeit	Die Schülerinnen und Schüler absolvieren das Programm „Erwachsen werden“ von Lions Quest nicht wie üblich als Zusatzangebot, sondern es findet Eingang in die verschiedenen Fächer. So wird es unmittelbar im sozialen Gefüge des Unterrichtsalltags wirksam.

f) Sachmittelverantwortung

60	Eigenverantwortliche Sachmittelbeschaffung und -verwaltung	Die Schule und der Aufwandsträger beschließen einvernehmlich ein Budget im Rahmen der Haushaltssatzungen. Die Finanzverantwortung über die Ausschreibung, die Beschaffung, die Verwaltung und die Verwendung der Sachmittel geht auf die Schulleiterin oder den Schulleiter über.

Schulordnung für die Mittelschulen in Bayern (Mittelschulordnung – MSO)

Neufassung vom 4. März 2013 (GVBl S. 116),
geändert durch Verordnung vom 15. Juli 2014 (GVBl S. 276), vom 22. Juli 2014 (GVBl S. 286), vom 12. Mai 2015 (GVBl S. 82), vom 11. September 2015 (GVBl S. 349) und vom 1. Juli 2016 (GVBl S. 193)

2232-3-K

Auf Grund von Art. 7a, 25 Abs. 3 Satz 1, Art. 30a Abs. 5 Satz 4, Art. 32a Abs. 6 Satz 4, Art. 37 Abs. 3 Satz 3, Art. 41 Abs. 6 Satz 3 und Abs. 7 Satz 5, Art. 43 Abs. 1 Satz 4, Art. 44 Abs. 2 Satz 1, Art. 45 Abs. 2 Sätze 1 und 4, Art. 46 Abs. 4 Satz 3, Art. 49 Abs. 1 Satz 2, Art. 65 Abs. 1 Satz 4, Art. 68, 69 Abs. 7, Art. 86 Abs. 15, Art. 89 und 128 Abs. 1 des Bayerischen Gesetzes über das Erziehungs- und Unterrichtswesen (BayEUG) in der Fassung der Bekanntmachung vom 31. Mai 2000 (GVBl S. 414, ber. S. 632, BayRS 2230-1-1-UK), zuletzt geändert durch § 2 des Gesetzes vom 9. Juli 2012 (GVBl S. 344), erlässt das Bayerische Staatsministerium für Unterricht und Kultus folgende Verordnung:

Inhaltsübersicht

Teil 1
Allgemeines

§ 1
Geltungsbereich

[1]Diese Schulordnung gilt für die öffentlichen Mittelschulen und die staatlich anerkannten Ersatzschulen mit dem Charakter einer öffentlichen Schule. [2]Für Ersatzschulen gilt diese Schulordnung im Rahmen der Art. 90, 92 Abs. 2 Nr. 2 und Abs. 5 und Art. 93 des Bayerischen Gesetzes über das Erziehungs- und Unterrichtswesen (BayEUG), für staatlich anerkannte Ersatzschulen gilt sie darüber hinaus im Rahmen des Art. 100 Abs. 2 BayEUG. [3]Für Hauptschulen gelten Sätze 1 und 2 entsprechend.

Teil 2
Aufnahme, Schulwechsel

§ 2
Anmeldung und Aufnahme

(1) [1]Stellt die Mittelschule fest, dass die Voraussetzungen einer Unterrichtung an der Mittelschule nach Art. 41 Abs. 5 BayEUG nicht gegeben sind, lehnt sie die Aufnahme der Schülerin oder des Schülers ab und empfiehlt den Erziehungsberechtigten eine Anmeldung an dem voraussichtlich zuständigen Förderzentrum. [2]Wollen die Erziehungsberechtigten weiterhin die Aufnahme an der Mittelschule, legt die Schulleiterin oder der Schulleiter die Angelegenheit dem Staatlichen Schulamt vor; § 5 Abs. 5 Satz 2 bis 5 gilt entsprechend. [3]Bleibt zweifelhaft, ob die Voraussetzungen für einen Besuch der Mittelschule nach Art. 41 Abs. 5 BayEUG gegeben sind, kann die Mittelschule die Schülerin oder den Schüler zunächst bis zu drei Monate probeweise aufnehmen und nach Ablauf der Probezeit abschließend entscheiden; § 5 Abs. 6 Satz 3 gilt entsprechend.

(2) Der Träger einer privaten Mittelschule hat die Aufnahme von Schülerinnen und Schülern der öffentlichen Mittelschule mitzuteilen, in deren Sprengel sie ihren gewöhnlichen Aufenthalt haben.

(3) Schülerinnen und Schüler, die nach Beginn der Vollzeitschulpflicht ihren gewöhnlichen Aufenthalt in Bayern nehmen, sind unverzüglich anzumelden.

§ 3
Übertritt an eine andere Schule

(1) [1]Tritt eine Schülerin oder ein Schüler an eine andere Schule über, benachrichtigt die abgebende Schule die aufnehmende Schule. [2]Geht bei der abgebenden Schule innerhalb eines Monats keine Bestätigung über den Übertritt ein, verständigt die Schulleiterin oder der Schulleiter die Kreisverwaltungsbehörde.

(2) [1]Endet der Mittelschulbesuch mit dem Ende der Vollzeitschulpflicht, wird der Schülerin oder dem Schüler mit dem Zeugnis eine Abmeldebescheinigung ausgehändigt, die bei der Anmeldung bei einer Berufsschule oder einer anderen Schule, an der die Berufsschulpflicht erfüllt werden kann, abzugeben ist. [2]Fordert die Berufsschule oder Berufsfachschule oder die entsprechende Förderschule innerhalb eines Monats nach Beginn des Unterrichts den Schülerbogen nicht an, verständigt die Schulleiterin oder der Schulleiter die Kreisverwaltungsbehörde.

(3) Werden ausländische Schülerinnen und Schüler vom Schulbesuch in Bayern abgemeldet, so verständigt die Schule das Einwohnermeldeamt.

§ 4
Gastschulverhältnisse

(1) Wird ein Antrag auf Genehmigung eines Gastschulverhältnisses nach Art. 43 Abs. 1 BayEUG gestellt, fordert die Gemeinde des gewöhnlichen Aufenthalts der Schülerin oder des Schülers unverzüglich eine Stellungnahme des Schulaufwandsträgers der aufnehmenden Schule sowie der betroffenen Schulen an.

(2) [1]Die Genehmigung eines Gastschulverhältnisses nach Art. 43 Abs. 1 BayEUG ist widerruflich. [2]Sie kann nach vorheriger Anhörung der betroffenen Schulen widerrufen werden, wenn die zwingenden persönlichen Gründe nicht mehr vorliegen. [3]Der Widerruf kann nur zum Schuljahresende ausgesprochen werden.

(3) Liegt der gewöhnliche Aufenthalt der Schülerin oder des Schülers außerhalb des Geltungsbereichs dieser Verordnung, so entscheidet die für die Gastschule zuständige Gemeinde im Einvernehmen mit der für die Gastschule zuständigen Schulaufsichtsbehörde; die Gemeinde gibt der für den gewöhnlichen Aufenthalt der Schülerin oder des Schülers zuständigen Schulaufsichtsbehörde Gelegenheit zur Stellungnahme.

(4) Liegen die Sprengelschule und die Gastschule in den Zuständigkeitsbereichen verschiedener Staatlicher Schulämter, entscheidet über Zuweisungen nach Art. 43 Abs. 2 BayEUG das für die Sprengelschule zuständige Schulamt; es gibt dem anderen Schulamt Gelegenheit zur Stellungnahme.

§ 5
Überweisung an ein Förderzentrum

(1) Die Klassenleiterin oder der Klassenleiter meldet nach eingehender Erörterung mit den Erziehungsberechtigten Schülerinnen und Schüler, die auf Grund des möglichen Vorliegens der Voraussetzungen nach Art. 41 Abs. 5 BayEUG für eine Überweisung an ein Förderzentrum in Betracht kommen, der Schulleiterin oder dem Schulleiter, legt den hierfür maßgeblichen Sachverhalt dar, berichtet über den vermuteten sonderpädagogischen Förderbedarf sowie die bisher durchgeführten Fördermaßnahmen und gibt einen Überblick über die Schulleistungen und das Lernverhalten; eine vorhandene Stellungnahme der Mobilen Sonderpädagogischen Dienste ist beizufügen.

(2) [1]Die Schulleiterin oder der Schulleiter fordert unter Übermittlung des Berichts nach Abs. 1 von dem voraussichtlich zuständigen Förderzentrum ein sonderpädagogisches Gutachten gemäß Art. 41 Abs. 4 Satz 2 BayEUG an und informiert die Erziehungsberechtigten darüber. [2]Nach Vorliegen des Gutachtens unterrichtet die Schulleiterin oder der Schulleiter die Erziehungsberechtigten über die Ergebnisse des bisherigen Verfahrens und gibt ihnen Gelegenheit zu einer Stellungnahme. [3]Die Erziehungsberechtigten können verlangen, dass die Beratungslehrkraft oder die Schulpsychologin oder der Schulpsychologe gehört wird.

(3) [1]Empfiehlt das sonderpädagogische Gutachten eine Überweisung an ein Förderzentrum und sind die Erziehungsberechtigten damit einverstanden, überweist die Mittelschule die Schülerin oder den Schüler an das öffentliche Förderzentrum mit dem im Gutachten bezeichneten Förderschwerpunkt. [2]Soweit das nächstgelegene, dem sonderpädagogischen Förderbedarf der Schülerin oder des Schülers entsprechende Förderzentrum eine Schule in privater Trägerschaft ist, erfolgt eine Überweisung an ein Förderzentrum mit entsprechendem sonderpädagogischen Schwerpunkt unter Hinweis auf das betreffende private Förderzentrum.

(4) [1]Ist nach dem sonderpädagogischen Gutachten die Mittelschule der richtige Förderort, kann die Mittelschule, wenn sie dennoch eine Überweisung an ein Förderzentrum für erforderlich hält, einen entsprechenden Antrag beim Staatlichen Schulamt stellen. [2]Der Antrag ist ausführlich zu begründen.

(5) [1]Empfiehlt das sonderpädagogische Gutachten eine Überweisung an ein Förderzentrum und sind die Erziehungsberechtigten damit nicht einverstanden, legt die Mittelschule die Angelegenheit dem Staatlichen Schulamt zur Entscheidung vor. [2]Die Mittelschule fügt eine eigene Stellungnahme bei. [3]Auf Antrag der Erziehungsberechtigten findet vor der Entscheidung des Staatlichen Schulamts eine mündliche Erörterung mit den Beteiligten statt. [4]Kommt im Erörterungstermin kein Einvernehmen zustande, können die Erziehungsberechtigten verlangen, dass die Feststellungen und Empfehlungen im sonderpädagogischen Gutachten durch eine überörtliche, unabhängige Fachkommission überprüft werden; die Mitglieder der Kommission dürfen am bisherigen Verfahren nicht beteiligt gewesen sein. [5]Das Staatliche Schulamt hat die Stellungnahme der Fachkommission in seiner Entscheidung zu würdigen.

(6) [1]Bleibt zweifelhaft, ob die Mittelschule oder das Förderzentrum der richtige schulische Förderort ist, kann das Staatliche Schulamt die Schülerin oder den Schüler für die Dauer von bis zu drei Monaten probeweise an das Förderzentrum überweisen. [2]Die Schülerin oder der Schüler wird für diese Zeit Schülerin oder Schüler des Förderzentrums. [3]Die Probezeit kann um bis zu drei Monate, längstens jedoch bis zum Ende des Schulhalbjahres verlängert werden. [4]Nach Ablauf der Probezeit entscheidet das Staatliche Schulamt abschließend, ob eine Überweisung an ein Förderzentrum erfolgt.

(7) [1]Wird ein schulpflichtiges Kind, das eine Mittelschule besucht, auf Antrag der Erziehungsberechtigten oder auf Grund einer gerichtlichen oder behördlichen Entscheidung in ein Heim aufgenommen, das mit einem Förderzentrum verbunden ist, hat die Mittelschule ein sonderpädagogisches Gutachten gemäß Abs. 2 Satz 1 anzufordern. [2]Für das weitere Verfahren gelten Abs. 3 bis 6.

§ 6
Übertritt an ein Gymnasium oder an eine Realschule

(1) [1]In der Jahrgangsstufe 5 wird eine Eignung für die Bildungswege des Gymnasiums und der Realschule im Jahreszeugnis festgestellt. [2]Die Eignung zum Übertritt in die Jahrgangsstufe 5 des Gymnasiums liegt vor, wenn die Gesamtdurchschnittsnote aus den Fächern Deutsch und Mathematik mindestens 2,0 beträgt. [3]Die Eignung zum Übertritt in die Jahrgangsstufe 5 der Realschule liegt vor, wenn die Gesamtdurchschnittsnote aus den Fächern Deutsch und Mathematik mindestens 2,5 beträgt. [4]Die Eignung zum Übertritt in die Jahrgangsstufe 5 der Realschule wird von der Lehrerkonferenz festgestellt, wenn in Folge nachgewiesener erheblicher persönlicher Beeinträchtigungen ohne eigenes Verschulden die in Satz 3 genannte Gesamtdurchschnittsnote nicht erreicht wurde, z.B. wegen Krankheit, und für die Schülerin oder den Schüler auf Grund der bisherigen Leistungen die Aussicht besteht, eine Realschule mit Erfolg zu besuchen; Entsprechendes gilt für die Feststellung der Eignung zum Übertritt in die Jahrgangsstufe 5 des Gymnasiums. [5]Die Eignung zum Übertritt in die Jahrgangsstufe 6 der Realschule liegt vor, wenn die Gesamtdurchschnittsnote aus den Fächern Deutsch, Mathematik und Englisch mindestens 2,0 beträgt.

(2) Für Schülerinnen und Schüler mit nichtdeutscher Muttersprache, die nicht bereits ab Jahrgangsstufe 1 eine deutsche Grundschule besucht haben, kann bis zu einer Gesamtdurchschnittsnote von 3,33 die Eignung festgestellt werden, wenn dies auf Schwächen in der deutschen Sprache zurückzuführen ist, die noch behebbar erscheinen.

(3) [1]In der Jahrgangsstufe 6 führt die Mittelschule eine Informationsveranstaltung zur Wahl des weiteren schulischen Bildungswegs durch; Lehrkräfte mit Erfahrung an anderen weiterführenden Schulen sollen zu der Informationsveranstaltung hinzugezogen werden. [2]Den Erziehungsberechtigten wird außerdem eine eingehende Beratung angeboten. [3]Dabei werden die Erziehungsberechtigten auch umfassend über die Angebote des schulischen Bildungssystems und dessen An- und Abschlussmöglichkeiten einschließlich des beruflichen Schulwesens informiert.

§ 7
Aufnahme in Mittlere-Reife-Klassen und Vorbereitungsklassen

(1) [1]Auf Antrag der Erziehungsberechtigten werden Schülerinnen und Schüler unter folgenden Voraussetzungen in die genannte Jahrgangsstufe aufgenommen:

1. in die Jahrgangsstufe 7 mit einer Durchschnittsnote von mindestens 2,66 aus den Fächern Deutsch, Mathematik und Englisch im Zwischenzeugnis oder Jahreszeugnis der Jahrgangsstufe 6 oder in einer Aufnahmeprüfung nach Abs. 2,
2. in die Jahrgangsstufen 8 und 9 mit einer Durchschnittsnote von mindestens 2,33 aus den Fächern Deutsch, Mathematik und Englisch im Zwischenzeugnis oder Jahreszeugnis der vorhergehenden Jahrgangsstufe oder in einer Aufnahmeprüfung nach Abs. 2,
3. in die Jahrgangsstufe 10 mit dem qualifizierenden Abschluss der Mittelschule und einer Gesamtbewertung von mindestens 2,33 in den Fächern Deutsch, Mathematik und Englisch oder in einer Aufnahmeprüfung nach Abs. 2; wurde der qualifizierende Abschluss der Mittelschule mit dem Fach Muttersprache erworben, so tritt dieses an die Stelle des Fachs Englisch.

[2]Für Schülerinnen und Schüler mit nichtdeutscher Muttersprache, die in die Jahrgangsstufe 7, 8 oder 9 des Mittlere-Reife-Zugs eintreten möchten, gilt § 6 Abs. 2 entsprechend.

(2) [1]Die Aufnahmeprüfung nach Abs. 1 findet in den Jahrgangsstufen 6 bis 8 in den letzten Tagen der Sommerferien und in der Jahrgangsstufe 9 zeitnah nach dem Erwerb des qualifizierenden Abschlusses der Mittelschule statt; sie erstreckt sich auf die Fächer Deutsch, Mathematik und Englisch. [2]Eine Teilnahme an der Aufnahmeprüfung ist nur in den Fächern nach Satz 1 möglich, in denen eine Notenverbesserung erreicht werden kann und wenn im Fall einer Notenverbesserung die nach Abs. 1 zur Aufnahme in eine Mittlere-Reife-Klasse erforderliche Durchschnittsnote erreichbar ist; die Aufnahmeprüfung kann nicht zu einer Notenverschlechterung in einem Fach führen. [3]Die Erziehungsberechtigten entscheiden nach Beratung durch die Schule, in welchen der nach Satz 2 möglichen Prüfungsfächern die Schülerinnen und Schüler an der Aufnahmeprüfung teilnehmen. [4]Die Gesamtnote wird in Fächern, in denen eine Prüfung abgelegt wurde, aus der Note im Jahreszeugnis oder im Zeugnis über den qualifizierenden Abschluss der Mittelschule und der Prüfungsnote ermittelt; bei einem Durchschnitt von n,5 gibt in der Regel die Prüfungsnote den Ausschlag. [5]In Fächern, in denen keine Prüfung abgelegt wurde, gilt die Note im Jahreszeugnis oder im Zeugnis über den qualifizierenden Abschluss der Mittelschule als Gesamtnote. [6]Die Summe der Gesamtnoten in den Fächern nach Satz 1 wird durch den Faktor 3 geteilt; der dadurch entstandene Zahlenwert bildet die Durchschnittsnote im Sinn des Abs. 1. [7]Für Schülerinnen und Schüler, die aus nicht selbst zu vertretenden Gründen keine hinreichenden Leistungen im Fach Englisch erbringen können und die nicht von der Möglichkeit des Abs. 3 Satz 1 Gebrauch gemacht haben, tritt an Stelle der Aufnahmeprüfung im Fach Englisch ein Aufnahmegespräch; in diesem ist zu klären, ob die Schülerin oder der Schüler den Leistungsanforderungen des Mittlere-Reife-Zugs voraussichtlich entsprechen

kann. [8]Auf der Grundlage des Aufnahmegesprächs ist eine Gesamtnote im Fach Englisch zu bilden. [9]Wurde der qualifizierende Abschluss der Mittelschule nach Abs. 1 Satz 1 Nr. 3 Halbsatz 2 mit dem Fach Deutsch als Zweitsprache erworben, so tritt an die Stelle der Aufnahmeprüfung im Fach Deutsch ein Aufnahmegespräch. [10]In diesem ist zu klären, ob die Schülerin oder der Schüler auf Grund der bisherigen Leistungen den Anforderungen der Jahrgangsstufe 10 im Fach Deutsch voraussichtlich entsprechen kann.

(3) [1]Schülerinnen und Schüler mit nichtdeutscher Muttersprache, die aus nicht selbst zu vertretenden Gründen den erforderlichen Leistungsstand in Englisch nicht aufweisen, können bei der vorläufigen Anmeldung zu den Jahrgangsstufen 9 und 10 beantragen, in der Abschlussprüfung statt in Englisch in der Muttersprache geprüft zu werden. [2]Das Staatsministerium entscheidet allgemein oder im Einzelfall, für welche Sprachen eine Genehmigung erteilt werden kann. [3]Ein Unterricht in der Muttersprache findet nicht statt; während des Schuljahres werden je zwei Leistungsfeststellungen als Fernprüfung durchgeführt. [4]Die Schülerinnen und Schüler können zur Teilnahme an anderem Unterricht verpflichtet werden.

(4) [1]In die Jahrgangsstufe 10 können in besonderen Fällen auch andere Bewerberinnen und Bewerber, die nicht Schülerinnen und Schüler einer allgemein bildenden Schule sind, aufgenommen werden, wenn sie als andere Bewerberinnen und Bewerber im qualifizierenden Abschluss der Mittelschule die Gesamtbewertung 2,3 oder besser erreicht haben. [2]Im Übrigen kann eine Aufnahme in eine Mittlere-Reife-Klasse nur erfolgen, wenn die Jahrgangsstufe 10 spätestens im zwölften Schulbesuchsjahr erreicht werden kann.

(5) [1]Schülerinnen und Schüler können im unmittelbaren Anschluss an den Besuch der Jahrgangsstufe 9 der Mittelschule in eine Vorbereitungsklasse aufgenommen werden, wenn sie den qualifizierenden Abschluss der Mittelschule mit einer Durchschnittsnote von mindestens 2,5 erworben haben. [2]Ist diese Durchschnittsnote nicht erreicht, entscheidet die Schulleiterin oder der Schulleiter unter Berücksichtigung des Leistungsstands der Schülerin oder des Schülers in Abstimmung mit dem Staatlichen Schulamt, ob ausnahmsweise eine Aufnahme möglich ist.

§ 8
Wechsel an die Mittelschule

(1) [1]Vollzeitschulpflichtige Schülerinnen und Schüler, die aus anderen weiterführenden Schularten an die Mittelschule wechseln wollen, treten nach Abschluss eines Schuljahres in der Regel in die Regelklasse der nächsthöheren Jahrgangsstufe der Mittelschule über. [2]Sie treten während eines Schuljahres in der Regel in die Jahrgangsstufe über, die sie in der anderen Schule besucht haben. [3]Über Ausnahmen sowie in sonstigen Fällen der Rückkehr entscheidet die Schulleiterin oder der Schulleiter unter Berücksichtigung des Leistungsstands der Schülerin oder des Schülers.

(2) [1]Schulpflichtige Schülerinnen und Schüler aus anderen Schularten, die die Erlaubnis zum Vorrücken oder zum Vorrücken auf Probe erhalten haben, können zu Schuljahresbeginn in die Mittlere-Reife-Klasse der nächsthöheren Jahrgangsstufe übertreten. [2]Entsprechendes gilt, wenn sich das Nichtvorrücken auf Fächer bezieht, die an der Mittelschule nicht unterrichtet werden. [3]Über die Aufnahme in sonstigen Fällen entscheidet die Schulleiterin oder der Schulleiter; hierzu kann eine Aufnahmeprüfung durchgeführt werden. [4]§ 7 Abs. 4 Satz 2 gilt entsprechend.

(3) Der Wechsel von der Mittlere-Reife-Klasse in die Regelklasse der gleichen Jahrgangsstufe ist auf Antrag der Erziehungsberechtigten jederzeit möglich.

(4) In die Praxisklasse können auf Antrag der Erziehungsberechtigten Schülerinnen und Schüler in der Regel im neunten Schulbesuchsjahr aufgenommen werden, die durch eine spezifische Förderung mit hohen berufsbezogenen Praxisanteilen zu einer positiven Lern- und Arbeitshaltung geführt werden können.

Teil 3
Schulbetrieb

§ 9
Einrichtung von Klassen, Gruppen und Arbeitsgemeinschaften

(1) [1]Die Schulleiterin oder der Schulleiter bildet im Rahmen der vom Staatsministerium festgelegten Richtlinien die Klassen nach pädagogischen und schulorganisatorischen Erfordernissen. [2]In Schulverbünden gilt dies für die Verbundkoordinatorin oder den Verbundkoordinator entsprechend.

(2) [1]Über die Einrichtung von jahrgangsstufenübergreifendem Unterricht in den Pflichtfächern Religionslehre, Ethik und Sport entscheidet die Schulleiterin oder der Schulleiter unter Beachtung der amtlichen Vorgaben für die Klassen- und Gruppenbildung. [2]Über die Einrichtung von klassenübergreifendem Unterricht in Pflichtfächern entscheidet die Schulleiterin oder der Schulleiter.

(3) [1]Unterricht in Wahlpflichtfächern und Wahlfächern kann klassenübergreifend, in besonderen Fällen auch jahrgangsstufenübergreifend eingerichtet werden; soweit erforderlich kann er auch für Schülerinnen und Schüler mehrerer Schulen gemeinsam durchgeführt werden. [2]Arbeitsgemeinschaften und Fördermaßnahmen können klassen- und jahrgangsstufenübergreifend und auch nur für Teile des Schuljahres eingerichtet werden. [3]Über die Einrichtung von Wahlpflichtfächern, Wahlfächern, Arbeitsgemeinschaften und Fördermaßnahmen entscheidet die Lehrerkonferenz. [4]In Schulverbünden nach Art. 32a Abs. 3 und 4 BayEUG erfolgt die Einrichtung von Wahlpflichtfächern der Berufsorientierung in Abstimmung mit den anderen Schulen im Verbund.

(4) In den Jahrgangsstufen 7 und 8 muss ein Mittlere-Reife-Kurs bezogen auf die Fächer Deutsch, Mathematik und Englisch angeboten werden, wenn die Schule keine Mittlere-Reife-Klassen der Jahrgangsstufen 7 und 8 führt, keinem Schulverbund angehört und nicht im Einzugsbereich von Mittlere-Reife-Klassen der Jahrgangsstufen 7 und 8 liegt.

(5) [1]Die Vorbereitungsklassen für den Erwerb des mittleren Schulabschlusses an der Mittelschule werden als Vorbereitungsklasse 1 und 2 bezeichnet. [2]Für die Vorbereitungsklassen gelten die Bestimmungen für die Jahrgangsstufe 10 entsprechend.

(6) Ein Wahlpflichtfach kann während des Schuljahres nur in besonderen Fällen mit Genehmigung der Schulleiterin oder des Schulleiters gewechselt werden.

(7) Ein an der Schule eingerichtetes Wahlpflichtfach kann auch als Wahlfach besucht werden.

(8) [1]Der Besuch von Wahlfächern und Arbeitsgemeinschaften darf während ihrer Dauer nur mit Genehmigung der Schulleiterin oder des Schulleiters abgebrochen oder begonnen werden. [2]Über den Ausschluss vom Besuch eines Wahlfachs oder einer Arbeitsgemeinschaft entscheidet die Schulleiterin oder der Schulleiter.

(9) Besonderer Förderunterricht kann insbesondere eingerichtet werden für Schülerinnen und Schüler

1. mit besonderen Schwierigkeiten beim Erlernen des Lesens und des Rechtschreibens,
2. mit besonderem Förderbedarf.

(10) [1]Im Fach Englisch kann für Schülerinnen und Schüler mit insgesamt sehr schwachen Leistungen gesonderter Förderunterricht eingerichtet werden. [2]Dies ist im Zeugnis zu vermerken.

(11) In Maßnahmen der Berufsorientierung können auch Fördermaßnahmen Dritter, insbesondere auch Maßnahmen nach dem Dritten Buch Sozialgesetzbuch einbezogen werden.

(12) Eine Kooperationsklasse als Klasse einer Mittelschule kann eingerichtet werden, wenn in der Klasse eine Gruppe von mindestens drei Schülerinnen und Schülern mit sonderpädagogischem Förderbedarf unterrichtet wird.

§ 10
Unterricht für Schülerinnen und Schüler mit nichtdeutscher Muttersprache

(1) [1]Für Schülerinnen und Schüler mit nichtdeutscher Muttersprache, die dem Unterricht in einer deutschsprachigen Klasse nicht zu folgen vermögen, können Übergangsklassen eingerichtet werden. [2]Die Entscheidung trifft das Staatliche Schulamt. [3]Über die Zuweisung von Schülerinnen und Schülern zur Übergangsklasse entscheidet die Schulleiterin oder der Schulleiter. [4]Ist eine Schülerin oder ein Schüler einer Übergangsklasse so weit gefördert, dass sie oder er dem Unterricht in einer deutschsprachigen Klasse zu folgen vermag, weist die Schulleiterin oder der Schulleiter die Schülerin oder den Schüler nach Anhörung der Erziehungsberechtigten einer deutschsprachigen Klasse in der zuständigen Mittelschule zu. [5]Die Zuweisung in eine deutschsprachige Klasse erfolgt zu Beginn eines Schuljahres oder mit der Aushändigung des Zwischenzeugnisses, spätestens jedoch mit Ablauf des zweiten voll besuchten Schuljahres in der Übergangsklasse.

(2) [1]Für Schülerinnen und Schüler mit nichtdeutscher Muttersprache, die keiner Übergangsklasse zugewiesen werden können und ohne ausreichende Deutschkenntnisse deutschsprachige Klassen besuchen müssen, werden vom Staatlichen Schulamt Deutschfördermaßnahmen eingerichtet. [2]Die Anzahl der Unterrichtsstunden richtet sich nach dem Förderbedarf und den Lernfortschritten der Schülerinnen und Schüler.

§ 11
Stundentafeln

[1]Es gelten die als Anlagen 1 bis 3 angefügten Stundentafeln einschließlich der Bestimmungen zu den Stundentafeln. [2]Das Staatsministerium kann bei Vorliegen besonderer Umstände Abweichungen von der Stundentafel für die Dauer eines Schuljahres vornehmen.

Teil 4
Leistungen, Zeugnisse

§ 12
Leistungsnachweise

(1) [1]Die Lehrerkonferenz trifft vor Unterrichtsbeginn des Schuljahres grundsätzliche Festlegungen zur Erhebung von Leistungsnachweisen einschließlich prüfungsfreier Lernphasen. [2]Die Festlegungen sind den Schülerinnen und Schülern sowie ihren Erziehungsberechtigten bekannt zu geben.

(2) [1]Schriftliche Leistungsnachweise können je nach Art und Umfang angekündigt werden; sie müssen angekündigt werden, wenn größere Lernabschnitte bearbeitet werden sollen. [2]Der Termin eines angekündigten schriftlichen Leistungsnachweises muss spätestens eine Woche vorher bekannt gegeben werden. [3]An einem Tag darf nur ein angekündigter schriftlicher Leistungsnachweis, in der Woche sollen nicht mehr als zwei angekündigte schriftliche Leistungsnachweise gefordert werden. [4]Kann der Leistungsstand einer Schülerin oder eines Schülers wegen nicht zu vertretender Versäumnisse nicht hinreichend beurteilt werden, so kann die Lehrkraft das Nachholen von angekündigten Leistungsnachweisen anordnen.

(3) [1]Schriftliche Leistungsnachweise sind innerhalb einer angemessenen Frist den Schülerinnen und Schülern zurückzugeben und zu besprechen. [2]Sie sind den Schülerinnen und Schülern zur Kenntnisnahme durch die Erziehungsberechtigten mit nach Hause zu geben; in begründeten Einzelfällen kann von dieser Regelung abgewichen werden. [3]Sie sind der Schule binnen einer Woche zurückzugeben.

§ 13
Bewertung der Leistungen

(1) [1]Bei der Bewertung eines schriftlichen Leistungsnachweises kann die äußere Form mit berücksichtigt werden. [2]Bei schriftlichen Leistungsnachweisen sind Verstöße gegen die Sprachrichtigkeit und schwerere Ausdrucksmängel zu kennzeichnen; hiervon kann in begründeten Ausnahmefällen abgesehen werden. [3]Zwischennoten werden nicht erteilt.

(2) Die Lehrerkonferenz kann entscheiden, dass in begründeten Einzelfällen aus pädagogischen Gründen auf eine Bewertung der Leistungen durch Noten zeitweilig verzichtet wird; die Erziehungsberechtigten sind vorher anzuhören.

(3) [1]Bedient sich eine Schülerin oder ein Schüler bei einer zu benotenden Arbeit unerlaubter Hilfe, so wird die Arbeit mit der Note 6 bewertet. [2]Bei einem Versuch kann ebenso verfahren werden. [3]Als Versuch gilt auch die Bereithaltung nicht zugelassener Hilfsmittel.

(4) Nach Beginn der Leistungserhebung können gesundheitliche Gründe der Schülerin oder des Schülers, denen zufolge der Leistungsnachweis nicht gewertet werden soll, in der Regel nicht mehr anerkannt werden.

(5) Versäumt eine Schülerin oder ein Schüler ohne ausreichende Entschuldigung einen angekündigten Leistungsnachweis oder wird eine Leistung verweigert, wird die Note 6 erteilt.

§ 14
Förderplan

[1]Die Lernziele der Schülerinnen und Schüler, die auf Grund ihres sonderpädagogischen Förderbedarfs voraussichtlich die Lernziele der Mittelschule nicht erreichen, sind in einem individuellen Förderplan festzuschreiben; ansonsten kann ein Förderplan bei Bedarf erstellt werden. [2]Der Förderplan enthält Aussagen über die Ziele der Förderung, die wesentlichen Fördermaßnahmen und die vorgesehenen Leistungserhebungen. [3]Die Lernziele im Förderplan sind mindestens jährlich fortzuschreiben. [4]Die Erstellung des Förderplans erfolgt unter Einbeziehung der Mobilen Sonderpädagogischen Dienste. [5]Der Förderplan soll mit den Erziehungsberechtigten erörtert werden.

§ 15
Entscheidung über das Vorrücken

(1) Das Vorrücken in den Jahrgangsstufen 5 bis 8 soll nur dann versagt werden, wenn die Schülerin oder der Schüler in der Entwicklung oder in den Leistungen erheblich unter dem altersgemäßen Stand der betreffenden Jahrgangsstufe liegt und nicht erwartet werden kann, dass die Schülerin oder der Schüler am Unterricht in der nächsten Jahrgangsstufe mit Erfolg teilnehmen kann.

(2) [1]In den Jahrgangsstufen 5 bis 8 der Regelklasse liegen die Voraussetzungen des Abs. 1 in der Regel vor, wenn die Gesamtdurchschnittsnote aus allen Vorrückungsfächern schlechter als 4,00 ist oder in mehr als drei Fächern eine schlechtere Note als die Note 4 erzielt wurde; die Note 6 zählt dabei wie zweimal die Note 5. [2]Vorrückungsfächer sind alle Pflichtfächer und Wahlpflichtfächer mit Ausnahme des Fachs Sport.

(3) [1]Für Schülerinnen und Schüler mit nichtdeutscher Muttersprache, die Unterricht in Deutsch als Zweitsprache erhalten, tritt in Abs. 2 an die Stelle des Fachs Deutsch das Fach Deutsch als Zweitsprache. [2]Bei Schülerinnen und Schülern mit nichtdeutscher Muttersprache in deutschsprachigen Klassen, die keinen Unterricht im Fach Deutsch als Zweitsprache erhalten, sind in den ersten beiden Jahren des Schulbesuchs in der Bundesrepublik Deutschland unzureichende Leistungen im Fach Deutsch bei der Entscheidung über das Vorrücken nicht zu berücksichtigen.

(4) [1]In den Mittlere-Reife-Klassen der Jahrgangsstufen 7 bis 9 liegen die Voraussetzungen des Abs. 1 vor, wenn in einem Vorrückungsfach die Note 6 oder in mehr als einem Vorrückungsfach eine schlechtere Note als die Note 4 erzielt wurde und kein Notenausgleich gewährt wird. [2]Abs. 2 Satz 2 gilt entsprechend. [3]Falls das Zeugnis höchstens zwei Noten 5 oder eine Note 6 ausweist, kann einer Schülerin oder einem Schüler Notenausgleich gewährt werden, wenn in Vorrückungsfächern eine Note 1 oder zwei Noten 2 oder drei Noten 3 erteilt wurden. [4]Notenausgleich ist ausgeschlossen bei Schülerinnen und Schülern, deren schlechte Leistungen auf ungenügende Mitarbeit zurückzuführen sind oder die im Fach Deutsch die Note 6 erhalten haben. [5]Bei Schülerinnen und Schülern, die vom Gymnasium, der Realschule oder der Wirtschaftsschule übergetreten sind, kann Satz 3 entsprechend angewendet werden.

(5) Schülerinnen und Schülern mit festgestelltem sonderpädagogischem Förderbedarf, bei denen von einer Bewertung der Leistungen durch Noten abgesehen wird, ist abweichend von den Voraussetzungen des Abs. 1 das Vorrücken zu ermöglichen, wenn zu erwarten ist, dass sich die Lernziele des Förderplans auch in der nächsthöheren Jahrgangsstufe erfolgreich verwirklichen lassen.

(6) [1]Über das Vorrücken entscheidet die Klassenleiterin oder der Klassenleiter im Einvernehmen mit den sonstigen in der Klasse unterrichtenden Lehrkräften. [2]Über den Notenausgleich nach Abs. 4 entscheidet die Lehrerkonferenz.

(7) Schülerinnen und Schüler der Vorbereitungsklasse 1 rücken ohne besondere Entscheidung in die Vorbereitungsklasse 2 vor.

§ 16
Vorrücken auf Probe

(1) [1]Schülerinnen und Schüler der Jahrgangsstufen 7 bis 9 der Mittlere- Reife-Klassen, die das Ziel der jeweiligen Jahrgangsstufe erstmals nicht erreicht haben, können mit Einverständnis ihrer Erziehungsberechtigten auf Probe vorrücken, wenn nach dem Gesamtbild aller erzielten Leistungen erwartet werden kann, dass sie im nächsten Schuljahr das Ziel der Jahrgangsstufe erreichen. [2]Die Entscheidung trifft die Lehrerkonferenz.

(2) Wird einer Schülerin oder einem Schüler das Vorrücken auf Probe nach Abs. 1 oder nach Art. 53 Abs. 6 Satz 2 BayEUG gestattet, wird in das Jahreszeugnis folgende Bemerkung aufgenommen: „Die Schülerin bzw. der Schüler erhält die vorläufige Erlaubnis zum Besuch der Jahrgangsstufe . . .“.

(3) [1]Die Probezeit dauert bis zum 15. Dezember; sie kann von der Lehrerkonferenz in besonderen Fällen um höchstens zwei Monate verlängert werden. [2]Die Lehrerkonferenz entscheidet auf der Grundlage einer Empfehlung der Klassenkonferenz, ob die Schülerin oder der Schüler nach dem Gesamtbild aller erzielten Leistungen die Probezeit bestanden hat oder zurückverwiesen wird.

(4) Für Schülerinnen und Schüler, die am Gymnasium, an der Realschule oder an der Wirtschaftsschule die Erlaubnis zum Vorrücken auf Probe erhalten haben und die in die nächsthöhere Klasse des Regelzugs eintreten, entfällt eine Probezeit; soweit sie in die nächsthöhere Mittlere-Reife-Klasse eintreten, gilt Abs. 3, es sei denn, die Entscheidung, das Vorrücken nur auf Probe zu gestatten, beruht auf den Leistungen in mindestens einem Fach, das in der entsprechenden Jahrgangsstufe der Mittelschule nicht unterrichtet wird.

§ 17
Freiwilliges Wiederholen, Überspringen einer Jahrgangsstufe

(1) [1]Auf Antrag der Erziehungsberechtigten können Schülerinnen oder Schüler freiwillig wiederholen oder spätestens zum Schulhalbjahr in die vorherige Jahrgangsstufe zurücktreten. [2]Die Entscheidung trifft die Lehrerkonferenz unter Würdigung der schulischen Leistungen der Schülerin oder des Schülers. [3]Art. 38 BayEUG bleibt unberührt.

(2) [1]Besonders befähigten Schülerinnen und Schülern kann auf Antrag der Erziehungsberechtigten das Überspringen gestattet werden, wenn zu erwarten ist, dass sie nach Reife und Leistungsfähigkeit den Anforderungen dieser Jahrgangsstufe gewachsen sind. [2]Das Überspringen erfolgt jeweils zum Schuljahresende. [3]Die Entscheidung trifft die Schulleiterin oder der Schulleiter.

§ 18
Zwischen- und Jahreszeugnisse

(1) [1]Die Zwischen- und Jahreszeugnisse in den Jahrgangsstufen 5 bis 8 enthalten Noten in den Pflichtfächern und Wahlpflichtfächern sowie Bemerkungen gemäß Art. 52 Abs. 3 Satz 3 BayEUG. [2]In den Jahrgangsstufen 8, 9 und 10 darf ein Zeugnis keine Formulierung enthalten, die den Übertritt in das Berufsleben erschwert. [3]Die Teilnahme am Unterricht

in Wahlfächern wird durch eine allgemeine Bewertung bestätigt; auf Antrag wird eine Note erteilt. [4]Ferner wird die Teilnahme an Arbeitsgemeinschaften vermerkt.

(2) [1]In den Jahrgangsstufen 9 und 10 werden Zwischenzeugnisse sowie bei erfolgreichem Abschluss Abschlusszeugnisse jeweils in doppelter Fertigung ausgestellt. [2]Abs. 1 gilt entsprechend.

(3) [1]Schülerinnen und Schüler, die mit Erfüllung der Vollzeitschulpflicht den erfolgreichen Abschluss der Mittelschule nicht erreicht haben, erhalten in doppelter Fertigung ein Jahreszeugnis mit folgendem Vermerk: „Sie/Er ist zum Besuch der Berufsschule oder einer sie ersetzenden schulischen Einrichtung verpflichtet, sofern nicht freiwillig die Mittelschule besucht wird.“. [2]Schülerinnen und Schüler, die die Jahrgangsstufe 10 ohne Erfolg besucht haben, erhalten ein Jahreszeugnis; hierbei ist zu vermerken, dass die Schülerin oder der Schüler sich der Abschlussprüfung ohne Erfolg unterzogen hat. [3]Abs. 1 gilt entsprechend. [4]Art. 30a Abs. 5 Satz 5 BayEUG bleibt unberührt.

(4) Schülerinnen und Schüler, die während des Schuljahrs die Mittelschule verlassen, erhalten ein Zwischenzeugnis, das als Abgangszeugnis zu kennzeichnen ist.

(5) Bei der Entlassung als Ordnungsmaßnahme erhält die Schülerin oder der Schüler an Stelle eines Zeugnisses eine Bescheinigung über die Dauer des Schulbesuchs während des laufenden Schuljahres.

(6) [1]Schülerinnen und Schüler, die an Stelle des Unterrichts im Fach Deutsch ausschließlich auf der Grundlage des Lehrplans für das Fach Deutsch als Zweitsprache unterrichtet werden, erhalten eine Note für das Fach Deutsch als Zweitsprache. [2]Auf Antrag der Erziehungsberechtigten erhalten Schülerinnen und Schüler, die neben einem Unterricht auf der Grundlage des Lehrplans für das Fach Deutsch als Zweitsprache den Deutschunterricht zumindest teilweise besuchen, eine Note im Fach Deutsch; die Leistungen aus dem Unterricht im Fach Deutsch als Zweitsprache werden in pädagogischer Verantwortung einbezogen. [3]Wird kein Antrag nach Satz 2 gestellt, wird eine Note im Fach Deutsch als Zweitsprache erteilt.

(7) [1]In den Jahreszeugnissen der Regelklassen in den Jahrgangsstufen 5 bis 8 und in den Jahreszeugnissen der Mittlere-Reife-Klassen in den Jahrgangsstufen 7 bis 9 wird vermerkt, ob die Schülerin oder der Schüler in die nächsthöhere Klasse vorrückt. [2]Lassen es die Leistungen der Schülerin oder des Schülers im ersten Schulhalbjahr fraglich erscheinen, ob am Ende des Schuljahres die Erlaubnis zum Vorrücken erteilt werden kann, wird die Gefährdung im Zwischenzeugnis angegeben; in den Jahrgangsstufen 9 und 10 werden die Erziehungsberechtigten von der Gefährdung des Erwerbs des erfolgreichen Abschlusses durch ein gesondertes Schreiben benachrichtigt.

(8) [1]In Jahreszeugnissen und Abschlusszeugnissen soll die Tätigkeit in der Schülermitverantwortung und bei sonstigen freiwilligen Tätigkeiten für die Schulgemeinschaft vermerkt werden. [2]Ordnungsmaßnahmen werden in Abschlusszeugnissen und Jahreszeugnissen nach Abs. 3 nicht, in anderen Jahreszeugnissen nur aus besonderem Anlass aufgeführt.

(9) Die Zeugnisse müssen den vom Staatsministerium herausgegebenen Mustern entsprechen.

(10) [1]Die Zeugnisnoten und die Bewertung des Sozialverhaltens sowie des Lern- und Arbeitsverhaltens werden von der Klassenleiterin oder vom Klassenleiter im Einvernehmen mit den in der Klasse unterrichtenden Lehrkräften festgesetzt; die Bewertungen in den einzelnen Fächern erfolgen auf Grund der Einzelnoten für schriftliche, mündliche und praktische Leistungsnachweise in pädagogischer Verantwortung. [2]Wurden in einem Fach keine Leistungsnachweise erbracht, wird an Stelle einer Zeugnisnote eine Bemerkung

gegeben. [3]Gleiches gilt für Schülerinnen und Schüler, die Förderunterricht Englisch nach § 9 Abs. 10 erhalten haben.

(11) [1]Schülerinnen und Schüler, die im Gymnasium in einer anderen ersten Fremdsprache als Englisch unterrichtet wurden und in die Mittelschule übertreten, erhalten bei einem Übertritt während der Jahrgangsstufe 5 im ersten Mittelschulzeugnis, bei einem Übertritt während der Jahrgangsstufe 6 in den nächsten zwei Mittelschulzeugnissen nach dem Übertritt keine Note im Fach Englisch, soweit nicht die Erziehungsberechtigten eine Benotung wünschen. [2]Entsprechendes gilt für Schülerinnen und Schüler, die in eine deutschsprachige Klasse eintreten und bisher keinen Englischunterricht erhalten haben, sowie für Schülerinnen und Schüler, die aus einem Förderzentrum an die Mittelschule überwiesen werden.

(12) [1]Bei Schülerinnen und Schülern, bei denen von einer Benotung der Leistungen abgesehen wurde, sind in den Zeugnissen die Noten durch allgemeine Bewertungen zu ersetzen. [2]Wenn in einzelnen Fächern benotete Leistungen erbracht wurden, können auch im Zeugnis Noten erteilt werden. [3]Soweit nach § 13 Abs. 2 zeitweilig auf eine Bewertung der Leistungen mit Noten verzichtet wurde, kann auf die Erteilung von Zeugnisnoten verzichtet werden; die Entscheidung trifft die Lehrerkonferenz. [4]Soweit Mobile Sonderpädagogische Dienste eingeschaltet waren, sollen sie bei den Bewertungen nach Satz 1 und bei der Erteilung von Noten nach Satz 2 beteiligt werden.

(13) [1]Das Zwischenzeugnis wird am Ende des ersten Schulhalbjahres, d.h. am letzten Unterrichtstag der zweiten vollen Unterrichtswoche im Februar ausgestellt. [2]Die Jahreszeugnisse und Abschlusszeugnisse werden am letzten Unterrichtstag des Schuljahres ausgestellt, soweit nicht für Schülerinnen und Schüler in Abschlussklassen durch Bekanntmachung ein anderer Tag festgelegt ist.

(14) [1]Auf Zwischenzeugnissen und Jahreszeugnissen bestätigt eine Erziehungsberechtigte oder ein Erziehungsberechtigter durch Unterschrift die Kenntnisnahme. [2]Die Zwischenzeugnisse und Jahreszeugnisse sind nach Überprüfung der Kenntnisnahme zurückzugeben. [3]Sätze 1 und 2 gelten nicht für Jahreszeugnisse nach Abs. 3.

Teil 5
Prüfungen, Abschluss

Kapitel 1
Erfolgreicher Abschluss der Mittelschule

§ 19
Erfolgreicher Abschluss

(1) [1]Der erfolgreiche Abschluss der Mittelschule ist erreicht, wenn in der Jahrgangsstufe 9 die Gesamtdurchschnittsnote aus allen Vorrückungsfächern mindestens 4,00 beträgt und in höchstens drei Fächern eine schlechtere Note als die Note 4 erzielt wurde; die Note 6 zählt dabei wie zweimal die Note 5. [2]Liegen die Voraussetzungen des Satzes 1 vor, so trägt die Schule auf Antrag in das Jahreszeugnis der Jahrgangsstufe 9 der Mittlere-Reife-Klasse folgenden Vermerk ein: „Dieses Zeugnis schließt die Berechtigungen des erfolgreichen Abschlusses der Mittelschule ein."

(2) [1]Staatlich genehmigte Mittelschulen können dem Staatlichen Schulamt das Abschluss-

zeugnis zusammen mit einer Dokumentation über die erbrachten Leistungen im letzten Schuljahr vorlegen. [2]Das Staatliche Schulamt bestätigt den Erwerb des erfolgreichen Abschlusses der Mittelschule, wenn sich aus dem Zeugnis und der Dokumentation ergibt, dass die Schülerin oder der Schüler Leistungen erbracht hat, mit denen an einer staatlichen Mittelschule der erfolgreiche Abschluss der Mittelschule nach Abs. 1 Satz 1 hätte zuerkannt werden können.

§ 20
Erwerb einer entsprechenden Schulbildung

[1]Eine dem erfolgreichen Abschluss der Mittelschule entsprechende Schulbildung hat erworben, wer

1. in öffentlichen oder staatlich anerkannten Gymnasien, Realschulen oder Wirtschaftsschulen im Jahreszeugnis der Jahrgangsstufe 9 oder im Zeugnis über die entsprechende Feststellungsprüfung Noten erzielt hat, mit denen man auch die Jahrgangsstufe 9 der Mittelschule mit Erfolg besucht hätte,
2. die Berufsschule oder eine mindestens zweijährige berufliche Vollzeitschule erfolgreich besucht hat oder
3. ein einjähriges Vollzeitschuljahr an der Berufsschule oder Berufsfachschule, ausgenommen Ergänzungsschule, erfolgreich abgeschlossen hat; Leistungen im fachpraktischen Bereich bleiben insoweit unberücksichtigt.

[2]Die Möglichkeit des Erwerbs des erfolgreichen Abschlusses der Mittelschule nach den Bestimmungen der Volksschulordnung-F bleibt unberührt.

§ 21
Nachträglicher Erwerb

(1) Der erfolgreiche Abschluss der Mittelschule kann nachträglich durch eine Leistungsfeststellung erworben werden.

(2) [1]Die Leistungsfeststellung erstreckt sich auf die Fächer Deutsch und Mathematik sowie nach Wahl der Bewerberin oder des Bewerbers auf zwei der Fächer Englisch, Physik/Chemie/Biologie, Geschichte/Sozialkunde/Erdkunde und Arbeit-Wirtschaft-Technik. [2]Für Bewerberinnen oder Bewerber mit nichtdeutscher Muttersprache tritt auf Antrag an die Stelle des Fachs Englisch das Fach Muttersprache. [3]Für Bewerberinnen oder Bewerber mit nichtdeutscher Muttersprache, die weniger als sechs Jahre eine deutsche Schule besucht haben, tritt auf Antrag an die Stelle des Fachs Deutsch das Fach Deutsch als Zweitsprache.

(3) [1]In der Leistungsfeststellung können schriftliche und mündliche Leistungsnachweise oder eines von beiden verlangt werden. [2]In den Fächern Deutsch und Mathematik sind schriftliche Arbeiten von der Dauer je einer Unterrichtsstunde zu fertigen. [3]Die Dauer der Leistungsfeststellung beträgt für jede Bewerberin und jeden Bewerber zweimal zwei Stunden. [4]Bei der inhaltlichen Gestaltung der Leistungsfeststellung soll auf die berufliche Situation der Bewerberin oder des Bewerbers Rücksicht genommen werden.

(4) [1]Zur Leistungsfeststellung wird zugelassen, wer die Vollzeitschulpflicht erfüllt hat. [2]Die Bewerberin oder der Bewerber kann sich der Leistungsfeststellung an jeder Mittelschule mit einer Jahrgangsstufe 9 unterziehen.

(5) [1]Die Mittelschule bildet eine Feststellungskommission. [2]Diese besteht aus drei Lehrkräften, die an der Mittelschule unterrichten. [3]Die Schulleiterin oder der Schulleiter bestimmt das vorsitzende Mitglied und setzt unverzüglich den Zeitpunkt der Leistungsfeststellung fest.

(6) [1]Der erfolgreiche Abschluss der Mittelschule ist erworben, wenn die Durchschnittsnote aus allen Fächern der Leistungsfeststellung mindestens 4,00 beträgt und in höchstens einem Fach eine schlechtere Note als die Note 4 erzielt wurde. [2]Hierüber wird ein Zeugnis ausgestellt.

(7) [1]Der erfolgreiche Abschluss der Mittelschule ist auch nachgewiesen, wenn in der besonderen Leistungsfeststellung nach § 28 die Gesamtdurchschnittsnote aus allen Fächern mindestens 4,00 beträgt und in höchstens zwei Fächern eine schlechtere Note als die Note 4 erzielt wurde; die Note 6 zählt dabei wie zweimal die Note 5. [2]Die Bewerberin oder der Bewerber erhält auf Antrag ein Zeugnis.

§ 22
Praxisklasse und Übergangsklasse

(1) [1]Schülerinnen und Schüler, die mindestens im 9. Schulbesuchsjahr sind und die eine Praxisklasse oder Übergangsklasse besuchen, haben die Möglichkeit, den erfolgreichen Abschluss der Mittelschule mit dem Bestehen einer theorieentlasteten Abschlussprüfung zu erlangen. [2]Für die Prüfung ist an Schulen, die eine Praxisklasse oder Übergangsklasse führen, eine Prüfungskommission zu bilden; § 21 Abs. 5 gilt entsprechend.

(2) [1]Die Prüfung umfasst

1. im Fach Deutsch oder Deutsch als Zweitsprache einen schriftlichen und einen mündlichen Teil,
2. im Fach Mathematik einen schriftlichen Teil,
3. im Fächerverbund Arbeit-Wirtschaft-Technik, Geschichte/Sozialkunde/Erdkunde und Physik/Chemie/Biologie – in der Praxisklasse – und im Fächerverbund Geschichte/Sozialkunde/Erdkunde und Physik/Chemie/Biologie – in der Übergangsklasse – insgesamt einen schriftlichen Teil,
4. eine Projektprüfung aus Arbeit-Wirtschaft-Technik.

[2]Die Prüfungsaufgaben werden von der Schule gestellt. [3]Die Arbeitszeit beträgt im Fach Deutsch oder Deutsch als Zweitsprache je 90 Minuten, davon 75 Minuten für den schriftlichen, 15 Minuten für den mündlichen Teil, im Fach Mathematik 60 Minuten und in der schriftlichen Prüfung aus dem Bereich Arbeit-Wirtschaft-Technik, Geschichte/Sozialkunde/Erdkunde und Physik/Chemie/Biologie 45 Minuten; für die Projektprüfung in Arbeit-Wirtschaft-Technik ist eine angemessene Prüfungszeit vorzusehen. [4]Die Abschlussprüfung ist bestanden, wenn die Durchschnittsnote 4,0 oder besser ist. [5]Die Durchschnittsnote errechnet sich aus der Summe der Noten aus den vier Prüfungsteilen nach Satz 1, wobei die Note der Projektprüfung doppelt zählt; das Ergebnis der Notensumme wird durch die Zahl 5 geteilt. [6]Schülerinnen und Schüler, die die Abschlussprüfung bestanden haben, erhalten ein Zeugnis über den erfolgreichen Abschluss der Mittelschule.

Kapitel 2
Qualifizierender Abschluss der Mittelschule

§ 23
Besondere Leistungsfeststellung

(1) Die besondere Leistungsfeststellung für den qualifizierenden Abschluss der Mittelschule umfasst

1. für alle teilnehmenden Schülerinnen und Schüler die Fächer Deutsch und Mathematik und eine Projektprüfung, welche die Lerninhalte des Fachs Arbeit-Wirtschaft-Technik sowie des jeweiligen in der Jahrgangsstufe 9 besuchten berufsorientierenden Wahlpflichtfachs einschließt,
2. nach Wahl der Schülerin oder des Schülers eines der Fächer Englisch, Physik/Chemie/Biologie oder Geschichte/Sozialkunde/Erdkunde,
3. nach Wahl der Schülerin oder des Schülers eines der Fächer Religionslehre, Ethik, Sport, Musik, Kunst, Informatik, Buchführung; hierbei kann nur ein Fach gewählt werden, das die Schülerin oder der Schüler als benotetes Fach besucht hat.

(2) [1]Für Schülerinnen und Schüler mit nichtdeutscher Muttersprache tritt auf Antrag ihrer Erziehungsberechtigten an die Stelle des Fachs Englisch das Fach Muttersprache, wenn das Staatsministerium für eine Muttersprache besondere Leistungsnachweise, deren Ergebnisse als Jahresfortgangsnote zu werten sind, und Prüfungsaufgaben anbieten kann, sofern die Schülerin oder der Schüler einen schulischen Leistungsnachweis in Muttersprache erbracht hat; zur Vorbereitung auf die besondere Leistungsfeststellung im Fach Muttersprache wird den Schülerinnen und Schülern empfohlen, soweit möglich einen Lehrgang Muttersprache zu besuchen. [2]Für Schülerinnen und Schüler mit nichtdeutscher Muttersprache, die weniger als sechs Jahre eine deutsche Schule besucht haben, tritt auf Antrag ihrer Erziehungsberechtigten an die Stelle des Fachs Deutsch das Fach Deutsch als Zweitsprache. [3]Auf Antrag der Erziehungsberechtigten können an der besonderen Leistungsfeststellung nach §§ 23 bis 27 auch Schülerinnen und Schüler der Jahrgangsstufe 9 des Mittlere-Reife-Zugs teilnehmen; an Stelle der Jahresfortgangsnoten sind die Noten des Zwischenzeugnisses in die Gesamtbewertung einzubeziehen.

(3) [1]Die besondere Leistungsfeststellung besteht

1. aus einem schriftlichen Teil in den Fächern Deutsch, Mathematik, Englisch, Physik/Chemie/Biologie, Geschichte/Sozialkunde/Erdkunde, Deutsch als Zweitsprache, Muttersprache, Religionslehre, Ethik, Informatik, Buchführung,
2. zusätzlich aus einem mündlichen Teil in den Fächern Englisch und Deutsch als Zweitsprache,
3. aus einem praktischen Teil in den Fächern Sport, Musik, Kunst, Informatik; in den Fächern Musik und Kunst werden auch mündliche, im Fach Sport auch schriftliche Leistungen verlangt,
4. aus einer Projektprüfung mit schriftlichen, mündlichen und praktischen Lerninhalten des Fachs Arbeit-Wirtschaft-Technik sowie des jeweiligen in der Jahrgangsstufe 9 besuchten berufsorientierenden Wahlpflichtfachs.

[2]Schülerinnen und Schüler, die nicht die nach § 25 Abs. 4 erforderliche Gesamtbewertung erzielt haben, können sich einer zusätzlichen mündlichen Prüfung im Fach Deutsch oder Deutsch als Zweitsprache und im Fach Mathematik oder in einem von beiden Fächern unterziehen.

(4) [1]Die Schülerinnen und Schüler können sich auch nur in einem oder mehreren der Fächer Englisch, Sport, Musik, Kunst, Informatik und Buchführung der besonderen Leistungsfeststellung unterziehen. [2]Die Teilnahme setzt den Besuch des entsprechenden Fachs voraus.

(5) Die Aufgaben werden in den Fächern Deutsch, Mathematik, Englisch, Deutsch als Zweitsprache und Muttersprache durch das Staatsministerium, in den übrigen Fächern durch die Schule gestellt.

(6) Die Aufgaben der besonderen Leistungsfeststellung werden im Rahmen der Lehrpläne der Jahrgangsstufe 9 gestellt.

(7) [1]Die Arbeitszeit beträgt

1. in den Fächern Deutsch und Muttersprache je 180 Minuten,
2. im Fach Deutsch als Zweitsprache im schriftlichen Teil 110 Minuten und im mündlichen Teil 15 Minuten,
3. im Fach Mathematik 100 Minuten,
4. im Fach Englisch im schriftlichen Teil 90 Minuten und im mündlichen Teil 15 Minuten,
5. in den Fächern Physik/Chemie/Biologie und Geschichte/Sozialkunde/Erdkunde je 60 Minuten,
6. in den Fächern Religionslehre und Ethik je 50 Minuten,
7. im schriftlichen Teil des Fachs Sport 30 Minuten,
8. im Fach Musik 30 Minuten,
9. im Fach Kunst 150 Minuten,
10. im Fach Informatik 120 Minuten,
11. im Fach Buchführung 60 Minuten,
12. im praktischen Teil der Projektprüfung im Fach Technik 240 Minuten, im Fach Wirtschaft 120 Minuten und im Fach Soziales 150 Minuten; die Feststellungskommission kann für notwendige Phasen der Kommunikation der Gruppenmitglieder untereinander einen Zeitzuschlag von bis zu 20 Minuten gewähren und die Arbeitszeit in den übrigen Teilen der Projektprüfung bestimmen.

[2]Die Dauer der zusätzlichen mündlichen Prüfung in den Fächern Deutsch oder Deutsch als Zweitsprache und Mathematik beträgt je zehn Minuten.

(8) Im mündlichen Teil der Leistungsfeststellung im Fach Englisch können mehrere Schülerinnen und Schüler zusammengefasst werden.

§ 24
Feststellungskommission

(1) [1]Zur Durchführung der besonderen Leistungsfeststellung bildet die Schule eine Feststellungskommission. [2]Ihre Mitglieder sind die Schulleiterin oder der Schulleiter als vorsitzendes Mitglied, der ständige Vertreter und die Lehrkräfte, die in der Jahrgangsstufe 9 unterrichten. [3]Das vorsitzende Mitglied kann weitere Lehrkräfte in die Feststellungskommission berufen. [4]Von der Mitgliedschaft in der Feststellungskommission und der Mitwirkung bei der besonderen Leistungsfeststellung ist ausgeschlossen, wer das Sorgerecht für eine teilnehmende Schülerin oder einen teilnehmenden Schüler hat oder zu ihr oder ihm in nahen persönlichen oder wirtschaftlichen Beziehungen steht. [5]Kommt ein derartiger Ausschluss in Betracht,

so ist dies spätestens bis zum 1. Oktober des der besonderen Leistungsfeststellung vorausgehenden Jahres dem Staatlichen Schulamt anzuzeigen, das eine Sonderregelung trifft.

(2) [1]Die Feststellungskommission entscheidet über die Auswahl der vom Staatsministerium gestellten Aufgaben, die Festlegung der von der Schule zu stellenden Aufgaben, die Bestellung der Lehrkräfte, die die besondere Leistungsfeststellung abnehmen, und trifft soweit erforderlich Entscheidungen nach § 27 Abs. 1. [2]Für die übrigen Entscheidungen ist das vorsitzende Mitglied zuständig. [3]Es kann Angelegenheiten von grundsätzlicher oder erheblicher Bedeutung der Feststellungskommission zur Entscheidung übertragen.

(3) [1]Die Feststellungskommission entscheidet mit einfacher Mehrheit. [2]Bei Stimmengleichheit entscheidet die Stimme des vorsitzenden Mitglieds.

(4) Über die besondere Leistungsfeststellung werden eine Niederschrift und ein Verzeichnis erstellt, das für jede Schülerin und jeden Schüler in den gewählten Fächern die Ergebnisse der besonderen Leistungsfeststellung, die Jahresfortgangsnoten in diesen Fächern und die Gesamtnoten enthält.

§ 25
Bewertung der Leistungen

(1) Vor Beginn der besonderen Leistungsfeststellung sind den teilnehmenden Schülerinnen und Schülern die Jahresfortgangsnoten in den Fächern mitzuteilen, die in die besondere Leistungsfeststellung einfließen.

(2) [1]Die Leistungen werden von je zwei Lehrkräften bewertet. [2]Stimmt die Bewertung nicht überein und kommt keine Einigung zustande, wird die Note von dem vorsitzenden Mitglied festgesetzt.

(3) [1]Im Fall einer zusätzlichen mündlichen Prüfung in den Fächern Deutsch und Mathematik wird die schriftliche Leistung im Verhältnis zur mündlichen Leistung 2 : 1 gewichtet. [2]Gleiches gilt für das Fach Deutsch als Zweitsprache im Verhältnis zu den jeweiligen Teilleistungen.

(4) Der qualifizierende Abschluss der Mittelschule ist erreicht, wenn die Schülerin oder der Schüler in den Fächern der besonderen Leistungsfeststellung eine Gesamtbewertung von mindestens 3,0 erzielt hat; dabei bleibt die zweite Stelle nach dem Komma unberücksichtigt.

(5) [1]Die Gesamtbewertung errechnet sich aus der Summe der Jahresfortgangsnoten und der Noten der besonderen Leistungsfeststellung. [2]Dabei sind

1. in den Fächern Deutsch, Mathematik, Physik/Chemie/Biologie, Geschichte/Sozialkunde/Erdkunde und Muttersprache die Jahresfortgangsnoten und die Noten der besonderen Leistungsfeststellung doppelt,
2. in den Fächern Englisch und Deutsch als Zweitsprache die Jahresfortgangsnoten doppelt und die Noten der besonderen Leistungsfeststellung einfach,
3. im Projekt im Fach Arbeit-Wirtschaft-Technik sowie im Wahlpflichtfach die Jahresfortgangsnoten je einfach und die Note in der Projektprüfung doppelt und
4. in allen anderen Fächern die Jahresfortgangsnoten und die Noten der besonderen Leistungsfeststellung einfach

zu zählen.

[3]Die Noten im schriftlichen und mündlichen Teil der besonderen Leistungsfeststellung in den Fächern Englisch und Deutsch als Zweitsprache werden je einfach gewichtet. [4]Die aus der Berechnung nach den Sätzen 1 bis 3 erzielte Notensumme wird durch den Teiler 18 geteilt.

§ 26
Zeugnis

(1) [1]Über den Erwerb des qualifizierenden Abschlusses der Mittelschule erhalten die Schülerinnen und Schüler zusätzlich zum Abschlusszeugnis ein besonderes Zeugnis. [2]Dieses enthält die Gesamtbewertung, die Gesamtnoten in den Fächern der besonderen Leistungsfeststellung und die im Projekt nach Maßgabe von § 25 Abs. 5 Satz 2 Nr. 3 erzielte Bewertung. [3]Bei der Bildung der Gesamtnoten werden die Jahresfortgangsnoten und die Noten der besonderen Leistungsfeststellung gleich gewichtet. [4]In den Fächern Englisch und Deutsch als Zweitsprache wird die Gesamtnote aus der doppelt gewichteten Jahresfortgangsnote und den einfach gewichteten Noten des schriftlichen Teils und des mündlichen Teils der besonderen Leistungsfeststellung gebildet.

(2) [1]Bei Schülerinnen und Schülern, die auf Grund der Gesamtbewertung den qualifizierenden Abschluss der Mittelschule nicht erhalten, wird die in den Prüfungsfächern jeweils erzielte Gesamtnote in das Abschluss- oder Jahreszeugnis aufgenommen, soweit sie nicht zu einer Verschlechterung der Jahresfortgangsnote führt; insoweit wird die Teilnahme an der besonderen Leistungsfeststellung im Zeugnis wie folgt vermerkt: „Im Fach/In den Fächern ... hat sie/er sich einer besonderen Leistungsfeststellung unterzogen.“. [2]Die in der Projektprüfung erzielte Note kann in der Bemerkung des Abschluss- oder Jahreszeugnisses wie folgt vermerkt werden: „Die Schülerin/Der Schüler hat sich einer Projektprüfung unterzogen und folgende Note erzielt: ...“. [3]Die Entscheidung über die Aufnahme in die Zeugnisbemerkung trifft die oder der Vorsitzende der Feststellungskommission im Einvernehmen mit den Erziehungsberechtigten.

(3) In den Fällen des § 23 Abs. 4 werden die nach Abs. 1 erzielten Gesamtnoten in das Abschluss- oder Jahreszeugnis nach Maßgabe des Abs. 2 aufgenommen.

(4) Schülerinnen und Schüler, die in den Fällen der Abs. 2 oder 3 im Fach Englisch mindestens die Gesamtnote 4 erzielt haben, erhalten ein Zeugnis über den Nachweis erforderlicher Englischkenntnisse für den mittleren Schulabschluss der Berufsschule und Berufsfachschule und für den qualifizierten beruflichen Bildungsabschluss.

§ 27
Nachholung

(1) [1]Wer infolge eines nicht von ihm zu vertretenden Grundes an der besonderen Leistungsfeststellung teilweise nicht teilgenommen hat, kann diese im laufenden Schuljahr oder zu Beginn des folgenden Schuljahres nachholen. [2]Über die näheren Einzelheiten, insbesondere die Anrechnung abgelegter Teile der besonderen Leistungsfeststellung, die Festlegung von Terminen und die Aufgabenstellung entscheidet die Feststellungskommission.

(2) Wer infolge eines nicht von ihm zu vertretenden Grundes an der gesamten besonderen Leistungsfeststellung nicht teilgenommen hat, kann diese zu einem vom Staatsministerium allgemein festgesetzten Termin nachholen.

§ 28
Teilnahme anderer Bewerberinnen oder Bewerber,
Gleichwertigkeitsanerkennung

(1) [1]An der besonderen Leistungsfeststellung können Bewerberinnen oder Bewerber teilnehmen, die die Jahrgangsstufe 9 oder 10 des Mittlere-Reife-Zugs besuchen und für die kein Antrag nach § 23 Abs. 2 Satz 3 gestellt wurde oder die nicht Schülerin oder Schüler einer öffentlichen oder staatlich anerkannten Mittelschule sind. [2]Schülerinnen oder Schüler

einer anderen Schule als einer öffentlichen oder staatlich anerkannten Mittelschule müssen sich jedoch mindestens in der Jahrgangsstufe 9 befinden. [3]Für die besondere Leistungsfeststellung gelten die Bestimmungen für Schülerinnen und Schüler öffentlicher und staatlich anerkannter Mittelschulen entsprechend, soweit nachfolgend nichts anderes bestimmt ist.

(2) [1]Die Bewerberinnen und Bewerber müssen den Antrag unter Angabe der von ihnen gewählten Fächer jeweils ein Fach nach § 23 Abs. 1 Nr. 2 und 3 bis zum 1. März an der Mittelschule stellen, in deren Sprengel sie ihren gewöhnlichen Aufenthalt haben; dies gilt auch für Anträge mit dem Ziel, das Fach Deutsch durch das Fach Deutsch als Zweitsprache oder das Fach Englisch durch das Fach Muttersprache zu ersetzen. [2]Später eingehende Anträge können nur in begründeten Ausnahmefällen berücksichtigt werden. [3]Das Staatliche Schulamt kann für Schülerinnen oder Schüler einer anderen Schule als einer öffentlichen oder staatlich anerkannten Mittelschule eine von Satz 1 abweichende Zuständigkeit für die Durchführung der besonderen Leistungsfeststellung bestimmen.

(3) [1]Bei der Festlegung der Gesamtnoten werden Jahresfortgangsnoten nicht miteinbezogen. [2]Zur Errechnung der Gesamtbewertung wird die erzielte Notensumme durch den Teiler 9 geteilt.

(4) [1]Anträge mehrerer Bewerberinnen und Bewerber, die gemeinsam an einer staatlich genehmigten Mittelschule unterrichtet werden, sollen von dieser Schule bei der prüfenden öffentlichen Schule gesammelt eingereicht werden. [2]Die Abschlussprüfung ist in den Räumen der staatlich genehmigten Schule abzunehmen, wenn diese dafür geeignet sind und die Belange der prüfenden Schule es zulassen. [3]Das vorsitzende Mitglied der Feststellungskommission soll Lehrkräfte der staatlich genehmigten Schule bei der Auswahl der zentral gestellten Prüfungsaufgaben mitwirken lassen. [4]In die Feststellungskommission sollen Lehrkräfte der staatlich genehmigten Schule mit der Befähigung für das Lehramt an Mittelschulen berufen werden. [5]Sie sollen, soweit Schülerinnen und Schüler der staatlich genehmigten Schule betroffen sind, bei der Korrektur der Prüfungsarbeiten und bei den mündlichen Prüfungen nach Anweisung des vorsitzenden Mitglieds der Feststellungskommission mitwirken. [6]Entscheidungen nach den Sätzen 2, 4 und 5 trifft das vorsitzende Mitglied der Feststellungskommission.

(5) [1]Bei der Organisation, Durchführung und Bewertung der Projektprüfung von Bewerberinnen und Bewerbern, die das Gymnasium, die Realschule oder die Wirtschaftsschule besuchen, sollen Lehrkräfte der jeweiligen Schulart hinzugezogen werden. [2]Hierüber entscheidet die Feststellungskommission.

(6) [1]Schülerinnen und Schüler von Berufsschulen und Berufsfachschulen sowie Bewerberinnen und Bewerber, die keine Schule mehr besuchen, können sich der besonderen Leistungsfeststellung im Fach Englisch unterziehen; Abs. 2 gilt entsprechend. [2]Bewerberinnen und Bewerber, die mindestens die Gesamtnote 4 erzielt haben, erhalten ein Zeugnis über den Nachweis erforderlicher Englischkenntnisse für den mittleren Schulabschluss der Berufsschule und Berufsfachschule und für den qualifizierten beruflichen Bildungsabschluss.

(7) Abs. 6 Satz 2 gilt entsprechend für Bewerberinnen und Bewerber, die auf Grund der Gesamtbewertung den qualifizierenden Abschluss der Mittelschule nicht erhalten.

(8) Über die Gleichwertigkeit von deutschen Schulabschlüssen mit dem qualifizierenden Abschluss der Mittelschule entscheidet das Staatsministerium.

Kapitel 3
Mittlerer Schulabschluss an der Mittelschule

§ 29
Abschlussprüfung

(1) Die Abschlussprüfung umfasst für alle Schülerinnen und Schüler die Fächer Deutsch, Mathematik und Englisch sowie eine Projektprüfung gemäß § 23 Abs. 1 Nr. 1.

(2) Die Abschlussprüfung im Fach Englisch kann auf Antrag bei Schülerinnen und Schülern mit nichtdeutscher Muttersprache durch eine Prüfung in der nichtdeutschen Muttersprache ersetzt werden, wenn der Antrag bei der Aufnahme in die Jahrgangsstufe 9 oder 10 gestellt und genehmigt worden ist.

(3) [1]Die Abschlussprüfung besteht

1. im Fach Deutsch aus einer schriftlichen und mündlichen Prüfung in Form eines Referats,
2. im Fach Mathematik aus einer schriftlichen Prüfung,
3. im Fach Englisch aus einer schriftlichen und mündlichen Prüfung,
4. aus einer Projektprüfung mit schriftlichen, mündlichen und praktischen Lerninhalten des Fachs Arbeit-Wirtschaft-Technik sowie des jeweiligen in der Jahrgangsstufe 10 besuchten berufsorientierenden Wahlpflichtfachs.

[2]Die Abschlussprüfung im Fach Muttersprache besteht aus einer schriftlichen Prüfung als Fernprüfung.

(4) [1]Die Aufgaben werden für die schriftliche Prüfung in den Fächern Deutsch, Mathematik, Englisch und Muttersprache vom Staatsministerium, in den übrigen Fächern durch die Schule gestellt. [2]Mündliche Prüfungen und Projektprüfungen können ab Mai abgenommen werden.

(5) Die Aufgaben der Abschlussprüfung werden im Rahmen der Lehrpläne der Jahrgangsstufe 10 gestellt.

(6) Die Arbeitszeit beträgt

1. im Fach Deutsch für die schriftliche Prüfung 200 Minuten und für die mündliche Prüfung in Form eines Referats 15 Minuten,
2. im Fach Mathematik 150 Minuten,
3. im Fach Englisch für die schriftliche Prüfung 120 Minuten und für die mündliche Prüfung 15 Minuten,
4. im praktischen Teil der Projektprüfung im Fach Technik 240 Minuten, im Fach Wirtschaft 120 Minuten und im Fach Soziales 150 Minuten; der Prüfungsausschuss kann für notwendige Phasen der Kommunikation der Gruppenmitglieder untereinander einen Zeitzuschlag von bis zu 20 Minuten gewähren und die Arbeitszeit in den übrigen Teilen der Projektprüfung bestimmen,
5. im Fach Muttersprache 120 Minuten.

(7) In der mündlichen Prüfung im Fach Englisch können mehrere Schülerinnen und Schüler zusammengefasst werden.

§ 30
Prüfungsausschuss

[1]Zur Durchführung der Abschlussprüfung bildet die Schule einen Prüfungsausschuss. [2]§ 24 gilt entsprechend.

§ 31
Bewertung der Leistungen

(1) Vor Beginn der schriftlichen Abschlussprüfung sind die Jahresfortgangsnoten in den Prüfungsfächern einschließlich des Fachs Arbeit-Wirtschaft-Technik und des berufsorientierenden Wahlpflichtfachs festzusetzen und den Schülerinnen und Schülern mitzuteilen.

(2) [1]Die Prüfungsleistungen werden von je zwei Lehrkräften bewertet. [2]Stimmt die Bewertung nicht überein und kommt eine Einigung nicht zustande, wird die Note vom vorsitzenden Mitglied festgesetzt.

(3) [1]Die schriftliche Leistung wird im Verhältnis zur mündlichen Prüfung im Fach Deutsch 3 : 1, im Fach Englisch 2 : 1 gewichtet. [2]Die Projektprüfung wird doppelt gewichtet.

(4) [1]Schülerinnen und Schüler können sich freiwillig der mündlichen Prüfung unterziehen,

1. in den Prüfungsfächern Deutsch, Mathematik und Englisch, wenn sich Jahresfortgangsnote und Prüfungsnote um eine Notenstufe unterscheiden und nach Auffassung des Prüfungsausschusses die schlechtere Note als Gesamtnote festzusetzen wäre,
2. in einem sonstigen Abschlussfach, wenn die Leistungen mit der Jahresfortgangsnote 5 oder 6 bewertet worden sind.

[2]Im Projekt findet keine mündliche Prüfung statt. [3]Die Note der mündlichen Prüfung wird im Verhältnis zur Prüfungsnote (Satz 1 Nr. 1) oder zur Jahresfortgangsnote (Satz 1 Nr. 2) 1 : 2 gewichtet.

(5) [1]Der Prüfungsausschuss stellt nach der schriftlichen bzw. praktischen Prüfung fest, ob die Voraussetzungen für die Teilnahme an der mündlichen Prüfung vorliegen. [2]Steht fest, dass die Abschlussprüfung auch unter Berücksichtigung einer mündlichen Prüfung nicht bestanden werden kann, so entfällt die mündliche Prüfung.

(6) Die mündliche Prüfung ist eine Einzelprüfung; sie dauert je Fach zehn Minuten.

(7) Nach Abschluss der mündlichen Prüfungen setzt der Prüfungsausschuss die Prüfungsnoten und Gesamtnoten fest.

(8) [1]Die Gesamtnote wird ermittelt

1. in den Prüfungsfächern aus der Jahresfortgangsnote und der Prüfungsnote,
2. im Projekt aus den Jahresfortgangsnoten im Fach Arbeit-Wirtschaft-Technik sowie im berufsorientierenden Wahlpflichtfach und aus der doppelt gewichteten Projektprüfung.

[2]In den Prüfungsfächern gibt in der Regel die Prüfungsnote den Ausschlag. [3]Die Jahresfortgangsnote kann nur dann überwiegen, wenn sie nach dem Urteil des Prüfungsausschusses der Gesamtleistung der Schülerin oder des Schülers in dem betreffenden Fach mehr entspricht als die Prüfungsnote. [4]In Nichtprüfungsfächern gelten die Jahresfortgangsnoten als Gesamtnoten; mündliche Prüfungen werden nach Maßgabe von Abs. 4 Sätzen 2 und 3 berücksichtigt.

(9) [1]Auf Grund der Gesamtnoten entscheidet der Prüfungsausschuss über das Bestehen der Abschlussprüfung. [2]Sie ist nicht bestanden bei

1. Gesamtnote 6 in einem Abschlussfach, sofern nicht Notenausgleich gewährt wird,

2. Gesamtnote 5 in zwei Abschlussfächern, sofern nicht Notenausgleich gewährt wird,
3. Gesamtnote 6 im Fach Deutsch,
4. Note 6 in der Projektprüfung.

[3]Abschlussfächer sind alle Fächer mit Ausnahme des Fachs Sport.

(10) [1]Schülerinnen und Schülern mit Gesamtnote 6 in einem Abschlussfach oder Gesamtnote 5 in zwei Abschlussfächern kann vom Prüfungsausschuss Notenausgleich gewährt werden, wenn sie

1. in einem Abschlussfach die Gesamtnote 1 oder
2. in zwei Abschlussfächern die Gesamtnote 2 oder
3. in drei Abschlussfächern die Gesamtnote 3

erreicht haben. [2]Die Gesamtnote im Projekt ist als Gesamtnote in zwei Abschlussfächern zu werten.

§ 32
Nachholung und Wiederholung

(1) Wer infolge eines nicht von ihm zu vertretenden Grundes an der Abschlussprüfung ganz oder teilweise nicht teilgenommen hat, kann diese zu einem vom Staatsministerium festgesetzten Termin nachholen.

(2) [1]Eine nicht bestandene Abschlussprüfung kann nur einmal zum nächsten Prüfungstermin wiederholt werden. [2]Voraussetzung ist der nochmalige Schulbesuch.

(3) [1]Die Abschlussprüfung kann zur Notenverbesserung einmal wiederholt werden. [2]Soll zu diesem Zweck die Jahrgangsstufe wiederholt werden, bedarf dies der Genehmigung der Schulleiterin oder des Schulleiters.

§ 33
Teilnahme anderer Bewerberinnen oder Bewerber

(1) [1]An der Abschlussprüfung können Bewerberinnen oder Bewerber teilnehmen, die nicht Schülerinnen oder Schüler einer öffentlichen oder staatlich anerkannten Mittelschule sind. [2]Schülerinnen oder Schüler einer anderen Schule als einer öffentlichen oder staatlich anerkannten Mittelschule müssen sich jedoch mindestens in der Jahrgangsstufe 10 befinden. [3]Für die Abschlussprüfung gelten die Bestimmungen für Schülerinnen und Schüler öffentlicher und staatlich anerkannter Mittelschulen entsprechend, soweit nachfolgend nichts anderes bestimmt ist.

(2) [1]Die Bewerberinnen und Bewerber müssen den Antrag bis zum 1. März an der Mittelschule stellen, die eine Jahrgangsstufe 10 führt und in deren Einzugsbereich sie ihren gewöhnlichen Aufenthalt haben. [2]Später eingehende Anträge können nur in begründeten Ausnahmefällen berücksichtigt werden.

(3) [1]Gegenstand der Abschlussprüfung sind die Prüfungsfächer nach § 29 Abs. 1, ferner die Fächer Geschichte/Sozialkunde/Erdkunde und Physik/Chemie/Biologie; § 29 Abs. 2 gilt entsprechend, soweit die Bewerberin oder der Bewerber aus nicht selbst zu vertretenden Gründen keine hinreichenden Leistungen im Fach Englisch erbringen kann. [2]Die Durchführung der Abschlussprüfung in den Fächern nach § 29 Abs. 1 sowie im Projekt richtet sich nach § 29. [3]Die Bewerberinnen und Bewerber können sich freiwillig einer mündlichen Prüfung in den Fächern unterziehen, in denen sie die Note 5 oder 6 erzielt haben, höchstens jedoch in zwei Fächern; § 31 Abs. 5 Satz 2 gilt entsprechend. [4]In den Fächern Geschichte/Sozialkunde/Erdkunde und Physik/Chemie/Biologie finden mündliche Prüfungen mit einer Dauer von jeweils mindestens 15 Minuten statt; hierbei soll auf Lehrplaninhalte der

Jahrgangsstufe 10 eingegangen werden, mit denen sich die Bewerberin oder der Bewerber besonders gründlich beschäftigt hat. [5]Mindestens die Hälfte der Prüfungszeit muss den anderen Lerninhalten des Lehrplans der Jahrgangsstufe 10 vorbehalten bleiben.

(4) Für die Teilnahme anderer Bewerberinnen und Bewerber, die staatlich genehmigte Mittelschulen besuchen, gilt § 28 Abs. 4 entsprechend.

(5) [1]Die Gesamtnoten der Abschlussfächer ergeben sich ausschließlich aus den in der Prüfung erbrachten Leistungen. [2]Die Note einer freiwilligen mündlichen Prüfungsleistung wird im Verhältnis zur Note der bisher erbrachten Prüfungsleistungen 1 : 2 gewichtet.

Kapitel 4
Qualifizierter beruflicher Bildungsabschluss

§ 34
Zuerkennung

(1) [1]Für die Zuerkennung des qualifizierten beruflichen Bildungsabschlusses muss ein Berufsabschluss mit einem Notendurchschnitt von mindestens 3,0 im Abschlusszeugnis einer staatlich anerkannten Berufsausbildung mit einer Regelausbildungsdauer von mindestens zwei Jahren nachgewiesen werden. [2]Teilnoten werden gleich gewichtet, wenn im Zeugnis keine Gesamtnote festgesetzt ist.

(2) Die geforderten Englischkenntnisse werden nachgewiesen durch die Note „ausreichend" in diesem Fach

1. im Abschlusszeugnis einer Mittelschule über den erfolgreichen oder qualifizierenden Abschluss oder
2. im Jahreszeugnis der Jahrgangsstufe 9 oder 10 eines Gymnasiums mit Englisch als erster Fremdsprache, einer Realschule, einer Wirtschaftsschule oder einer Schule besonderer Art oder
3. im Zeugnis über den Nachweis erforderlicher Englischkenntnisse für den mittleren Schulabschluss der Berufsschule und Berufsfachschule und für den qualifizierten beruflichen Bildungsabschluss (§ 28 Abs. 6) oder
4. im Abschlusszeugnis der Berufsschule oder Berufsfachschule im Pflichtfach oder Wahlfach; dem Abschlusszeugnis der Berufsfachschule steht das Jahreszeugnis des letzten Schuljahres der Berufsfachschule gleich.

(3) Liegt dem qualifizierten beruflichen Bildungsabschluss eine dem qualifizierenden Hauptschulabschluss bzw. qualifizierenden Abschluss der Mittelschule als gleichwertig anerkannte Schulbildung zugrunde, so sind die vom Staatsministerium bestimmten Mittelschulen für die Ausstellung des Zeugnisses zuständig.

Teil 6
Schlussvorschrift

§ 35
Inkrafttreten

Diese Verordnung tritt am 1. August 2013 in Kraft.[1)]

[1)] Betrifft das Inkrafttreten in der ursprünglichen Fassung. Die vorliegende Fassung tritt zum Schuljahr 2016/2017 in Kraft.

(zu § 11)

Stundentafel

Fächer	Jgst. 5	Jgst. 6	Jgst. 7	Jgst. 8	Jgst. 9	Jgst. 10
1. Pflichtfächer						
Religionslehre/Ethik	2	2	2	2	2	2
Deutsch	5	5	5[1]	5[1]	4[1]	5
Mathematik	5	5	5[1]	4[1]	5[1]	5
Englisch	4	4	3	3	3	5
Arbeit-Wirtschaft-Technik	1	1	1	2	2	2
Physik/Chemie/Biologie	2	2	2	3	3	3
Geschichte/Sozialkunde/Erdkunde	2	2	3	3	3	3
Sport	2+2[2]	2+2[2]	2+2[2]	2+2[2]	2+2[2]	2+1[3]
Musik	2	2	–	–	–	–
Kunst	2	2	–	–	–	–
Werken und Gestalten	2	2	–	–	–	–
Technik	–	–		–	–	–
Wirtschaft	–	–	} 5	–	–	–
Soziales	–	–		–	–	–
Förderunterricht	1	1		–	–	–
Gesamtstundenzahl im Bereich der Pflichtfächer	**30+2[2]**	**30+2[2]**	**28+2[2]**	**24+2[2]**	**24+2[2]**	**27+1[3]**

[1]) Siehe Bestimmungen für die Jahrgangsstufen 5 bis 9 Nrn. 1.1 und 4.3

[2]) Siehe Bestimmungen für die Jahrgangsstufen 5 bis 9 Nr. 1.2

[3]) Siehe Bestimmungen für die Jahrgangsstufe 10 Nr. 1

Fächer	Jgst. 5	Jgst. 6	Jgst. 7	Jgst. 8	Jgst. 9	Jgst. 10
2. Wahlpflichtfächer						
Musik	–	–	2	2	2	–
Kunst	–	–	2	2	2	–
Technik	–	–	–	4	4	3
Wirtschaft	–	–	–	4	4	3
Soziales	–	–	–	4	4	3
Gesamtstundenzahl im Bereich der Wahlpflichtfächer	–	–	**2**	**6**	**6**	**3**
3. Wahlfächer						
alle Fächer des Wahlpflichtbereichs	–	–	2	2	2/4	–
Informatik	–	–	–	2	2	2
Buchführung	–	–	–	–	2	2
Werken und Gestalten	–	–	2	2	2	2
Musik	–	–	–	–	–	2
Kunst	–	–	–	–	–	2

4. Arbeitsgemeinschaften

Klassen- oder jahrgangsstufenübergreifende 1- bis 2-stündige Arbeitsgemeinschaften können angeboten werden, wenn sie für Unterricht und Erziehung förderlich sind und die personellen, räumlichen und organisatorischen Voraussetzungen gegeben sind.

[1]) Siehe Bestimmungen für die Jahrgangsstufen 5 bis 9 Nrn. 1.1 und 4.3

[2]) Siehe Bestimmungen für die Jahrgangsstufen 5 bis 9 Nr. 1.2

[3]) Siehe Bestimmungen für die Jahrgangsstufe 10 Nr. 1

Bestimmungen zur Stundentafel

I. Bestimmungen für die Jahrgangsstufen 5 bis 9

1. **Pflichtfächer**

1.1. In den Fächern Deutsch und Mathematik kann je 1 Stunde in den Jahrgangsstufen 7 bis 9 für klassenübergreifende Stütz- und Förderkurse verwendet werden.

1.2. Zu den genannten zwei Pflichtstunden kommen in den Jahrgangsstufen 5 und 6 noch je zwei Stunden erweiterter Basissportunterricht und in den Jahrgangsstufen 7 bis 9 noch je zwei Stunden differenzierter Sportunterricht hinzu, bei deren Durchführung die personellen, räumlichen und organisatorischen Verhältnisse zu berücksichtigen sind.

2. **Wahlpflichtfächer**

2.1. In den Jahrgangsstufen 7 bis 9 wählen die Schülerinnen und Schüler Musik oder Kunst; ein Wechsel ist jeweils zu Beginn des neuen Schuljahrs möglich.

2.2. In den Jahrgangsstufen 8, 9 und 10 wählen die Schülerinnen und Schüler eines der berufsorientierenden Wahlpflichtfächer Technik, Wirtschaft und Soziales. In der Jahrgangsstufe 8 soll die Möglichkeit geboten werden, ein weiteres Wahlpflichtfach als Wahlfach oder Arbeitsgemeinschaft zu wählen.

Wenn ein entsprechendes Schulkonzept besteht, kann die Schule alternativ bestimmen, dass in der Jahrgangsstufe 8 zwei Wahlpflichtfächerbereiche mit je zwei Unterrichtsstunden zu wählen sind; in diesem Fall ist aus beiden Teilbereichen eine Zeugnisnote als Gesamtnote festzusetzen.

3. **Wahlfächer**

Durch Wahlunterricht ermöglicht die Schule den Schülerinnen und Schülern die individuelle Ergänzung des Unterrichtsangebots.

4. **Differenzierung und Gruppenbildung**

4.1. In den Fächern Mathematik und Englisch können im Rahmen der verfügbaren Lehrerstunden Lerngruppen gebildet werden.

4.2. In den Fächern Werken und Gestalten sowie Technik, Wirtschaft und Soziales können im Rahmen der verfügbaren Lehrerstunden Gruppen gebildet werden. Im Fach Englisch können diese auch leistungsdifferenziert eingerichtet werden (§ 9 Abs. 10).

4.3. Klassenübergreifende Stütz- und Förderkurse ermöglichen die gezielte Förderung von Schülerinnen und Schülern mit vergleichbarem Leistungsstand. Sie setzen eine Stundenplangestaltung voraus, die klassenübergreifendes, ausnahmsweise auch jahrgangsstufenübergreifendes Zusammenfassen von Schülern in Lerngruppen ermöglicht. Die Dauer liegt im Ermessen der Schule.

4.4. Die Einrichtung besonderer Fördermaßnahmen richtet sich nach § 9 Abs. 9.

5. **Einsatz der Lehrkräfte**

5.1. Die Klassenleiterin oder der Klassenleiter unterrichtet nach Möglichkeit überwiegend in ihrer oder seiner Klasse. Der Einsatz der Lehrkräfte erfolgt nach dem Grundsatz des fächerübergreifenden Lernens; jedoch sollen die individuellen Qualifikationen und Schwerpunkte der Lehrkräfte, insbesondere im Fach Englisch, genutzt werden.

5.2. Die Klassenleiterin oder der Klassenleiter hält grundsätzlich an jedem Unterrichtstag Unterricht in ihrer oder seiner Klasse. Die Lehrkräfte in den Fächern Arbeitslehre, Technik, Wirtschaft und Soziales arbeiten zusammen.

6. **Erweiterter Musikunterricht**

Zusätzlich zu den in der Stundentafel ausgewiesenen Musikstunden können in allen Jahrgangsstufen weitere Stunden bereitgestellt werden. Die Entscheidung über die Einrichtung von Klassen mit erweitertem Musikunterricht liegt in der Zuständigkeit der Schulleiterin oder des Schulleiters bzw. der Verbundkoordinatorin oder des Verbundkoordinators, die oder der im Rahmen des zur Verfügung stehenden Budgets Schwerpunkte im Rahmen der Profilbildung setzen kann.

7. **Förderunterricht**

Der Förderunterricht in den Jahrgangsstufen 5 und 6 hat als Ziel die Stärkung der Kernkompetenzen in den Fächern Deutsch und Mathematik. Um dieses Ziel zu erreichen, kann der Förderunterricht auch zur Differenzierung eingesetzt werden.

II. Bestimmungen für die Jahrgangsstufe 10

1. **Pflichtfächer**

Zu den genannten zwei Pflichtstunden kommt noch eine Stunde differenzierter Sportunterricht hinzu, bei deren Durchführung die personellen, räumlichen und organisatorischen Verhältnisse zu berücksichtigen sind.

2. **Wahlpflichtfächer**

Die Schülerinnen und Schüler wählen eines der Wahlpflichtfächer.

3. **Wahlfächer**

Durch Wahlunterricht ermöglicht die Schule den Schülerinnen und Schülern die individuelle Ergänzung des Unterrichtsangebots.

4. **Gruppenbildung**

In den Wahlpflichtfächern können im Rahmen der verfügbaren Lehrerstunden Gruppen gebildet werden.

(zu § 11)

Stundentafel für die Übergangsklassen

Fächer	Jahrgangsstufen	
	5 und 6	**7 bis 9**
1. Pflichtfächer		
Religionslehre/Ethik	2	2
Deutsch als Zweitsprache	10	10
Mathematik	5	5
Arbeit-Wirtschaft-Technik	–	1
Physik/Chemie/Biologie/Erdkunde/ Geschichte/Sozialkunde	5	6
Kunst	2	–
Werken und Gestalten	2	–
Sport	2 + 2[1)]	2 + 2[1)]
Gesamtstundenzahl im Bereich der Pflichtfächer	**28 + 2[1)]**	**26 + 2[1)]**
2. Wahlpflichtfächer		
Technik, Wirtschaft, Soziales (gemäß Stundentafel für die Regelklassen der Mittelschule)	–	5/4/4

[1)] siehe Bestimmung Nr. 3

Bestimmungen zur Stundentafel

1. Das Staatliche Schulamt kann entsprechend der Zusammensetzung der Schülerinnen und Schüler einer Klasse (Alter, Vorkenntnisse) mit Ausnahme des Faches Deutsch als Zweitsprache hinsichtlich der Fächer und der Stundenanteile Verschiebungen innerhalb der Stundentafel vornehmen.
2. In den Fächern Deutsch als Zweitsprache, Mathematik und Physik/Chemie/Biologie/Erdkunde/Geschichte/Sozialkunde können Lerngruppen gebildet werden.
3. Zu den zwei Unterrichtsstunden kommen in den Jahrgangsstufen 5 und 6 je zwei Stunden erweiterter Basissportunterricht und in den Jahrgangsstufen 7 bis 9 je zwei Stunden differenzierter Sportunterricht hinzu, bei deren Durchführung die personellen, räumlichen und organisatorischen Verhältnisse zu berücksichtigen sind.

(zu § 11)

Stundentafel für die Praxisklassen

Fächer	**Anzahl der Unterrichtsstunden**
Religionslehre/Ethik	2
Deutsch, Mathematik	10
Arbeit-Wirtschaft-Technik, Geschichte/Sozialkunde/Erdkunde, Physik/Chemie/Biologie	4
Sport	2 + 2[1]
Arbeitsgemeinschaft[2]	2
Förderunterricht[2]	2
Gesamtstundenzahl der Unterrichtsstunden	**22 + 2**
Praxistag	**8**
Gesamtstundenzahl (Schule + Praxis)	**30 + 2[1]**

[1]) siehe Bestimmung Nr. 4
[2]) siehe Bestimmung Nr. 3

Bestimmungen zur Stundentafel

1. Die Stundentafel für die Praxisklasse ist flexibel umzusetzen. Sowohl bei der Ausgestaltung des Unterrichts als auch beim Praxistag ist auf die Bedarfslage der Schülerinnen und Schüler und auf die Möglichkeiten der außerschulischen Partner Rücksicht zu nehmen (z. B. wöchentlichen Praxistag oder Praxis im Block).
2. Der Unterricht wird auf der Grundlage ausgewählter Bereiche des Lehrplans für die Mittelschule und einer auf die Klasse sowie die Leistungsmöglichkeiten der schülerbezogenen Jahresplanung (klassenbezogener Lehrplan) in enger Verzahnung mit dem praktischen Bereich erteilt. Dabei sind anhand einer Überprüfung des Lernstands der Schülerinnen und Schüler die Leistungsrückstände in den Grundkenntnissen und Grundfertigkeiten, insbesondere in den Fächern Deutsch und Mathematik, zu berücksichtigen.
3. Die zweistündige Arbeitsgemeinschaft dient der spezifischen Förderung der Interessen der Schülerinnen und Schüler, der zweistündige Förderunterricht der Verbesserung der Lernergebnisse, insbesondere in den Fächern Deutsch und Mathematik.
4. Zu den genannten zwei Unterrichtsstunden kommen noch zwei Stunden differenzierter Sportunterricht hinzu, bei deren Durchführung die personellen, räumlichen und organisatorischen Verhältnisse zu berücksichtigen sind.
5. Der Unterricht in den Fächern Religionslehre/Ethik und Sport soll in Kooperation mit einer Regelklasse erteilt werden.

Synopse zu Art. 86–88a BayEUG

Abschnitt XIV, der sich mit den Erziehungsmaßnahmen als Ordnungsmaßnahmen beschäftigt, wird umstrukturiert und vereinfacht. Inhaltlich werden weitestgehend keine Änderungen der bisherigen Vorschriften der Art. 86 bis 88a vorgenommen; es erfolgt lediglich ein anwenderfreundlicherer Aufbau und inhaltliche Straffung:

Bisherige Regelung im BayEUG	Neu
	Art. 86 Abs. 1
Art. 86 Abs. 1 – jetzt bezogen auf Erziehungsmaßnahmen	Satz 1 Halbsatz (HS) 1
Art. 86 Abs. 15 HS.2	Satz 2
86 Abs. 1 HS.2	Satz 3
Regelung aus den Schulordnungen	Satz 4
Art. 86 Abs. 1	Satz 5
86 Abs. 2 Satz 1 identisch; Zuständigkeiten jetzt in Art. 88 s.u.	**86 Abs. 2**
Nr. 1	Nr. 1
Nr. 2	Nr. 2
Nr. 3	Nr. 3
Nr. 4	Nr. 4
Nr. 5	Nr. 5
Nr. 6, Abs. 7	Nr. 6
Nr. 6a, Abs. 7	Nr. 7
Nr. 7, Abs. 7	Nr. 8
Nr. 8, Abs. 7	Nr. 9
Nr. 9, Abs. 7	Nr. 10
Nr. 10, Art. 88 Abs. 1 Satz1	Nr. 11
Nr. 10, Art. 88 Abs. 2	Nr. 12
	86 Abs. 3
86 Abs. 3 Satz 2	Nr. 1
86 Abs. 3 Satz 1	Nr. 2
86 Abs. 4 Satz 1	Nr. 3
86 Abs. 4 Sätze 2 u. 3	Nr. 4
86 Abs. 8	Nr. 5
86 Abs. 3 Satz 1	Nr. 6
86 Abs. 13 sowie Regelungen aus den beruflichen Schulordnungen	**Art. 87 Abs. 1**
Art. 86 Abs. 6	**87 Abs. 2**

Bisherige Regelung im BayEUG	Neu
übernimmt die Zuständigkeiten aus Art. 86 Abs. 2 Satz 1	**Art. 88 Abs. 1**
Nr. 1	Nr. 1
Nr. 2 – 5	Nr. 2
Nr. 6, 6a, 8 und 9, 87 Abs. 1 Satz 6	Nr. 3
Nr. 7	Nr. 4
Nr. 10	Nr. 5
	88 Abs. 2
übernimmt die Zuständigkeiten aus Art. 86 Abs. 13	Nr. 1
übernimmt die Zuständigkeiten aus Art. 86 Abs. 6	Nr. 2
	88 Abs. 3 Satz 1
86 Abs. 9 Satz 2	Nr. 1
86 Abs. 9 Satz 2; jetzt Erweiterung auf Sicherungsmaßnahme nach Art. 87 Abs. 2	Nr. 2
86 Abs. 6 Satz 5, Abs. 9 Satz 1, Art. 87 Abs. 2, Art. 88 Abs. 1 Satz 5; jetzt Erweiterung auf Androhung der Entlassung	Nr. 3
86 Abs. 9 Satz 2	Satz 2
86 Abs. 9 Satz 1	Nr. 1
86 Abs. 9 Satz 3	Nr. 2
86 Abs. 10; Neuregelung der Elternbeteiligung, s.u.	Nr. 3
86 Abs. 9 Satz 2	Satz 3
86 Abs. 9 Satz 4; erweitert um Beratungslehrkräfte und Schulpsychologen	Satz 4

Bisherige Regelung im BayEUG	Neu
	88 Abs. 4
	Satz 1
allgemeines Verwaltungsrecht; dient der Klarstellung	Nr. 1
Bisher aus Art. 75 Abs. 1 BayEUG abgeleitet	Nr. 2
88a; jetzt Erweiterung auf Sicherungsmaßnahmen	Nr. 3
Regelung aus den Schulordnungen (§ 17 Abs. 3 GSO)	Nr. 4
86 Abs. 13 Satz 2	Nr. 5
Regelung aus den Schulordnungen (§ 10 Abs. 2 GrSO, § 16 Abs. 3 GSO, § 15 Abs. 2 MSO, § 16 Abs. 3 RSO)	Satz 2
dient der Klarstellung	Satz 3
86 Abs. 11	**88 Abs. 5**
Regelung aus den Schulordnungen (§ 16 Abs. 2 GSO/RSO, § 15 Abs. 2 WSO)	**88 Abs.6**
86 Abs. 2 Satz 2, jetzt Erweiterung auf Sicherungsmaßnahmen	**88 Abs. 7**
86 Abs. 14, jetzt Erweiterung auf Sicherungsmaßnahmen	**88 Abs. 8**
87 Abs. 3 und 4	**Art. 88a**

Folgende Anpassungen wurden vorgenommen:

Art. 86 Abs. 1 zählt alle möglichen Maßnahmen auf: Erziehungs-, Ordnungs- und Sicherungsmaßnahmen. Er definiert nun sowohl Erziehungs- als auch Ordnungsmaßnahmen. Art. 86 Abs. 2 und 3 zählen wie bisher die Ordnungsmaßnahmen abschließend auf, deren Anordnung möglich ist, und regelt die Voraussetzungen.

Art. 87 enthält gebündelt die zusätzlich möglichen Sicherungsmaßnahmen.

Alle Zuständigkeits- und Verfahrensfragen sind nun in Art. 88 zusammengefasst. In Art. 88a ist die Wiederzulassung geregelt.

Die Wahl der Ordnungsmaßnahmen wird künftig vollständig in das pädagogische Ermessen der Lehrkräfte gestellt. Die bisherige Regelung des Art. 86 Abs. 5, wonach nur bestimmte Ordnungsmaßnahmen neben anderen Ordnungsmaßnahmen zulässig sind, wird nicht weiter aufrechterhalten.

Die Beteiligungsrechte des Elternbeirats bleiben vom Kern unverändert, d.h., dass bei jeder Entscheidung unter Beteiligung der Lehrerkonferenz (d.h. wenn die Lehrerkonferenz selbst entscheidungsbefugt ist oder den Antrag für weitere Maßnahmen stellt) der Elternbeirat auf Antrag zu beteiligen ist.

Auf eine Vorgabe eines bestimmten Quorums der Lehrerkonferenz bei Entscheidungen über die Entlassung und den Ausschluss (bisher Art. 87 Abs. 1 Satz 1 und 2, Art. 88 Abs. 1 Satz 1 bis 3 BayEUG) wird verzichtet, da nicht formale Quoren, sondern die Gewichte der Argumente wie in jedem Verwaltungsverfahren ausschlaggebend bleiben sollen.

Nach Art. 87 Abs. 1 Satz 1 BayEUG ist der Ausschluss der Schülerin oder des Schülers vom Besuch der Schule bzw. der praktischen Ausbildung möglich. Von dem Begriff „praktische Ausbildung" ist die Ausbildung sowohl innerhalb als auch außerhalb der Schule umfasst.

Einige Regelungen zu den Ordnungsmaßnahmen, die bisher lediglich in den Schulordnungen enthalten waren, werden nun im BayEUG harmonisiert und gebündelt.

Widerruf und Wiederaufnahme des Verfahrens sind bereits durch Art. 49 und 51 BayVwVfG möglich, so dass auf zusätzliche Regelungen bei Aufhebung von Maßnahmen und Wiederzulassung (bisher Art. 86 Abs. 12, Art. 87 Abs. 3, Art. 88 Abs. 3 BayEUG) verzichtet werden kann.

Synopse zu §§ der MSO alt – neu

Inhaltsübersicht	§§ MSO alt	§§ BaySchO	§§ MSO neu
Geltungsbereich	1		1
Schulaufsicht	2	43	
Schulgemeinschaft, Eigenverantwortung	3	3 (2)	
Schulleiter	4	2	
Aufgaben Lehrerkonferenz	5	3	
Sitzungen Lehrerkonferenz	6	4	
Einberufung Lehrerkonferenz	7	5	
Beschlussfassung Lehrerkonferenz	8	6	
Lehr-/Lernmittel, Disziplinarausschuss	9	7	
SMV, Verbindungslehrkraft	10	10	
Klassensprecher	11	8	
Schülersprecher, -ausschuss	12	9	
Überschulische Zusammenarbeit	13	11	
Finanzierung SMV	14	25	
Ordnungsmaßnahmen	15		s. Art. 86–88 BayEUG
Entlassung	16		s. Art 86–88a BayEUG
Zusammenarbeit Schule – Erz.ber.	17	12	
Wahl Klassenelternsprecher	18	13	
Wahl Elternbeirat	19	14	
Amtszeit, Mitgliedschaft Elternbeirat	20	14, 16	
Geschäftsgang Elternbeirat	21	15	
Gemeinsamer Elternbeirat	22	14	
Schulforum	23	17	
Verbundausschuss	24	18	
Finanzierung Schul.Veranstaltungen	25	25 (1)	
Sammlungen, Spenden	26	26	
Erhebungen	27	24	
Anmeldung, Aufnahme	28		2
Übertritt andere Schule	29		3
Gastschulverhältnisse	30		4
Überweisung Förderzentrum	31		5

Inhaltsübersicht	§§ MSO alt	§§ BaySchO	§§ MSO neu
Übertritt Gymnasium, Realschule	32		6
Aufnahme Mittlere-Reife-Klasse, Vorbereitungsklasse	33		7
Wechsel an Mittelschule	34		8
Schüler ohne festen Aufenthalt	35	29	
Klassen, Fächer, Fördermaßnahmen	36		9
Schüler nichtdeutsch. Muttersprache	38		10
Teilnahme	39	20	
Beaufsichtigung	40	22	
Sicherstellung von Gegenständen	41	23	
Stundentafeln, Stundenplan	42		11
Unterrichtszeit	43	19	
Religionsunterricht	44	27	
Hausaufgaben	45	28	
Leistungsnachweise	46		12
Bewertung der Leistungen	47		13
Nachteilsausgleich	48	33	
Förderplan	48 (3)		14
Vorrücken	49		15
Vorrücken auf Probe	50		16
Freiw. Wiederholen, Überspringen	51		17
Schülerbogen	52	37 ff.	
Zwischen-, Jahreszeugnis	53		18
Erfolgreicher Abschluss	54		19
Erwerb entspr. Schulbildung	55		20
Nachträglicher Erwerb Abschluss	56		21
Praxisklasse	57		22
Quali:			
Besondere Leistungsfeststellung	58		23
Feststellungskommission	59		24
Bewertung der Leistungen	60		25
Zeugnis Qualifizierter Abschluss	61		26
Nachholung	62		27
Teilnahme anderer Bewerber	63		28

Inhaltsübersicht	§§ MSO alt	§§ BaySchO	§§ MSO neu
Mittlerer Schulabschluss:			
Abschlussprüfung	64		29
Prüfungsausschuss	65		30
Bewertung der Leistungen	66		31
Nachholung, Wiederholung	67		32
Teilnahme anderer Bewerber	68		33
Zuerkennung Quabi	69		34
Inkrafttreten	71		35

Stichwortverzeichnis